| Batterien NF n° 011 |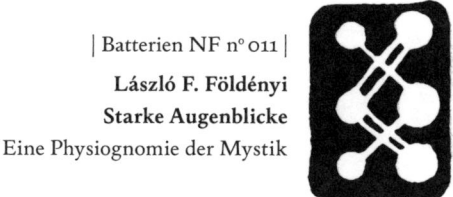
László F. Földényi
Starke Augenblicke
Eine Physiognomie der Mystik

László F. Földényi

Starke Augenblicke
Eine Physiognomie der Mystik

Aus dem Ungarischen von Akos Doma

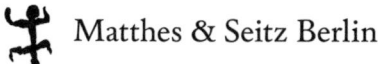

Inhalt

Vorwort | 7

1. Gotteserlebnis und Gottesglaube
   (Im Schnittpunkt des Kreuzes) | 17
2. Wer blitzt? | 43
3. Das Mysterium des Nabels | 79
4. Die Grenze und das Grenzenlose | 103
5. Das gähnende Chaos | 121
6. Das Unmögliche | 141
7. Die Kraft des Augenblicks | 169

Anmerkungen | 191
Literaturverzeichnis | 204

Vorwort

»Aus *Nichts* schafft Gott, wir schaffen aus
Ruinen! Erst zu Stücken müßen wir
Uns schlagen, eh' wir wissen, was wir sind
Und was wir können!«[1]
Christian Dietrich Grabbe

In der Tragödie »Don Juan und Faust« (1829) des romantischen Dramatikers Christian Dietrich Grabbe begehrt Faust, seiner Gewohnheit treu, auch diesmal viel. Er will das, was angeblich nur Gott zusteht, aus eigener Kraft schaffen. Dazu muss er aber Gott selbst trotzen. Auch er will einen Schöpfungsakt vollbringen. Die Gegebenheiten und Möglichkeiten, die ihm dabei zur Verfügung stehen, unterscheiden sich jedoch fundamental von denen seines vermeintlichen Gottes. Gott schuf etwas aus dem Nichts, Faust dagegen hat nur noch die Möglichkeit, aus etwas bereits Bestehendem etwas Neues zu schaffen. Damit dieses Etwas aber genauso fest und endgültig wird wie das, was Gott geschaffen hat, muss es das von Gott geschaffene Etwas überbieten. Da Gott aber das »Höchste« ist, d. h. über allem steht, kann dieses »Überbieten« nur in die entgegengesetzte Richtung gelingen. Um Gott zu überbieten, muss er »unterboten« werden. Etwa so wie es Heinrich von Kleist in seiner kurz vor Grabbes Drama entstandenen Schrift »Über das Marionettentheater« skizziert hat: Wir »müßten (...) wieder von dem Baum der Erkenntnis essen, um in den Stand der Unschuld zurückzufallen. Allerdings (...) das ist das letzte Kapitel von der Geschichte der Welt.«[2]

Gott zu unterbieten heißt, sein Werk, die Schöpfung, auszuklammern. Und damit auch das auszuklammern, was der Schöpfung vorausgegangen ist: das Nichts. Während er sich in Stücke schlagen will, nimmt Grabbes Held auch ein geistiges Abenteuer auf sich. Gott schuf die Welt aus dem Nichts: Diese Aussage behauptet nichts weniger als, dass allem, was ist (der Welt, dem Etwas, dem Seienden), etwas vorausgeht, das man nicht als Welt, als Etwas, als Seiendes bezeichnen kann und das folglich auch mehr als diese ist. Was könnte das anderes sein als das Nichts oder — mit Heidegger gesprochen — das Sein? Der Gott zugeschriebene Schöpfungsakt lenkt die Aufmerksamkeit auf die fundamentalste Tradition des europäischen Denkens, das metaphysische Denken, auf dessen theologische Natur Heidegger hingewiesen hat: »Seit der Auslegung des Seins als ἰδέα ist das Denken auf das Sein des Seienden metaphysisch, und die Metaphysik ist theologisch. Theologie bedeutet hier die Auslegung der ›Ursache‹ des Seienden als Gott und die Verlegung des Seins in diese Ursache, die das Sein in sich enthält und aus sich entläßt, weil sie das Seiendste des Seienden ist.«[3]

Grabbes Faust will zu Beginn des 19. Jahrhunderts also nichts weniger, als von dieser auf über zweitausend Jahre zurückblickenden, metaphysischer Tradition Abschied zu nehmen. Und er möchte sich ein für allemal auch von einer anderen Idee, die sich beharrlich im europäischen Denken festgesetzt hat, verabschieden: Von der Vorstellung, dass das Nichts, da es allem anderen vorausgeht, reicher ist als das, was aus ihm geschaffen wurde. Faust glaubt nicht an das Nichts, er glaubt an die Schöpfung. Und damit initiiert er eine neue Tradition, deren Einfluss auf die europäische Kultur seit der Romantik immer spürbarer wird, und die sich zu Beginn des dritten Jahrtausends im philosophischen Denken genauso eingebürgert hat wie die metaphysische Haltung zwei Jahrtausende zuvor. Diese neue Tradition möchte den tiefen Abgrund zwischen dem Sein und dem Seiendem zuschütten, den Unterschied zwischen beiden aufheben. Faust ist bestrebt, das traditionelle, eindimensionale, metaphysische Denken zu dekonstruieren — um es mit einem modernen Begriff auszudrücken. Aus Ruinen schaffen oder uns zu Ruinen zertrümmern, um zu erfahren, wer und was wir sind: Das bedeutet, die Idee eines allem vorausgehenden Nichts zu verwerfen, den Glauben aufzugeben, dass es möglich sei, früher oder später einen letzten — oder ersten — Halt, die Gewissheit einer Ganzheit und Vollkommenheit, die als Sonne alles überstrahlt, was ihm folgt (oder ihm vorausgeht), zu finden.

Die traditionelle Metaphysik war durchdrungen von der sicheren Annahme eines letzten, positiven Sinnes. Da dieser Sinn ein letzter ist, ist er auch isoliert von all dem, was er mit Sinn durchdringt. Diese traditionelle Vorstellung von Sinn, ein solcher zwischen dem Sein und dem Seienden eingekeilter Abgrund, lockt mit dem Glauben an eine neue Welt, die zwar jedem offen steht, die aber nur dann betreten werden kann, wenn man allem, was ist, den Rücken kehrt, auf alles verzichtet, was ohne Sinn zu sein scheint. Und weshalb wirkt das verlockend? Weil das, was ist, also das Seiende, wie ein Zwang wirkt, der die Menschen daran hindert, das zu tun, wonach sich auch Grabbes Faust sehnt: zu erfahren, was wir sind und was wir können.

Anstelle des infolge seiner Diesseitigkeit fragmentierten Ich-Bildes steht das metaphysische Denken im Bann eines festen, infolge seiner Endgültigkeit vermeintlich göttlichen Ich-Bildes, das uns angeblich irgendwo erwartet, nur eben schwer zu entdecken ist. Grabbes Faust bestreitet die Existenz eines solchen essenziellen Ich-Bildes, mit dem sich jeder identifizieren könnte, und das über Jahrhunderte einer der Ecksteine der europäischen Zivilisation war. Doch spätestens seit der Romantik traten die inneren Risse des traditionellen, metaphysischen Denkens immer offensichtlicher zutage. Diese Risse nahmen ihren Anfang mit der Erschütterung des Glaubens an die traditionelle Gottesvorstellung. Diese Erschütterung ging mit der Infragestellung des vermeintlich göttlichen Ich-Bildes einher, bis schließlich in der Mitte des 20. Jahrhunderts Czesław Miłosz schreiben konnte: »Die menschliche Person, die stolz mit dem Finger auf sich selbst zeigt: ›ich‹, erwies sich (...) als Täuschung, denn sie ist lediglich ein von ein und derselben Epidermis zusammengehaltenes Bündel von Reflexen.«[4]

Aber lässt sich noch von einer »inneren« Identität sprechen, wenn das Ich lediglich von einer Epidermis zusammengehalten wird? Diese Frage ist deshalb berechtigt, weil Grabbes Faust — bleiben wir der Einfachheit halber bei ihm — das traditionelle, essenzielle Ich-Bild zwar ablehnt, aber keineswegs aufhört, sich selbst zu suchen. Ja, indem er sich selbst erkennt, möchte er — in Vorwegnahme Nietzsches — sich auch selbst erschaffen. Er wendet sich von der Metaphysik ab, ohne sich dabei auf eine bloße Epidermis reduzieren zu lassen — er will sich nicht einem Denken ausliefern, das man am Ende des 20. Jahrhunderts am ehesten als pragmatisch bezeichnen würde. Vom pragmatischen Standpunkt aus gesehen verrät die vergebliche Sehnsucht nach einer »inneren Identität« eine Nostalgie nach Metaphysik. Richard Rorty zum Beispiel schreibt bezüglich Freud: »Indem er uns half, uns selbst als ohne Mitte zu sehen, als eine beliebige Zusammensetzung kontingenter und idiosynkratischer Bedürfnisse statt als eine mehr oder weniger adäquate Veranschaulichung einer allgemeinmenschlichen Essenz, eröffnete uns Freud neue Wege zu einem ästhetischen Leben. (...) Das hat es uns erheblich erleichtert, uns von der Vorstellung zu befreien, wir hätten ein wahres Selbst, das wir mit allen anderen Menschen gemeinsam haben.«[5]

Faust — wie auch der Verfasser dieses Buches — vertritt dagegen einen anderen Standpunkt. Er bestreitet zwar nicht, dass das traditionelle, metaphysische Denken seine Allgemeingültigkeit verloren hat, ja er vertritt lange vor Freud die These, dass das Ich nicht mehr Herr im eigenen Haus ist. Allerdings belässt er es nicht dabei. Er will nicht hinnehmen, dass das »Haus« nunmehr leer ist, sondern er sucht weiter. Er hofft, den Fremden zu finden, der das Haus besetzt hat. Faust reißt das Haus ab, zertrümmert alles, um diesen Fremden, der von seinem eigenen Ich kaum zu unterscheiden und dennoch unendlich fern und anders als er selbst ist, zu finden. *Er weist die Herrschaft (den Terror) des gemeinsamen und essenziellen Ich zurück, ohne aber die Persönlichkeit dem hohlen Spiel der Zufälligkeiten und Beliebigkeiten zu überlassen.* Auch er bestreitet nicht, dass das »Ich« eine bloße Illusion ist, dass seine Umrisse unbestimmbar sind, dass es kaum mehr als ein Konglomerat von Schablonen und Mustern ist, das sich nach dem Gebot der jeweiligen Interessen und Gegebenheiten zu immer neuer Gestalt zusammensetzt. Aber er akzeptiert auch die Gültigkeit einer anderen, damit schwer zu vereinbarenden Matrix und hält an der Einheit der Identität fest, einer Identität allerdings, die sich nicht auf das Ich beschränkt. Er ist der Überzeugung, dass die Persönlichkeit sowohl fest als auch formbar ist, dass sie über ein einziges Antlitz verfügt und sich dennoch nicht ins Auge schauen lässt. Die Persönlichkeit ist also — um es in der Sprache der europäischen Kultur auszudrücken — die unendliche Spiegelung einander spiegelnder Spiegel, gleichzeitig aber auch der Abglanz des Göttlichen.

Dieses »Göttliche« tritt von hinten an den von den traditionellen Religionen ausgearbeiteten, positiven »Gott« und überwältigt ihn, indem es ihn gleichsam unterbietet. Um die Wende vom 19. zum 20. Jahrhundert, kaum hundert Jahre nach Grabbe, schreibt Alfred Jarry: »Wir haben beileibe nicht alles zerstört, wenn wir nicht auch die Trümmer zerstören! Doch sehe ich keine andere Möglichkeit, als sie in erbaulichen, wohlangeordneten Bauwerken zu bewahren.«[6] Dem tiefsten Inneren des Nihilismus kann ein neues Persönlichkeitsbild entspringen — der Abriss der traditionellen, starren Metaphysik öffnet den Horizont für eine neue, dynamische Metaphysik. Die europäische Kultur hat in den letzten zweihundert Jahren ihren Bezug zur Metaphysik verloren. Der Mensch kann sich aber, wie Leszek Kołakowski in seinem Buch »Horror metaphysicus. Das Sein und das Nichts« (1988) ausführt, niemals von seinem Heimweh nach Transzendenz und Metaphysik befreien. Wenn nicht aus anderen Gründen so ist er schon infolge seines Wissens um die eigene Vergänglichkeit zur Metaphysik verdammt. Faust bewahrt also seine Zuneigung zur traditionellen Metaphysik, ohne sich deshalb in die Gefängnisse einsperren zu lassen, die man in ihrem Namen errichtet hat. Seinem Beispiel folgt der Verfasser dieses Buches. Er unternimmt in den folgenden sieben Essays den gleichen Versuch wie Grabbes Held: durch Abreißen aufzubauen. Die sieben Kapitel behandeln jeweils etwas anderes (den Schnittpunkt des Kreuzes, den Blitz, die Mitte, das Überschreiten der Grenze, das Chaos, das Unmögliche und die überwältigende Kraft des Augenblicks) und doch versuchen sie alle, das Denken nach dem gleichen, unsichtbaren Fokus auszurichten.

Grabbes Figur spricht von Gott. Nicht nur deshalb, weil er schaffend Gott trotzen muss, sondern auch, weil das metaphysische Denken unweigerlich von der Gestalt (der Vorstellung) Gottes überschattet wird. Es ist schwer, ihn zu umgehen – selbst für einen, der, wie der Verfasser dieses Buches, sich für nicht gläubig hält und in keiner Religion Zuflucht sucht. Dennoch verwende ich in diesem Buch oft das Wort »Religion«, genauer das Adjektiv »religiös«, und zwar in dem Sinn, in dem es auch der ungarische Philosoph Béla Hamvas verwendet hat. Hamvas hat einmal gesagt: Ich bin nicht religiös, aber alle wichtigen Erlebnisse in meinem Leben waren religiöse Erlebnisse. Als religiös bezeichne ich ein Erlebnis dann, wenn es einem hilft, seine inneren, vermeintlich unumstößlichen Schranken zu überwinden. Das hat wenig mit Glauben zu tun, und eine kanonisierte Religion lässt sich daraus erst recht nicht schmieden. In den Momenten des religiösen Erlebnisses fühlt man sich schrankenlos und grenzenlos. Man könnte ein solches Erlebnis auch als kathartisch, erschütternd, erhebend bezeichnen. Mit einem Wort als mystisch. Oder noch besser als ekstatisch. Das mystische Erlebnis ist deshalb ekstatisch, weil es den Menschen aus sich, aus seinem bis dahin vermeintlich natürlichen Umfeld heraustreten lässt und ihm Horizonte eröffnet, die sein Dasein in einem neuen Licht zeigen. Mehr noch, sie machen ihm bewusst, dass er »existiert«. Genauer, dass er existiert, obwohl es ebensogut sein könnte, dass er überhaupt nicht existiert. Religionen wollen den Menschen davor bewahren, sich zu verlieren. Mystische Erlebnisse dagegen nähren sich gerade aus diesen »Verlusten«, sie verwandeln diese in Gewinne. In den Momenten des mystischen Erlebnisses erlebt man sich plötzlich konzentrierter als je zuvor — als habe man die eigene Identität soeben erst entdeckt. Gleichzeitig fühlt man sich aber auch verwaist: Indem man aus sich heraustritt, wird einem gerade die eigene Identität fragwürdig. Das macht ein solches Erlebnis zu einem paradoxen Zustand: Man wird gerade dann identisch mit sich, als diese Identität immer weniger greifbar wird. Bei einem solchen Erlebnis enthüllt sich die widersprüchliche Natur des Lebens: Man ist gerade dessen am wenigsten Herr, was der höchste Beweis seiner Existenz ist — seines Lebens.

»Über Göttliches kann (...) nur in Begeisterung gesprochen werden«[7], schrieb der junge Hegel. Dasselbe gilt auch für das religiöse Erlebnis — mit der nicht unwesentlichen Einschränkung, dass der »religiöse« (begeisterte, ekstatische) Ton dabei durchaus verständlich sein muss. Dieses Buch setzt sich zum Ziel, die Wesensmerkmale des religiösen Erlebnisses abzugehen. Damit das Erlebnis aber nicht versiegt und zu etwas »Sachlichem« verdörrt, muss man unter Wahrung der Besonnenheit immer wieder auch dem Schwindel anheimfallen, unter Wahrung der Distanz auch aufdringlich werden. Das Ziel besteht darin, das die Gedanken umgebende Undenkbare, das jenseits der Worte verborgene Unsagbare fühlbar werden zu lassen. Eine Lösung bietet die Gattung des Essays, der im ursprünglichen Sinn des Wortes Versuch bedeutet. Der Essay ist die Versuchung des Unmöglichen: das Heraufbeschwören jener Grenzenlosigkeit, die dem Menschen in den Momenten des religiösen Erlebnisses zuteil wird. Ein Essay ist nicht nur deshalb authentisch, weil er mit Leben pulsiert, sondern auch weil die Bedrohung dieses Lebens darin zum Vorschein kommt. Im Essay erdehnt sich ein einziger feuerballartiger Augenblick zur Zeit. Gerade diese bewusst in Kauf genommene Widersprüchlichkeit des Schreibens garantiert, dass die Einheit des ursprünglichen Erlebnisses gewahrt bleibt. Der Essay ist ein Versuch; dieser Versuch ließe sich aber nicht durchführen, wenn den Essayisten nicht selbst etwas versucht hätte. Der Essayist vertieft sich in seinen Gegenstand (erleidet ihn), gleichzeitig bewahrt er aber auch seine Freiheit. Der Gattung des Essays bedarf es dann, wenn das, wovon er handelt, einen persönlichen Einsatz hat. Das Persönliche ist hier jedoch: das Zeichen der Versuchung, das einem, um zum vorausgehenden Gedanken zurückzukehren, ein Erlebnis beschert, das auch die Grenzen des Persönlichen nichtig werden lässt.

Dem religiösen Erlebnis wohnt etwas Schwindelerregendes inne. Der Reiz des Essays besteht darin, diesen Schwindel fühlbar zu machen, und darum sehe ich die Kulturgeschichte im Folgenden nicht als bloße Fundgrube von Daten und Ereignissen, sondern als einen großen Strudel, in dem kein Punkt privilegierter als ein anderer ist. Die Fußnoten, Verweise und häufigen Zitate scheinen dazu im Widerspruch zu stehen. Es besteht die Gefahr, dass sie statt einen Strudel zu bilden sich ungewollt zu einem großen System zusammensetzen, das von Über- und Unterordnung zusammengehalten wird. Meine Absicht besteht jedoch nicht darin, anzuklagen, zu beweisen oder zu verteidigen, sondern fühlbar zu machen, dass das, worauf die gegenwärtigen Gedanken sich richten, auch schon von anderen Menschen der unterschiedlichsten Epochen und Kulturen erlebt worden ist. Indem ich mich auf andere berufe, möchte ich keine abschreckenden Steinstatuen und Autoritäten zitieren, sondern versuche vor allem meine Zeitgenossen in ihnen zu entdecken — von Heraklit bis Bataille, Basilides bis Cioran. Ich will die Verweise und Zitate nicht zu harter Erde feststampfen; mich reizt nicht die positivistische Philologie mit ihrem ausufernden, kritischen Apparat. Ich suche vielmehr Vorbilder, wie es die barocken, englischen Denker des 17. Jahrhunderts Robert Burton und Thomas Browne gewesen sind. Wie auch ihr späterer Nachfahre Borges hielten sie die Kulturgeschichte nicht für ein entschlüsselbares Rätsel, sondern für ein großes Labyrinth, in dem alle mit ähnlichen Fragen ringen müssen.

Abb. Günter Brus, Aktion »Selbstverstümmelung«, 1965 (Foto: Helmut Khasaq). Der ganze Körper verblasst; entlang einer einzigen Linie versucht das Leben aus ihm auszubrechen. Er birst, wie von einem Blitz gespalten; einem Kriechtier gleich versucht der Mensch dem Leben zu entkommen und setzt seine ganze Hoffnung auf etwas, das nicht einmal mehr als Leben bezeichnet werden kann. Aber ist er nicht gerade dann am meisten mit sich eins, wenn er am bedürftigsten ist? Ist er nicht dann am gewichtigsten, wenn er nur noch mit dem sich verflüchtigenden Abdruck seines Selbst eins ist?

Die Glieder bewegen sich nicht mehr; die Zunge zieht sich ermattet ins Dunkel der hallenden Mundhöhle zurück. Im Augapfel spiegelt sich das Unmögliche. Das entlang der Mittellinie verlaufende Blutrinnsal ist das Zeichen des auch den Körper zerreißenden, inneren Kreuzes. Das Leben ist auf sein eigenes Kreuz aufgespannt. Sind wir Zeugen des Mysteriums der vernichtenden Erfüllung?

1. Gotteserlebnis und Gottesglaube
(Im Schnittpunkt des Kreuzes)

»Die Zeit ist abgeflossen, wo mir noch Zufälle begegnen durften; und was könnte jetzt noch zu mir fallen, was nicht schon mein Eigen wäre! Es kehrt nur zurück, es kommt mir endlich heim — mein eigen Selbst, und was von ihm lange in der Fremde war und zerstreut unter alle Dinge und Zufälle. (...) Gipfel und Abgrund — das ist jetzt in Eins beschlossen! (...) Du gehst deinen Weg der Größe: hier soll dir keiner nachschleichen! Dein Fuß selber löschte hinter dir den Weg aus, und über ihn steht geschrieben: Unmöglichkeit.«[8]
Friedrich Nietzsche

»Diesmal widerfuhr mir (...) etwas Sonderbares«, erzählt der Verfasser der apokryphen Johannes-Akte über Jesus. »Ich versuchte ihn nämlich in seiner eigentümlichen Wesenheit zu schauen, bemerkte aber, dass er nie mit den Wimpern zuckte, sondern die Augenlider stets offen hielt.«[9] Aber nicht nur das fiel ihm auf. Abgesehen von seinen stets geöffneten Augen besaß Jesus auch viele andere sonderbare Fähigkeiten. So erschien er später mal als Kind, mal als Greis; mal zeigte er sich als Riese, mal als Zwerg; meist hatte er einen Körper, aber zuweilen war er auch gänzlich vergeistigt; mal war er identisch mit sich, mal verdoppelte er sich; meist trat er als Jesus auf, aber es kam auch vor, dass er mit Johannes verschmolz. Es ist also nicht verwunderlich, dass dieser Jesus von der Methode der Überredung, der logischen Argumentation nicht viel hielt. Vor seiner Gefangennahme brach er stattdessen in Gesang aus, begann zu tanzen und forderte schließlich auch seine Jünger zum Tanz auf. Nach dem Tanz geriet er wahrhaftig in Ekstase und ließ die Umherstehenden und Tanzenden dadurch das unaussprechliche, unlösbare Geheimnis schauen. Später behauptete er, zu Ehren des Vaters getanzt zu haben, und deutete den Tanz als eine Form von Leiden. Doch weshalb hat er gelitten? Das verrät er nicht. Er glaubt, über dieses Leiden schweigen zu müssen. Deshalb sagt er daraufhin zu Johannes: »Wer ich aber wirklich bin, das weiß ich allein und kein Anderer. Lass mich denn das Meine bewahren und begnüge dich, das Deine durch mich zu schauen. Mich aber in Wahrheit schauen, das ist, wie ich dir sagte, unmöglich. Du vernimmst, dass ich litt; aber ich litt nicht. Und du vernimmst, dass ich nicht litt; aber ich litt doch!«[10]

Entleerung, Aufladung

»Schaue das Deine durch mich«. Was mag dieser Jesus damit gemeint haben? Es ist sonderbar, dass er, obwohl er sich nicht sehen lässt, Johannes auffordert, ihn zu schauen. Und Johannes muss dem nicht blinzelnden Jesus starr in die Augen sehen. Er muss ihn so lange anstarren, bis es ihm vor den Augen zu flimmern beginnt. Aber da sieht er nicht mehr Jesus. Was er eigentlich sieht, ist schwer zu sagen. Vielleicht erkennt er sich in dessen Zügen selbst wieder. Es ist aber auch vorstellbar, dass sich ihm einfach nur alles im Kreise zu drehen beginnt und ihm schwindlig wird. Wie auch immer, der Logos, dessen Verkörperung Jesus zu sein behauptet, und auf den Johannes seinen Blick richtet, eignet sich nicht, Schicht für Schicht geöffnet und enthüllt zu werden. Er ist nicht einmal zu verstehen. Bei ihm versagt die hermeneutische Methode. Denn dieser Jesus und dieser Logos sind nicht identisch mit dem Jesus und dem Logos der Theologen und der Philosophen. Ein Abgrund trennt sie beide von jenen, die sie erkennen wollen.

Der Jesus der Johannes-Akte spielt mit Johannes wie ein Verführer. Er bietet sich ihm an und tut so, als lasse er sich sehen, in Wahrheit verbirgt er sich aber, und am Ende blickt ihn Johannes wie eine Fata Morgana an. Er tut so, als sei er greifbar, stattdessen schlüpft er aber selbst in Johannes. Wer ihn erkennen will, muss sich erst selbst erkennen — muss den Fremden, der in ihn eingekehrt ist, erwischen. Dieser Jesus verhält sich also wie ein Psychotherapeut: Er verhilft dem, der ihn beobachtet, zur Selbsterkenntnis. Er gibt den anderen »Substanz«, obwohl er ihnen nur seinen eigenen Mangel offenbart. Ein bisschen benimmt er sich natürlich auch so, als würde er Johannes an der Nase herumführen. Wenn man Johannes fragen würde, würde er gewiss erwidern, dass er nicht geführt werde. Und doch fühlt er sich wie benommen, ihm wird schwindelig, und während er den nicht blinzelnden Jesus betrachtet, beginnt sich ihm allmählich alles im Kreis zu drehen.

Dieser Jesus verheißt Johannes die Erfüllung, indem er ein immer größer werdendes Mangelgefühl in ihm erzeugt. Er verheißt ihm Selbsterkenntnis (»Schaue das Deine durch mich«), lässt ihn aber auch außer sich geraten. Bevor Johannes Jesus von Angesicht zu Angesicht gegenüberstehen musste, hatte er sich gewiss wie an einen Sachbearbeiter an ihn gewandt. Wie Gläubige im Allgemeinen erhoffte auch er sich von Jesus eine Bewältigung seiner Probleme. Er stellte sich ihn wie jemanden vor, der ihm in allem vorausging, und zwar nicht nur einen Schritt. Die vielzitierte Unfassbarkeit Gottes weckte auch in ihm die Vorstellung, jener sei ungleich geschickter als der Mensch, habe eine Tarnkappe auf, die ihn unsichtbar machte, und ließe sich aus irgendeinem Grund nicht sehen. Als er sich nun diesem sonderbaren, sich menschlich und doch nicht menschlich benehmenden Jesus gegenübersieht, muss er die Erfahrung machen, dass der Ausdruck »Hinwendung zu Gott« eine absurde sprachliche Wendung ist. Eine unbrauchbare Metapher. Die Idee einer »Hinwendung zu Gott«, ja selbst das Wort »Gott« findet nur dann Anwendung, wenn der Mensch seine Lebensumstände für mitteilbar hält. Wenn er von Gefährten umgeben ist, also in einer Gemeinschaft lebt, die in Gott (in der Religion, der religio) eines ihrer wichtigsten Bindemittel hat. Dann erscheint das Wort (»Gott«) als etwas Substanzielles, das sich sogar institutionalisieren lässt. Es eignet sich sogar, Kirchen darauf zu gründen.

Bei einem Erlebnis dagegen, wie es auch Johannes zuteil wird, entleert sich das Wort. Genauer, es lädt sich mit neuem Gehalt auf. Mit einem Gehalt, der auch den Mangel fühlbar machen kann, den Johannes beim Anblick des nicht blinzelnden Jesus empfindet. Johannes wird schwindelig, die Welt (die »Gemeinschaft«) verliert ihre Konturen, seine Seele aber wächst ins Gewaltige an. Sie wird derart groß, dass sie die ganze Welt einzuverleiben vermag. Johannes wird ein sonderbares Erlebnis zuteil: Er findet zu sich, indem er die gewohnte Welt verliert und anstelle ihrer eine neue bekommt. Das Wort »Gott« wird nicht vernichtet, sondern stülpt sich gleichsam um: Es bleibt verständlich und klar und erweckt doch den Eindruck eines dunklen Tunnels. Wie auch die Johannes-Akte als Ganzes den Eindruck erweckt, als sei ihre Sprache unterminiert und könne jede Sekunde explodieren.

»Schaue das Deine durch mich«. Johannes wird ein Erlebnis zuteil, das in der Sprache der europäischen Tradition gewöhnlich als mystisch bezeichnet wird. Jesus bringt Johannes dazu, sich vom Gott der Institutionen und der Gewohnheit abzuwenden, und konfrontiert ihn mit der Einsicht, dass Gott nur ein einziger »Ort« vorbehalten ist: jener Bruch, der im Menschen dann entsteht, wenn ihm seine eigene Identität zweifelhaft wird. In dem nicht blinzelnden Jesus erkennt Johannes sich selbst wieder, auch wenn dessen Züge sich von den seinen natürlich unterscheiden. Johannes sucht das Seine im Anderen, nähert sich seinem Selbst also auf dem Umweg des Anderen, der ihm im Vergleich zu seinem eigenen Selbst fremd ist. Sein »Ich« lädt sich mit etwas auf, das strenggenommen nicht zu seinem »Ich« gehört.

Aus dem »Abenteuer« des Johannes lässt sich aber auch noch eine andere Lehre ziehen. Sein Fall belegt auch, dass es nicht darum geht, dass ein »Ich« existiert, das vor allem anderen da ist und sich dann wie ein Gefäß aufzuladen beginnt, sondern dass das »Ich« überhaupt erst dadurch entsteht, dass es sich mit etwas aufzuladen beginnt, das strenggenommen kein Teil von ihm ist. »Ich sah mich mich sehen«: Diesen an den Sprachgebrauch der Johannes-Akte erinnernden Satz erörtert zweitausend Jahre später Jacques Lacan in seinem Seminar »Les quatre concepts fondamentaux de la psychanalyse« (Die vier Grundbegriffe der Psychoanalyse), als er die Grundlagen des Bewusstseins analysiert.[11] Bewusstsein ist für Lacan untrennbar verbunden mit Selbsterkenntnis. Selbsterkenntnis dagegen lässt sich nicht auf das Bewusstsein reduzieren. Sie ist weit mehr als das. Schon hundert Jahre vor Lacan hatte für Nietzsche Selbsterkenntnis auch Selbsterschaffung bedeutet: Indem die Persönlichkeit sich selbst erkennt, ruft sie sich auch ins Leben.

Als Jesus Johannes auffordert, ihn anzusehen, stellt er ihn damit vor eine Entscheidung. Johannes hatte sich Gott früher vermutlich als jemanden vorgestellt, der einem immer voraus war, einen in allem überragte. Zu dieser essenziellen Gottesvorstellung gesellte sich ein wohl ebenfalls essenzielles Ich-Bild hinzu. Aber während er den nicht blinzelnden Jesus betrachtet, wird Johannes eine radikal andere Erfahrung zuteil. Gott ist ihm nicht voraus, sondern entsteht erst in dem Moment in ihm, wie auch sein Ich erst in dem Moment plastische Formen anzunehmen beginnt, als er sich von sich selbst zu entfernen beginnt. Um sich eines bewusst paradoxen Bildbruchs zu bedienen: Das Größere (Gott) manifestiert sich im Kleineren (Johannes), das Vollkommene im Mangelhaften. Johannes steht am Scheideweg von Maß und Maßlosem. Entweder akzeptiert er das Maß als alleingültig und klammert die Tatsache aus, dass auch das Maß auf etwas gründet, das strenggenommen nicht messbar ist. Oder er bejaht das Maßlose, was hier jedoch nicht zu Chaos und Kopflosigkeit führt, sondern zur paradoxen Einheit von Maß und Maßlosem. Entweder er schließt aus oder er nimmt auf.

Wer wie Johannes Jesus von Angesicht zu Angesicht sieht und fühlt, wie der Gott in ihm zu entstehen beginnt, greift infolge dieser paradoxen Paarung von Maß und Maßlosem bevorzugt auf privative Affixe zurück. Sie alle — von Origenes bis Simone Weil, von Plotin bis Georges Bataille, von Meister Eckhart bis E. M. Cioran, um die Gnostiker und Mystiker nicht zu vergessen —

sind Stilisten der negativen Theologie. Die Lehren von der Nicht-Greifbarkeit Gottes sind Bestätigungen — oder auch poetische Formulierungen — dieses Paradoxes, in ein theologisches Gewand gehüllt. Die unvermeidliche Unklarheit bei den großen Gnostikern und Mystikern ist nicht auf unpräzise Formulierung zurückzuführen, sondern auf die Tatsache, dass das, worauf die Sprache sich richtet, einerseits ihr Gegenstand ist, andererseits sich aber auch schon in der sprachlichen Formulierung eingenistet hat. Das, was sie mittels Worte einfangen wollen, befindet sich von vornherein in ihrem Besitz; sie verfolgen etwas, das schon hinter ihnen ist. Ein gutes Beispiel dafür bietet das fast schon komische krampfhafte Bemühen des Gnostikers Basilides aus dem 2. Jahrhundert, die jedem Sprachgebrauch hohnsprechende Berührung des »Überseienden« und des »Nichtseins« fühlbar zu machen. »Es war eine Zeit, da nichts war; doch nicht einmal das Nichts war etwas, sondern in schlichten und ungedeuteten Verstande des Wortes war es schlechterdings gar nicht. (...) Da nun nichts war, weder Stoff noch Wesen, noch Wesenloses, noch Einfaches, noch Zusammengesetztes, noch Unfaßbares, noch Unempfundenes, noch Mensch, noch Engel, noch Gott, noch überhaupt etwas Genanntes, durch Wahrnehmung Erkanntes oder Gedachtes, da wollte der Gott, der nicht war, gedankenlos, empfindungslos, willenlos, vorsatzlos, leidlos, begierdelos — die Welt machen. Wenn ich aber sage ›er wollte‹, so sage ich das nur zur Andeutung von dem Willenlosen, Gedankenlosen und Empfindungslosen. (...) So hat der Gott, der nicht war, die Welt gemacht, die nicht ist, aus dem, was nicht ist.«[12]

Basilides' Worten wird man nur dann gerecht, wenn man sie nicht um jeden Preis in die Sprache des Verstandes zu übertragen versucht. »Übersetzt« lautete das Zitat: »Im Anfang schuf Gott den Himmel und die Erde«. (Der erste Satz der Bibel genügt den Erfordernissen des Verstandes. Aber nur scheinbar. Auch dieser Satz ist durchaus zerbrechlich. Auch in ihm lauert die Idee eines jede Vorstellungskraft übersteigenden »Überseienden« beziehungsweise eines ebendies ausschließenden »Nichts«.) Basilides möchte jedoch weniger die Geschichte der Schöpfung erzählen als vielmehr ein Erlebnis interpretieren, wie es wohl auch Johannes zuteil wurde, während er den nicht blinzelnden Jesus betrachtete. Basilides versucht, die mythische Schöpfungsgeschichte in die Sprache der persönlichen Erfahrung zu übertragen und der persönlichen Erfahrung gleichzeitig einen mythischen Rahmen zu geben. Diese Erfahrung würden wir heute folgendermaßen formulieren: Alles, was ist, war früher nicht, das heißt, alles, was geworden ist, verdankt seine Entstehung etwas, das mit ihm nicht identisch ist. Basilides behauptet nichts anderes, als dass der letzte Grundstoff des sich in ständigem Werden befindlichen Daseins etwas ist, das nicht ist. In der Sprache der negativen Theologie ausgedrückt, heißt das: Der höchste Beweis für die Existenz Gottes ist gerade seine Nichtexistenz.

Es ist kaum zu übersehen, dass Basilides' spitzfindigem Gedankengang die Erfahrung von Unzufriedenheit mit dem Dasein innewohnt. Er muss einen tiefen Mangel gespürt haben, um so zu formulieren. Die Wurzel dieses Mangels ist der Bruch, den er zwischen sich und der Welt empfunden haben mag. Er konnte seine Erfahrung aber ins Mythische steigern, indem er seinen Mangel nicht mit einem negativen Vorzeichen versah. Er erkannte darin vielmehr eine Chance, eine Quelle von Energie. Und das anfängliche Gefühl der Beraubtheit verwandelte sich wie durch einen Zauberschlag in Aufladung. Der Mangel, den er im Dasein empfand, schlug unerwartet in Erfüllung um. Es handelt sich nicht um einen allmählichen Übergang, sondern um eine Katastrophe im ursprünglichen Sinn des Wortes — um eine »Wende von Damaskus«. Eine solche Wende wird in der Sprache der europäischen Tradition als Erleuchtung, als »Konversion«, als Bekehrung[13] bezeichnet — etwas, das jedwedem mystischen Erlebnis zugrunde liegt.

»Die persönliche Begegnung mit Gott«, die gewöhnlich als das primäre Kennzeichen der Mystik bezeichnet wird, ist ein den Anschein von Maß wahrender Ausdruck dafür, dass ein Mystiker einen gegebenen Augenblick (den Augenblick der »Bekehrung«) sowohl als Beraubtheit als auch als überfließende Ganzheit erlebt hat. Die Kraft von Basilides' Worten liegt nicht in der theologischen oder ontologischen Wahrheit, die sie vermitteln, sondern in der Vermittlung dieser Erfahrung. Die Lektüre seiner erhalten gebliebenen Fragmente legt nahe, dass er wohl als erster die bekannte Heideggersche Frage gestellt hat: »Warum ist überhaupt Seiendes und nicht vielmehr Nichts?«[14]

Augenblicke der Annäherung an Gott

Als der heidnische Prediger Apollonios von Tyana aus dem 1. Jahrhundert während seiner Wanderschaften der Weisheit (Sophia) begegnete, sprach sie ihn, den viele wegen seiner Lehren und Wundertaten noch höher achteten als Christus und den die Kirche bei ihrer späteren Institutionalisierung erfolgreich aus dem Gedächtnis verbannt hat: »Wenn du aber rein bleibst, werde ich dir die Voraussicht verleihen und deine Augen mit solchen Strahlen des Lichtes erfüllen, dass du einen Gott und einen Heros erkennst und die Schattengebilde entlarvst, wenn sie Menschengestalt vortäuschen.«[15] Die Weisheit bestimmte die Reinheit zur Bedingung der Gottesschau. Aber wovon muss man sich reinigen? Apollonios selbst nennt die Bedingung der Reinheit, wenn er sagt, man könne Gott nicht »einen, irgendwie der Sinnenwelt angehörigen Namen beilegen«[16]. Man muss also aus der Sinnenwelt heraustreten, um in die Welt der Götter zu gelangen. Wenn man sich ihnen aber nähert, lässt man nicht nur die Sinnenwelt hinter sich, sondern auch die Welt des Maßes. Denn gerade Apollonios sagt, dass das Maß ausschließlich in der Welt (dem Kosmos) existiert.[17] Man reinigt sich, indem man, wenn man sich den Göttern nähert, auch die Welt des Maßes hinter sich lässt. Der Prediger von Tyana behauptet nichts anderes, als dass man Gott dann nahekommt, wenn man sich dem Strudel überlässt, der einen außer sich geraten lässt. Wenn man das Leben also nicht als ein Ensemble von Übergängen, Wegen und Brücken, sondern als einen nie zuzuschüttenden Abgrund erlebt.

Die Weisheit versprach Apollonios, dass er die Götter schauen werde. Einige Jahrhunderte zuvor hatte Sokrates die Menschen aber gerade deshalb zur Liebe der Weisheit, also zur Philosophie zu überreden versucht, weil nur diese sie auf den Tod vorbereiten konnte. Während die Weisheit Apollonios raffiniert damit vertröstete, dass er die Götter schauen werde, wollte sie ihm eigentlich klarmachen, dass er in der Nähe der Götter erkennen werde, dass der Grundstoff der Existenz etwas ist, das selbst gar nicht ist, und von dem man deshalb nicht einmal sagen kann: »das«, sondern — unter Verletzung der Sprachregeln — höchstens: »das, was nicht das ist«. Und das wird die wichtigste Erfahrung sein, die Apollonios erwartet. Nicht die Götter werden es ihn lehren, sondern umgekehrt: Erst wenn er diesen Mangel, der sich durch das ganze Dasein zieht, erlebt hat, wird er sich den Göttern nähern — wird Gott in ihm geboren werden. Dieser Gott »in der Einzahl« ist der Gott des Mangels; seine Aufgabe wird es sein, den Menschen wie von Sokrates vorgeschrieben auf den Tod vorzubereiten.

Gotteserlebnis und Gottesglaube

Die Eingeweihten der Mithras-Mysterien, die einen auf die Unsterblichkeit vorbereiten, suchten ein Erlebnis, wie es der Jesus der Johannes-Akte Johannes gewährte, während dieser ihn ansah. Sie wollten sehen, wie die Götter sie ansahen. Sie hofften, die Seele würde nicht nur aus sich heraustreten, während ihr Blick dem Blick der Götter begegnete, sondern auch in etwas anderes hineintreten.

Das Sehen gehört demnach zu den Bedingungen der Einweihung. Genauer jenes Sehen, bei dem der Blick sich nicht mehr auf etwas richtet, sondern in sich einkehrt. Der in sich versunkene Blick ist für die Mystiker ein Zeichen für die Entdeckung Gottes. Das mag der Ire Scottus Eriugena im Sinn gehabt haben, als er im 9. Jahrhundert schrieb, dass sich das Sehen vom Sein nicht unterscheide.[18] Das Gotteserlebnis geht mit einem gesteigerten Sehen einher (verbunden mit einem gesteigerten Gehör- und Tastsinn). Doch seltsamerweise wird auch die Tatsache, dass Gott unsichtbar, unhörbar, ungreifbar ist, gerade dann erfahrbar, wenn man sich ihm nähert. Tacitus notierte in Hinblick auf die Germanen: »sie geben die Namen von Göttern jener weltentrückten Macht, die sie allein in frommen Erschauern erleben«[19]. Paradoxerweise wird in den Augenblicken des Gotteserlebnisses gerade das zum Objekt sinnlicher Erfahrung, was nicht erfahrbar ist. In solchen Momenten sieht man, dass man nichts sieht, hört man, dass man nichts hört. »I have nothing to say / and I am saying it« (Ich habe nichts zu sagen und ich sage es), so begann John Cage seine »Lecture on Nothing«. Ein Mystiker würde es so ausdrücken: ›Ich sehe Gott nicht und so sehe ich Gott; ich höre Gott nicht und so höre ich Gott‹.

An diesem Punkt scheiden sich das *Gotteserlebnis* und der *Gottesglaube*. Während beim Gotteserlebnis das Nicht-Erfahrbare zum Objekt der Erfahrung wird — das Maßlose im Maß erscheint —, unterscheidet der Gottesglaube zwischen Wissen und Erlebnis, Maß und Maßlosem. Ersteres konfrontiert den Menschen mit der Wirklichkeit, ohne die Bürde der Endlichkeit von seinen Schultern zu nehmen; letzterer hält die Bürde der Endlichkeit (Vergänglichkeit) für reduzierbar (denkt sich diese nicht als endgültige Vernichtung). Das Gotteserlebnis ist intensiv, brennend, augenblicklich, es berücksichtigt weder die Vergangenheit noch die Zukunft, denn es hat keinen Bezug zur Zeit. Die völlige Ziellosigkeit ist für solche Momente genauso bezeichnend wie die restlose Erfüllung. Deshalb lässt sich dabei auch von heiligen Momenten sprechen. Es ist nicht verwunderlich, dass das Gotteserlebnis aus der Sicht des Gottesglaubens — suspekt ist. Deshalb stand das Wort

»das Heilige« in den diversen Kulturen nicht nur für Sauberkeit, sondern auch für Beschmutzung. Das griechische ἅγιος (hagios) und das lateinische sacer bezogen sich nicht nur auf das Heilige, sondern auch auf die Verdammnis,[20] das gleiche gilt aber auch für den arabischen, hebräischen oder ägyptischen Gebrauch des Wortes.[21] Was bewiese das anderes, als dass das Gotteserlebnis letztlich kein Maß kennt: Beim Gotteserlebnis wird einem das Heiligtum der Anarchie zuteil. Mit anderen Worten: Der Mensch wird offen, ohne überhaupt zu wissen, was ihn erwartet. Das ist der Zustand der Freiheit, eine Fundgrube der Möglichkeiten, ohne dass man im Voraus erahnen könnte, welche Form diese Freiheit annehmen wird.

Der Gottesglaube dagegen hat ein Maß. Es ist kein Zufall, dass dieser im Gegensatz zum Gotteserlebnis sehr wohl geeignet ist, institutionalisiert zu werden. Natürlich kann der Gottesglaube das Problem von Tod und Vergänglichkeit genauso wenig befriedigend klären, wie es das Gotteserlebnis zu tun vermag; aber statt diesen offensichtlichen und tragischen Selbstwiderspruch des Daseins restlos (das heißt maßlos) auszuleben, verdrängt er die Option der Verzweiflung genauso wie die Erfahrung der extremen Verlorenheit.

In ihrem Disput mit den Gnostikern kämpften die frühen Kirchenväter mit Feuer und Schwert für die Einführung eines beruhigenden Gottesbildes. In einer aus der Feder eines unbekannten Autors stammenden, gnostischen Schrift aus dem 3. Jahrhundert erscheint ein Prophet namens Phôsilampês, der, nachdem er eingesehen hat, dass die Allheit in etwas Unbeschreiblichem, Unaussprechlichem, Unüberwindlichem ruht, dessen Göttlichkeit einer, der nicht göttlich ist, nicht zu beschreiben vermag, so spricht: »Um seinetwillen ist das in Wirklichkeit (ὄντως) wahrhaftig Existierende und das wahrhaftig Nichtexistierende«.[22] Der Unterschied zwischen Gotteserlebnis und Gottesglaube tritt klar zutage, wenn wir diese Aussage mit der Behauptung des mit den Gnostikern streitenden Irenäus vergleichen, für den der Begriff des unbekannten Gottes nicht mit jenem Urchaos (bythos) identisch ist, von dem die Gnostiker ausgehen, sondern den Schöpfer der Welt, den unsichtbaren Vater bezeichnet: »Gott sei unbekannt freilich in seiner Größe, aber werde in seiner Güte erkannt durch den menschgewordenen Logos; er sei zwar unsehbar und unerklärbar, aber keineswegs unerkennbar, denn er habe sich durch seinen Sohn bekannt gegeben.«[23] Die Gnostiker erweiterten das Schicksal der alleingelassenen Seele und verliehen ihr eine universelle Dimension; die Kirchenväter dagegen betonten die gemeinschaftsstiftende und -bewahrende Rolle der Religion.

Das Gleichgewicht des unauflöslichen Chaos

Das Ausgeliefertsein an die Welt, an die Gegebenheiten kommt einem meist so selbstverständlich vor, dass man sich dessen gar nicht mehr bewusst ist. Was es in Wirklichkeit bedeutet, zeigt sich erst beim Gotteserlebnis. Einerseits hat man das Gefühl, nicht mehr ein Gefangener der Welt, des Raumes oder der Zeit zu sein. Andererseits kommt aber die wahre Natur des früheren Ausgeliefertseins zum Vorschein, dass nämlich das, was man als Ausgeliefertsein erlebt hat, viel mehr als nur eine Abhängigkeit von der Welt und den Gegebenheiten war. Dann schimmert im Maß das Maßlose durch und es zeigt sich, dass alles, was ist und was den Menschen umgibt, gleichzeitig auch die Maske des das Dasein überragenden Chaos ist. Man fühlt sich in den Momenten des Gotteserlebnisses zwar frei, denn man ist von dieser Maske nicht mehr abhängig, aber man gerät erneut in eine Abhängigkeit — diesmal fühlt man sich unmittelbar einem Chaos ausgeliefert, das sich durch keinerlei Praktiken überwältigen lässt.

Das Bemühen, dieses universelle Chaos zu bändigen und zu einem alles versöhnenden, göttlichen Einen hochzustilisieren, ist ein Prozess, der sich von Platon über die Neuplatoniker bis hin zum Christentum verfolgen lässt. Dieses Eine lässt sich sowohl als das

Eine, das jenseits vom Sein ist, als auch als Gott bezeichnen; es ist das, was — nach Platon — am Sein derart wenig teilhat, dass es sich nur als das nichtseiende Eine bezeichnen lässt (»Parmenides«, 163d). Paradigmen, Ideen ließen sich leichter annehmen und aufstellen als letzte Ursachen, schreibt im 1. Jahrhundert der neuplatoniker Damaskios in seinem Kommentar zu Platons »Phaidon«: »Letztere ist tatsächlich unaussprechlich und nicht in sichtbare Bilder zu fassen (es existiert kein Bild von ihr); mehr noch, in der Welt der Prozesse verschwindet sie infolge der Unbegrenztheit, die jedem Prozeß innewohnt und für das Böse, das ihn durchsetzt, verantwortlich ist.«[24]

Viel risikofreudiger als die Christen gingen die Neuplatoniker mit der Frage der göttlichen Unfassbarkeit um; aber auch sie scheuten sich, die untrennbar mit dem Leben verbundenen Tragödien, Abgründe und unlösbaren Paradoxien mit dem göttlichen Einen selbst in Verbindung zu bringen. Auch sie sträubten sich, von einer inneren Verbindung zwischen dem Dasein und dem sogenannten Einen, das jenseits vom Sein ist, auszugehen, denn das hätte unweigerlich daran erinnert, dass dieses vom Chaos tangiert wird. Laut Plotin können wir uns von dem Einen deshalb keinen Begriff machen, weil der Geist und die Rede zur Vielheit gehören (nur das, was gegenständlich ist, ist greifbar), ihrerseits vielschichtig sind. Von dem Einen existiert keine Rede (logos), keine Empfindung (aisthesis) und kein Wissen (episteme).[25] Die Abstraktion von der Welt (afairesis) bildet daher die Bedingung der Erkenntnis. Dabei will Plotin in der Abstraktion von der Welt ausschließlich die Erfüllung und die Erhöhung zur Kenntnis nehmen, obwohl die Erhöhung auch die Gefahr eines Absturzes in sich birgt. Die erlebte und nicht nur gedanklich durchgeführte Abstraktion beruht nämlich auf der Vision. Da die Vision aber an die Schau des im Menschen auferstehenden, entstehenden Gottes gebunden ist, enthüllt sie das Leben im Zauberspiegel der Vernichtung.

Auch für Clemens von Alexandria um die Wende vom 2. zum 3. Jahrhundert stellt die Abstraktion die Bedingung der Gottesschau dar (er ist der Ansicht, dass der Geist sich darin üben muss, den materiellen Körper seiner physischen Qualitäten, der Tiefe, der Breite, der Länge und zuletzt auch des Ortes zu entkleiden). Obwohl er schließlich mit einer platonischen Wendung verkündet, dass der Geist in einem solchen Moment nicht das erkennt, was Er (der Allmächtige) ist, sondern das, was er nicht ist,[26] beharrt er dennoch darauf, den Geist ausschließlich mit der »Größe Christi« zu assoziieren. Sein Ausgangspunkt ist der für die Mystik charakteristische, sogenannte »negative Gottesbeweis«, zum Schluss stellt er aber — auch auf Geheiß der platonischen Tradition — sogar die Negativität in den Dienst der positiven Beweisführung.

Es wäre müßig, Plotins oder Clemens' Gotteserlebnis in Frage zu stellen. Es liegt auf der Hand, dass sie auch ihrer Zeit Tribut zollten, als sie ihren Blick aus Sehnsucht nach einem Absoluten (und berührt durch das Absolute) ausschließlich auf die Erfüllung richteten und die Gebrechlichkeit des menschlichen Daseins im gleichen Maß übergingen. Auf diese Weise konnten sie sich auch erfolgreich von den Gnostikern abgrenzen. Statt ihrerseits (auch) aus der Gebrechlichkeit Kraft zu schöpfen, hielten sie den scheinbar unantastbaren Schild der göttlichen Erfüllung vor sich. In gewisser Weise wurden sie aber Gefangene ihrer eigenen Falle. Sosehr sie darauf beharrten, dass das Eine letztlich nicht existiere, spielten sie am Ende doch das Maß auf Kosten des Maßlosen, die Gewissheit auf Kosten der Nicht-Greifbarkeit aus.

Aus diesem Grund verloren sie das Gleichgewicht. Das setzt nämlich voraus, dass man im Maßlosen nicht nur einen Mangel, eine Entäußerung, sondern — im gewöhnlichen Sinn verstanden — auch die Erfüllung sieht. Und umgekehrt in allem, was sonst eindeutig, unanfechtbar zu sein scheint, den darin verborgenen Mangel, die Gefahr der Entgleisung entdeckt. Zu Beginn der Zeitrechnung legten die Neuplatoniker und anschließend die Christen das Fundament einer die Individuen überwölbenden Kirche. Dagegen gaben die Gnostiker den einsamen, aus der Gemeinschaft sich zurückziehenden Individuen Lösungen für die Lebensführung an die Hand. Sie wollten das Gewölbe durchbrechen, um allein, aus eigener Kraft nach oben, in die Höhe zu gelangen. Die Angst vor der Klaustrophobie lenkte ihre Schritte. Während erstere die Betonung vor allem auf die Gemeinschaft, die Macht legten, beschäftigte letztere die Dynamik der individuellen Seele und der Rückzug (beziehungsweise Flucht nach vorne) vor der Totalität. Das eine richtete sein Augenmerk primär auf den Ort, die Stelle des Menschen; das andere primär auf sein Schicksal. Ersteres war politisch; letzteres existenziell. Zugleich entdeckten beide im jeweils anderen ihren eigenen Schatten. Der Glaube an die individuelle Erlösung (deren Besitz einem ermöglicht, die Gemeinschaft, die Gesellschaft, ja die ganze Welt auszuklammern), die Sehnsucht nach Loslösung von der Welt, das grenzenlose Vertrauen in die »Seele« werden dann zu einem Imperativ, finden dann Verbreitung, wenn sich der »Terror der Geschichte« bemerkbar macht.[27] Sobald die Geschichte als Konstrukt in Erscheinung tritt (mit der christlichen Heilslehre als ihrer naheliegendsten — und autoritärsten — Form), treten die Partisanen, die Pioniere der Geschichte, die die Flucht aus der Geschlossenheit nach vorne antreten und ihr ultimatives Ziel außerhalb der Geschichte verorten, auf den Plan. Mit den Worten Peter Sloterdijks: »eine unbekannte Leidenschaft für das Nichtseiende, Andere, Jenseitige und Weltferne ergreift von diesen Pioniergruppen der Geschichte Besitz«[28].

Die Bösen und die Unordentlichen

Die Gnostiker gewahrten vor allem die latente Anarchie im Dasein und wiesen in allem die Zufälligkeit nach. Es ist verständlich, dass eine solche Sichtweise aus der Perspektive der Gemeinschaft destruktiv anmutet. Ein in dieser Hinsicht charakteristisches Zeugnis ist der zweite Brief des Paulus an die Thessalonicher, in dem er eben diese Sichtweise mit harten Worten geißelt.

Lasst uns beten, »dass wir gerettet werden von den schlechten und bösen Menschen« (3,2), ruft er seinen Brüdern zu, und »dass ihr euch zurückzieht von jedem Bruder, der unordentlich und nicht nach der Überlieferung wandelt, die ihr von uns empfangen habt« (3,6); und zum Schluss heißt es: »Denn wir hören, dass einige unter euch unordentlich wandeln, indem sie nicht arbeiten, sondern unnütze Dinge treiben.« (3,11) Aber das, was Paulus als schlecht und böse bezeichnet und moralisch geißelt, hatte ursprünglich die Bedeutung regelwidrig, auffällig, ja wundersam (atopos: das, was keinen Platz hat). In vorchristlicher Zeit stand das Böse (poneros) mit Müdigkeit, Mühsal und folglich mit Leiden und Unglück im Zusammenhang. Das Unordentliche (ataktos) bezog sich ursprünglich auf etwas, das nicht der Ordnung folgte. Und sich mit Unnutzem zu beschäftigen (periergazomai) bedeutete ursprünglich, dass man nicht um jeden Preis nach einem greifbaren Ergebnis strebte.[29] Paulus geißelt alles moralisch, was potenziell eine Abweichung vom vorgezeichneten Weg, eine Verirrung sein könnte. Was ursprünglich ein wertneutraler Begriff war, wird bei ihm zum Baustein eines zweckorientierten Systems. Die Grundvoraussetzung zur Errichtung eines Systems besteht aber darin, sich jedwedem Gotteserlebnis zu verschließen, in dem der Strudel sich andeutet, der Schwindel, der das Vertrauen in die Ordnung und das Ziel untergräbt, droht. Paulus steht an einem Wendepunkt der Weltgeschichte: Er liefert die Ekstase der nüchternen Rhetorik aus[30] und will die Gläubigen stillschweigend von der Existenz einer höheren Instanz (Gemeinschaft, Kirche, Gott) überzeugen, die ihnen die Bürde ihres individuellen Lebens abnimmt. Das war es, was die Gnostiker grundsätzlich bestritten, und damit bürdeten sie dem Individuum eine Last auf, die bis zum heutigen Tag auf ihm liegt. Um den Unterschied in einem Satz auszudrücken: Paulus wollte das Gotteserlebnis dem Gottesglauben ausliefern.

DER NAME GOTTES

Der Gläubige betet; aber was macht einer, der vom Erlebnis Gottes durchdrungen ist? Nach der Vorstellung einiger Gnostiker entstand die Welt durch das siebenfache Gelächter des Urgottes (des Unnennbaren, des Nicht-Seienden), wogegen der Mensch, da er den Mutterschoß verlassen muss, weinend geboren wird. Weinend nimmt er das zur Kenntnis, was er dem Gelächter verdankt. Somit weint und lacht die Seele zur gleichen Zeit. Gemäß der unter dem Namen Abraxas überlieferten, angeblich über Zauberkraft verfügenden Schöpfungslehre holte Gott, als er zum siebten Mal auflachte, tief Luft und brach inmitten des Gelächters in Tränen aus. In diesem Augenblick wurde die Seele geboren. Die weinend lachende Seele ist das schönste Symbol des Gotteserlebnisses, das infolge des gleichzeitigen Lachens und Weinens ziemlich schwer in Worte zu fassen ist. In seinem zweiten Brief an die Korinther berichtet Paulus von einer Vision, die er gehabt hat. Er wurde darin »in das Paradies entrückt und hörte unaussprechliche Worte, die auszusprechen einem Menschen nicht zusteht« (12,4). Doch statt zu versuchen, die geheimnisvollen Worte zu deuten und ihrer Spur zu folgen, kehrt er in die Allgemeinverständlichkeit zurück. Das überschattet aber auch seinen Gottesglauben: Wenn er im Zustand der Ekstase etwas erlebt hat, worüber er nicht zu sprechen vermag, klingt das vermeintlich allgemeinverständliche Wort »Gott« im Vergleich dazu wie ein hohler Laut.

Indem sie die Bedeutung des Wortes »Gott« zu entschlüsseln versuchte, unternahm die gnostische Klang- und Buchstabenmystik den Versuch, das Gotteserlebnis fühlbar zu machen. Sie wollten mit ihren absurden, zuweilen in Komik ausartenden Versuchen letztlich das Gotteserlebnis davor bewahren, durch den Gottesglauben in despotischer Weise vereinnahmt und erstickt zu werden. Die Klangmystik war natürlich zum Scheitern verurteilt. Nichtsdestoweniger erwies sie sich als geeignet, Erlebnisse anzudeuten, die sich nicht den grammatikalischen Regeln der Sprache unterwerfen lassen. Damit nahm gleichsam eine Entwicklung ihren Anfang, die nicht auf die Aktivitäten der Gnostiker beschränkt blieb. Die Lautpoesie eines Hugo Ball oder Kurt Schwitters zeigt, dass im christlichen Kulturbereich schon seit den Anfängen des Christentums ein Bedürfnis nach dieser Art »Ansprache« bestand. Der vermeintlich aussprechbare Name Gottes gebar das Bedürfnis nach einer unaussprechlichen Sprache; was an sich wie eine sinnlose Lautfolge anmutet, ist in Wirklichkeit der Schatten des Wortes »Gott«. Nach Ansicht Marcions aus dem 2. Jahrhundert lauert in den »aussprechbaren« Worten, die sich aus den dreißig Buchstaben bilden lassen, von vornherein die Unaussprechlichkeit; daraus folgt, dass je größer das Reich der Aussprechbarkeit ist (je mehr Worte sich bilden lassen), desto größer auch jenes der Unaussprechlichkeit ist. [Der aussprechbare, griechische Name Jesu besteht zum Beispiel aus sechs Lauten: Iota (4), Eta (3), Sigma (5), O (1), Ypsilon (6), Sigma (5) — das geht jedoch von einem aus 24 Buchstaben bestehenden, unaussprechlichen Namen aus.] Sein komplexer Versuch, das Dasein aus dem Wort Anfang (ἀρχή, arkhé) abzuleiten, führt ihn zu der Einsicht, die auch von einem Mallarmé stammen und ein Leitgedanke der modernen Dichtung sein könnte: Nicht die verständlichen Worte stülpen sich aus der Unaussprechlichkeit hervor, sondern erst durch sie entsteht das Unaussprechliche.

Wovon man nicht sprechen kann, darüber soll man schweigen: Dieser klassisch gewordene Vorschlag Wittgensteins erweckt den Eindruck, als gäbe es irgendwo jenseits der Worte eine Provinz des Unaussprechlichen, als hinge es nur von der Bereitschaft, dem Einfallsreichtum und dem Talent dessen, der sich der Worte bedient, ab, ob er mittels der Sprache in diese Provinz eindringen kann oder nicht. Nach einem ähnlichen Konzept verhält sich auch der Gottesglaube zu seinem Namen, dem Begriff »Gott«. Im Moment des Gotteserlebnisses verliert dieses Konzept jedoch seine Gültigkeit. Jetzt zeigt sich, dass das Unaussprechliche nicht vor dem Aussprechbaren da ist, sondern ihm essenziell gleich ist. Das

Wort unterwirft und verdrängt das Unaussprechliche nicht, sondern vermehrt es. In den Momenten des Gotteserlebnisses zum Beispiel, als das Individuum aus jedweder Gemeinschaft herausgerissen wird und allein dem Unbegreiflichen gegenübersteht, drängt das, was man sagen will, einerseits nach Ausdruck, andererseits vermag der Mund kaum etwas zu sagen. Will man diesen Augenblick beim Namen nennen, muss man entweder ein Dichter sein oder darauf verzichten, verstanden zu werden. Die Sprache entgleitet der Kontrolle. Der Name der alles befruchtenden Urmutter lautet dann: Baatetophoth-Zothaxathoz; das Zepter der Moiren, die die Geschicke der Welt lenken, heißt dann: Thoriobrititammaoraggadrioirdaggaroammatitirboiroth; und wenn man nach dem Zeugnis des »ersten Buches des Jeû« den Namen der großen, alles durchdringenden Kraft ausspricht, hört jeglicher Raum auf, wird alles enthüllt (Cap. 40). Dieser Name lautet: ααα ωωω ζεζωραζαζζζαιεωζαζα εεε ιιι ζαιεωζωαχωε οοο υυυ ϑωηζαοζαεζ ηηη ζζηηζαοζα. χωζαλχευδ τυξαα(λ)ε(ϑυ)χ.[30a]

Nach Ansicht der Gnostiker besitzt ein Name Zauberkraft. Wird ein solcher Name aufgerufen, wird Gott infolge der Nennung des Namens gegenwärtig sein. Signifikant und Signifikat werden identisch. Die Gnostiker glaubten, dass man bei der richtigen Aussprache dieses Namens eines Gotteserlebnisses teilhaftig würde. Es ist natürlich kaum zu übersehen, dass es sich in Wirklichkeit keinesfalls um den Namen eines Gottes, sondern um einen ekstatischen Schrei handelt. Bei einem Schrei ist es aber nicht der Mensch, der Gott beim Namen nennt, sondern der in ihm entstehende Gott, der aus ihm spricht. »Fasse Gott ins Auge und an ein Gebrüll, ein mächtiges, wie aus einem Horn tönendes, gib hin deinen ganzen Geisteshauch«[31], rief man bei den Mithras-Mysterien jene auf, die initiiert werden sollten. (Frühchristliche und heidnische Sekten entdeckten Gott im Schnalzen, im Pfeifen, im Zischen, im Schreien, im Brüllen, im Klappern, ja manche sogar im Furzen.)

Der nicht-bedeutende, über die Bedeutung hinausweisende Laut teilt über Gott nichts mit: Gott manifestiert sich im Laut selbst. Nicht als Person, nicht als Gegenstand, sondern als Kraft. Man hielt diesen Laut wohl deshalb für göttlich, weil bei seinem Erklingen Gott tatsächlich erschien. Der tragische, der menschlichen Vergänglichkeit unterliegende Gott des Gotteserlebnisses.

Augenblicke des zerstörerischen Heiligen

Die Inartikuliertheit, die im Gnostizismus (und in der jüdischen Mystik) eine überaus große Bedeutung hat, erinnert uns daran, dass man in bestimmten Augenblicken auch ohne an Gott zu denken eines Gotteserlebnisses teilhaftig werden kann. Der Gottesglaube ist gewöhnlich an eine bestimmte Religion geknüpft; eines Gotteserlebnisses dagegen kann man auch dann teilhaftig werden, wenn man keiner kanonisierten Religion angehört. Der Ausdruck »Gotteserlebnis« bezieht sich in Wirklichkeit nicht auf einen vermeintlichen Gott, sondern ist die metaphorische Bezeichnung für jenen Dammbruch, durch den sich etwas in die umhegte Welt der Ordnung hineinstülpt, das ihr bis dahin gänzlich fremd zu sein schien und früher unvorstellbar war.

Der inartikulierte Ton bricht in jenen Momenten aus einem heraus, wenn man der Selbstkontrolle entgleitet. Dazu zählen der Augenblick des Schmerzes, der Verlust des Bewusstseins, das Unwohlsein, die Befriedigung, das Sterben, das Erbrechen. In diesen Momenten reißt etwas; es kommt zu einem Bruch im Ablauf des bis dahin reibungslos funktionierenden Lebens. Was dabei am meisten auffällt, ist das Fehlen eines Übergangs. Deshalb neigt man dazu, solche Augenblicke als Augenblicke zu deuten, in denen das Dasein selbst einen Riss bekommt. Georges Bataille spricht vom Augenblick des Heiligen: Seines Erachtens erklingt in solchen Momenten die nahende und gleichzeitig verklingende Stimme Gottes. Wird man zum Beispiel vom Brechreiz übermannt und vom unverwechselbaren, nichts anderem ähnelnden Geruch des Erbrochenen — dem Geruch des Todes — erfasst, hat man das Gefühl, an der Schwelle der Vernichtung zu stehen. Es ist klar, dass das einem selbst widerfährt, und doch ist einem, als stürze der einzige Beweis seines Selbst, seine eigene Mitte, aus einem heraus. Ein existenziell erschüttertes Wesen beobachtet, wie sein Körper etwas aus sich hervorbringt — die Nahrung des Todes; würde er in einem solchen Moment ein ihn wie paralysiert anstarrendes Kind anblicken, sähe er im Spiegel seines Gesichts den Tod.

Der inartikulierte Laut, der Schrei, das Stöhnen sind natürlich nicht nur hörbar gewordene Manifestationen »Gottes«, sondern auch lauter Echos. In ihnen hallt das unsichtbare Innere des Körpers wider, etwas, das am tiefsten Grund jeder Stille pulsiert und als der Urlaut des Menschen bezeichnet werden kann. Dieser Laut ist auch in den Momenten größter Stille zu hören. Der Herzschlag, der Pulsschlag sind die Stimme des im Menschen verborgenen Gottes. Und je aufmerksamer man ihr lauscht, desto dröhnender wird sie, um in den Augenblicken der Gnade, des Heiligen zu reißen und alles zu überfluten. Dann ergeht es einem wie dem Eremiten in Wilhelm Heinrich Wackenroders »Ein wunderbares morgenländisches Märchen von einem nackten Heiligen«, der das Gefühl hat, ans Rad der Zeit gebunden zu sein, und ständig, selbst in Momenten völliger Stille dessen Brausen zu hören. »Wie ein Wasserfall von tausend und aber tausend brüllenden Strömen, die vom Himmel herunterstürzten, sich ewig, ewig ohne augenblicklichen Stillstand, ohne die Ruhe einer Sekunde ergossen, so tönte es in seine Ohren, und alle seine Sinne waren mächtig nur darauf hingewandt, seine arbeitende Angst war immer mehr und mehr in den Strudel der wilden Verwirrung ergriffen und hineingerissen.«[32]

In den Momenten des Röchelns, des inartikulierten Stöhnens, der dem Körper entfahrenden Geräusche verdichtet sich im Menschen etwas, das ihm fremd ist und ihm dennoch wie der Grundstoff seines Lebens erscheint. Gott »ist nicht fern von jedem von uns. Denn in ihm leben wir und bewegen uns und sind wir« (Apg 17, 27–28), sagt Paulus mitten auf dem Areopag über diesen »Grundstoff«. In den ekstatischen Momenten des Gotteserlebnisses verlässt dieser Gott die »oberen Regionen«, zieht in den Menschen ein und weist dessen Zentrum im Unmöglichen aus. Und indem der Mensch außer sich gerät (eksistemi bedeutet wörtlich: er verstellt), findet er im Unbekannten zu sich.

Die vernichtende Gnade

Solche Erlebnisse werden als Zustand der Gnade bezeichnet. Nach Paulus ist die Gnade die Bedingung der Herrlichkeit (Röm 5, 2). Wenn das jedoch wirklich alles wäre, würde man mit der Erlangung der Gnade Einlass ins ewige Leben, also die Absolution von der Bürde des Todes erhalten. Nach dieser Auffassung drückt die Gnade etwas Positives aus: die Erfüllung. Aber gerade die zuvor angedeutete widersprüchliche Natur der Erfüllung weckt Zweifel an der Eindeutigkeit der Gnade. Als Fundament der christlichen Gnadenlehre dient die Annahme, dass ausschließlich Gott über das Dasein als Ganzes verfügen kann, er allein alles überblickt und das Dasein folglich auch überragt. Indem man Gott den Schlüssel der Gnade überreicht, erkennt man ihn als absoluten Herrscher – Hüter der Totalität – an. Im Moment des Gotteserlebnisses macht der Mensch die Erfahrung, dass es auch ihm offensteht, sich dem Dasein zu entziehen. Und damit beginnt er gegen Gott und die Totalität zu revoltieren. Er hat das Gefühl, die Mauern eines Gefängnisses niederreißen zu müssen, um frei atmen zu können. Darum konnten Gnade und Rache in der griechischen Mythologie gelegentlich zwei Erscheinungsformen ein und derselben Göttin sein; die Chariten standen mit dem Himmel genauso in Kontakt wie mit den Tiefen der Gewässer, ja sogar mit der Unterwelt. Die drei Chariten waren nach Ansicht der Griechen nicht nur Töchter des Zeus und der Eurynome, sondern auch Nachfahren der Nyx, der Nacht, und des Erebos, der lichtlosen Finsternis der Tiefen. Und wenn wir von diesem Stammbaum ausgehen, dann sind die Chariten die Enkel des Chaos selbst. Sie sind genauso Boten der Anmut und der Freude wie Persepones, die sie aus der Unterwelt ans Tageslicht führen. Und wenn gelegentlich auch Aphrodite als eine Charis bezeichnet wird, so dürfen wir nicht vergessen, dass Aphrodite nicht nur die Göttin der Liebe, sondern auch der ausschweifenden Sexualität, ja ab und zu sogar des Krieges ist. Die Charis, für die die Griechen ein einziges Wort hatten, konnten die Lateiner nur mit zwei Worten übersetzen: Venus (Schönheit und Liebe) und gratia (Gnade, Dank); die Christen wiederum schälten die irdischen (und unterirdischen) Bedeutungsschichten des Wortes immer weiter ab, bis sie am Ende als eine fleisch- und blutlose, über jeden Zwiespalt erhabene gratia vor uns stand.

Diese griechische, dualistische Natur der Gnade macht sich beim Gotteserlebnis geltend. Diese Gnade verheißt keine Heimkehr in die Totalität, sondern vereint die Extreme ohne sie ineinander aufzulösen. Erst wenn der Mensch Gott entdeckt, wird ihm das wirkliche Fehlen Gottes bewusst. Im Augenblick der Gnade wird der Mensch eines sogenannten Ganzheitserlebnisses teilhaftig. Im gleichen Augenblick erlebt er aber auch, dass die Ganzheit nicht vorstellbar ist ohne einen Schatten, den er — mangels besseren Ausdrucks — das Nichts tauft.

Der Tod Gottes

Deshalb kann die Gnade ein Vorbote der Vernichtung sein: nicht nur des Menschen, sondern des ganzen Daseins. Das verleiht dem Kreuz Jesu seinen Sinn, »durch den mir die Welt gekreuzigt ist und ich der Welt« (Gal 6,14). Dieses Kreuz hält das ganze Dasein zusammen, und zwar so wie es Platon in »Timaios« beschrieben hat; seine Bestimmung besteht darin, alles mit allem zusammenzuhalten.³³ Nach der apokryphen Andreas-Akte umfasst das Kreuz den ganzen Kosmos. Das obere Ende reicht bis zum Himmel hinauf und zeigt zum Logos; der linke und der rechte Arm schirmen das Chaos ab und halten den Kosmos zusammen; und das untere Ende reicht in die Tiefe hinab, um das, was am tiefsten ist, mit dem, was am höchsten ist, zu verbinden. Auf ein solches Kreuz wird der Mensch in den Augenblicken der Gnade und des Gotteserlebnisses »aufgespannt«. Er erkennt, dass das Dasein mit seinem eigenen Mangel schwanger ist, dass der Grundstoff der Ordnung, des Kosmos, das Chaos ist, und dass das, was am höchsten ist (Gott), genauso für den ewigen Tod stehen kann wie das, was am tiefsten ist (die Hölle), für das ewige Leben. Am Schnittpunkt des Kreuzes neigt man dazu, von Gott zu sprechen, obwohl man dabei auch die Vernichtung erlebt. »Mein Gott, mein Gott, warum hast du mich verlassen?« (Mk 15,34), rief Jesus im Augenblick seines Todes. Die Finsternis, die sich in diesem Moment auf die ganze Erde senkte, verkündete den Tod Gottes; und das darauffolgende Erdbeben, die Spaltung der Felsen machten den Kreuzestod zu etwas Unwiderruflichem. In diesem Augenblick starb jedoch nicht nur Jesus, sondern mit ihm auch Gott. Er hatte Jesus deshalb in die Welt geschickt, damit er, Gott, die Menschen nicht von außen beurteilte, sondern jede mögliche menschliche Erfahrung durch die Person Christi auch von innen heraus durchlebte.³⁴ Und wenn er Jesus schon auf die Erde gesandt hat, musste er ihn früher oder später auch dem Tod ausliefern. Wenn Gott den Menschen wirklich von innen beurteilen will, muss er auch am Zustand der völligen Entäußerung, der Entleerung (kenosis) teilhaben. Er muss nicht nur die Gottesleugnung erfahren, sondern auch das Verlassenwerden durch Gott. Gott hat beim Tod Christi Jesus nicht verlassen, sondern ist in Jesus, durch ihn, selbst gestorben. Um im Menschen wiederauferstehen zu können, muss Gott auch das Verlassenwerden durch Gott, also den eigenen Tod erfahren. Gott kehrt im Augenblick der Kreuzigung in den Menschen ein, um im gleichen Augenblick auch zu sterben.

Das Kreuz ist das Symbol des zerstörerischen Heiligen, der vernichtenden Gnade, des Gotteserlebnisses. Das Ziele und Richtungen voraussetzende, Erfüllung und Beraubtheit sorgfältig voneinander trennende Denken bekommt in den Momenten der Gnade Risse. Da erweist sich, dass Gott, den man im Alltag für den Garanten der Zielgerichtetheit und Gesetzmäßigkeit hielt, gerade in der fehlenden Zielgerichtetheit, den paradoxen, extremen Momenten der Gnade geboren wird. Der Gott, den der Gläubige für die Erfüllung hält, ist ein bloßer Name, der jenen anderen Gott, der wirklich geboren wird, aber nur um zu sterben, zu verbergen sucht. Dieser andere Gott konfrontiert den Menschen mit seiner eigenen Zerbrechlichkeit. Dieser »neue« Gott ist keine Person, kein eigenständig Seiender (aber auch kein Nicht-Seiender), sondern ein in der Seele erwachender Strudel. Wer in diesen Strudel gerät, geht für die Welt verloren, findet aber zu sich; er hat das Gefühl, gekreuzigt worden zu sein, er fühlt aber auch, dass sein Ich etwas keineswegs so Selbstverständliches ist, wie er bis dahin gedacht hatte. Er gewahrt in sich eine »subjektive Galaxie«[35], die er genauso erschafft wie er sie erleidet.

Abb. Joseph Beuys, Blitzschlag mit Lichtschein auf Hirsch (1958–85).

2. Wer blitzt?

»Göttliches Feuer auch treibet, bei Tag und bei Nacht,
Aufzubrechen. So komm! daß wir das Offene schauen«
Friedrich Hölderlin, Brot und Wein

Das göttliche Feuer, das Hölderlin beschwört, leuchtet bei Tag und bei Nacht gleich. Es zerstreut das nächtliche Dunkel, aber es ist auch stärker als das Tageslicht. Wie mag sein Licht aussehen? Und überhaupt: Ist ein solches Licht sichtbar? Wollte man sich ein Bild davon machen, müsste man an dieser Stelle Caspar David Friedrichs Gemälde »Das Kreuz im Wald« anführen, auf dem zwei Lichtquellen zu sehen sind: eine »natürliche« und eine »künstliche«. Letzteres ist ein virtuelles Licht, das vielleicht nicht einmal alle sehen können, sondern nur diejenigen, die dessen würdig sind. Und es ist möglich, dass sie nicht einmal das Licht sehen. Denn wenn dieses Licht jenseits von Licht und Dunkel, Tag und Nacht ist, dann ist es auch unsichtbar. Das göttliche Licht beleuchtet nicht, sondern öffnet, wie Hölderlin vermutet. Es öffnet den im Zyklus von Nacht und Tag lebenden Menschen. Dank der Flamme des göttlichen Feuers öffnet sich die Welt, und der Mensch, der mit diesem Feuer in Berührung kommt, wird offen.

Indem er sich öffnet, wird er aber auch schutzlos und verletzlich. Er wird hingerissen vom »frohlockenden Wahnsinn«, sagt Hölderlin, und beschwört ein paar Zeilen weiter unten auch die Gestalt des zerrissenen und gequälten Dionysos, des Gottes des Rausches. Er ist der Gott der Vergangenheit, der jedoch auf die Zukunft verweist (»der kommende Gott«). Wenn er von Dionysos spricht, spielt Hölderlin aber nicht nur auf die Kreuzigung und

Wiederauferstehung (und ruft, ohne ihn beim Namen zu nennen, somit Christus an), sondern auch auf die maßlose Raserei (die mit dem christlichen Christusbild allerdings schwer vereinbar ist) an. Bezüglich der Raserei taucht der Name Heraklits auf: »Doch wenn es nicht Dionysos wäre, dem sie die Prozession veranstalten und das Lied singen für das Schamglied [Phallus], so wär's ein ganz schamloses Treiben. Derselbe aber ist Hades und Dionysos, dem sie da toben und ihr Lenaienfest feiern.«[36]

Das göttliche Feuer macht den Menschen offen, der fortan nicht nur im Licht und im Dunkel, sondern auch im Leben und im Tod einen gemeinsamen Nenner findet. Dessen Erlebnis ist jene geheimnisvolle Flamme, deren Licht das Dunkel der Nacht, aber auch das Licht des Tages spaltet.

Semeles Ohnmacht

Bleiben wir bei Dionysos. Er verdankte seine Geburt von vornherein einem rätselhaften Feuer. Eine »blitzversehrte Mutter« brachte ihn zur Welt,[37] sein Vater war Zeus. Genauer jener Blitz, in den Zeus sich verwandelte, als er in seiner himmlischen Gestalt bei Semele erschien, der sterblichen Tochter von König Kadmos, die den geheimnisvollen, auch ihr unbekannten Liebhaber, mit dem sie sich stets nur unter dem Schleier der Nacht traf, ein einziges Mal von Angesicht zu Angesicht sehen wollte. Apollodor erzählt ihre Geschichte wie folgt: »In Semele verliebte sich Zeus und hatte heimliche Zusammenkünfte mit ihr. Sie aber, von Juno hinterlistiger Weise dazu verleitet, lag dem Zeus auf sein Versprechen ihr jeglichen Wunsch zu gewähren, mit der Bitte an, er möchte in der nämlichen Gestalt zu ihr kommen, in der er um Hera geworben habe. Zeus, durch sein Wort gebunden, kam vor ihr Lager auf einem Wagen, umgeben von Blitz und Donner und den Donnerkeil schleudernd. Da warf der Schrecken die Semele in Todesunmacht nieder und sie gebar ein sechsmonatliches Kind. Zeus aber entriß die unreife Frucht [den späteren Dionysos] dem Brande, und ließ sie sich in seine Lende einnähen«[38]. Der Blitz erschlägt die irdische Königstochter, »aus des Blitzes ewgem Feuer«[39] wird aber der Sohn des Zeus geboren. Das tödliche Feuer erweist sich als lebenspendender Funke.

Semele hat Zeus bis dahin noch nie in seiner himmlischen Wirklichkeit zu Gesicht bekommen. Ihr späteres Schicksal deutet sich ihr zwar einmal im Traum an, dabei handelt es sich aber um eine sanfte Vision: sie sieht sich in Gestalt eines Baumes, dessen Wurzeln vom ewigen Tau des Sohnes von Kronos besprenkelt werden.[40] Ihr Schicksal erweist sich als grausamer. Sie kommt nach ihrem Tod in die Unterwelt, später bringt sie ihr Sohn von dort nach oben. »So lernten in ihm [in Dionysos] die Menschen den Gott erkennen. (...) Jetzt führte er seine Mutter aus dem Hades, nannte sie Thyone, und stieg mit ihr zum Himmel empor«[41], berichtet Apollodor. Die Bedeutung des neuen Namens: Die schwärmerisch Rasende. Semele wird durch ihre Schwärmerei und Raserei unsterblich. Ihr Name spielt auf die Ohnmacht an, in die sie in ihrem Brautgemach infolge der Blitze fiel.

Dieses Zimmer im Akropolis von Theben durfte — laut Aufzeichnungen des Pausanias[42] — nach ihrem Tod niemand betreten. Das Erlebnis, dass Tod und Geburt sich im gleichen Augenblick ereignen, muss für die Irdischen das Zeichen eines unentwirrbaren Chaos gewesen sein. Es ist verständlich, dass viele versuchten, das Geschehnis zu »zähmen«: »Semele, menschlich schwanger, habe Zeus / den Fehltritt ihres Betts zur Last gelegt / Auf Kadmos' Rat«[43]. Diese Erklärung ist verdächtig »vernünftig«; sie übergeht gerade das, was sie erklären soll: das Wunder des alles aufrührenden Augenblicks. Das ist so, als wollte man die Blitze der Leidenschaft mit einem »aufgeklärten« Blitzableiter ableiten.* Dabei

---

*   Hermann Andreas Pistorius wollte die Macht des aufgeklärten Denkens 1785 auch am Beispiel des Blitzes verdeutlichen: »Indessen nun die Verehrer des Donnergottes durch Gebete, Gelübde und Opfer die schädliche und verheerende Wirkung des Blitzes von sich ab zu wenden suchten; fand der Philo-

geht es um mehr als das: um das Geheimnis des Blitzes des höchsten Gottes; um die Entschlüsselung der Natur des Hölderlinschen »göttlichen Feuers«, das den Menschen offen und zugleich zerbrechlich macht, und unter dessen Einfluss er an etwas teilhat, das als »Gotteserlebnis« bezeichnet werden kann.

Geheime Bestimmung

Der Blitz taucht die Welt nicht nur in neues Licht, sondern drückt ihr auch den Stempel der Flüchtigkeit auf. Dieser Anblick lässt sich mit Zeit und Raum im üblichen Sinn kaum in Einklang bringen. Wiederum Hölderlin schreibt über den Ewigen Vater: »Still ist sein Zeichen / Am donnernden Himmel«[45]. Obwohl der Blitz von Donnerschlägen, Grollen, einem brausenden Wind begleitet wird, und die Natur aus dem Lot zu geraten scheint, verstummt für einen Augenblick alles. Als würde sich in solchen Momenten alles ein für allemal ordnen: Die Welt erstarrt zu einem Standbild. Beim Tageslicht oder unter dem Schleier der Nacht lebt

---

soph der Vernunft zuförderst Beruhigungsgründe gegen die abergläubische und ängstliche Furcht vor Gewittern, nahm hierauf die Ähnlichkeit derselben mit der Electricität wahr und erfand endlich die wohltätigen Blitzableitungen.« (Pistorius, Einleitungsversuch über Aberglauben, Zauberey und Abgötterey, S. 256). In Herman Melvilles Erzählung »The Lightning-Rod Man« jagt der Held den hausierenden Blitzableiterhändler mit den Worten aus seinem Haus: »Ihr, ein simpler Mensch, der Ihr hierherkommt, um Euch mit Eurem Pfeifenrohr zwischen Himmel und Erde zu stellen, meint Ihr, weil Ihr ein bißchen grünes Licht aus einer Leydener Flasche ziehen könnt, Ihr brächtet es fertig, den himmlischen Blitzstrahl abzulenken? Euer Stab rostet und bricht, und wo seid Ihr dann? Wer hat Euch ermächtigt, Ihr Tetzel, mit Euren Ablässen von göttlichen Ratschlägen hausieren zu gehen? Die Haare auf unserem Haupte sind gezählt und die Tage unseres Lebens. Im Gewitter wie im Sonnenschein stehe ich gelassen in der Hand meines Gottes. Weg mit Euch, falscher Unterhändler!« (Melville, Redburn, Israel Potter und Sämtliche Erzählungen, S. 826 f.).

alles sein eigenes Leben: Die Welt gleicht einem »Haufen aufs Geratewohl hingeschütteter Dinge«[46], wie Heraklit sagen würde. Im Augenblick des Blitzes mutet dieser beliebige Haufen plötzlich wie eine schicksalhafte Anordnung an: Alles erregt den Verdacht einer geheimen Bestimmung. »Es schwieg die Luft, es schwieg ein jedes Blatt / Des Waldes und der Tiere Stimme schwieg«, als vor der Zerreißung des Pentheus Dionysos' »heller Schein / Im Himmel und auf aller Erde«[47] erglänzte. Der Blitz hält alles zusammen, hüllt die Welt in ominöses Licht, schafft einen rätselhaften Zusammenhang zwischen den Dingen: »Das Weltall aber steuert der Blitz«[48], sagt Heraklit. Rätselhaft ist die Macht des Blitzes. Er entspringt dem Nichts und wird zu nichts, aber solange er währt, übertrifft er alles andere. Alles ordnet sich ihm unter; alles wird nichtig im Vergleich zu ihm.

Der Augenblick des Verbrennens

Als sie Zeus erblickt und vom Blitzschlag getroffen wird, sieht Semele wohl wie eine blitzerleuchtete Landschaft aus. Eine schwärmerische Rasende: überwältigt und betörend zugleich. Als Opfer der Maßlosigkeit wird sie der Unsterblichkeit ausgeliefert. Als würde sich in ihr der Augenblick des Verbrennens im Blitz ins Unendliche ausdehnen.

Wir wissen viel über Semeles Leben vor und nach dem Blitzschlag. Dennoch steht ihr Name für ein einziges Bild, das auch Antoine Caron, ein französischer Maler des 16. Jahrhunderts, verewigt hat: den Augenblick des Verbrennens. Das ist der Augenblick ihrer Unsterblichkeit und Verklärung. Eingeschlossen ins Feuer, strahlend und allein. Ein einziger, ewig währender Augenblick. Sie verdankt ihre Unvergänglichkeit nicht der unendlichen Zeit, sondern der nicht weiter steigerbaren Intensität. Das entzündet ihr Ehebett; das lässt sie in Gestalt des Blitzes auch sich selbst unerträglich werden.

DIE BLITZE DER SCHÖPFUNG

Wenn der Mensch zum blitzenden Himmel blickt, bekommt sein Gesicht in der Regel etwas Andächtiges. Als erlebte er gerade irgendeine Initiation. Nicht nur vor langer Zeit, bei den Griechen, zu allen Zeiten; auch jetzt, im 21. Jahrhundert. Im Blitz »urständet das Leben«[49], schreibt Jakob Böhme. Seine Vermutung weckt uralte Vorstellungen. Die meisten Mythologien assoziieren die ersten Götter mit dem Blitz.* Der Blitz steht immer im Zusammenhang mit der Erschaffung des Daseins. Der Blitz spaltet den Himmel, durch die wurzelähnlichen Risse strömt blendendes Licht herein. In vielen Mythologien wird der Mutterleib des Daseins, werden die dunklen Gewässer durch die Blitze eines Gottes befruchtet, der logischerweise männlich ist. In diesem Fall steht der Blitz für den Phallus, der seine Samen ins Wasser fallen lässt, während er selbst seine Kraft verliert. Ein Blitz war auch das kosmische Geschlechtsorgan des vedischen Feuergottes Agni, der in alten Texten auch als »der Stier der Gewässer« bezeichnet wird; über seine Gemahlin Kali wiederum heißt es, sie habe in ihrer Yoni ein flammendes Lingam gelöscht.[51] (Der Name der Stadt Darjee-ling leitet sich ab von: dorje-lingam = blitzender Phallus.[52]) Das tan-

---

* Ein Bündel Blitze hält der babylonische Adad, der Sohn des höchsten Gottes, vor dem Himmel und Erde sich öffnen, in der Hand; ein Blitz symbolisiert Almaqah, den Schutzgott des Königreichs Saba; einen Blitz trägt Baal-Hadad, der uralte, syrische Gott; durch einen Blitz erschafft Kucumatz, das »Herz des Himmels«, der Gott der Quiché-Indianer Erde, Pflanzen und Tiere; in Gestalt eines Blitzes blickt der höchste Gott der Pawnee-Indianer, der das Weltall erschaffende, lebenspendende Tirawa, in das Dasein; als Blitz in einer Feuersäule wird Yima geboren, der uralte Gott der iranischen Mythologie, der im Goldenen Zeitalter, als der Tod noch unbekannt war, geherrscht hat; ein Blitz symbolisiert Ngai, den höchsten Gott der ostafrikanischen Bantu; mit Blitzen in der Hand erscheint Preas Eyn der Khmer, die Entsprechung Indras, der höchsten Veda-Gottheit. Und die Liste ließe sich beliebig fortsetzen: die etruskischen Aplut und Summamus, der sudanische Denge, der Inka Illapa, der hawaiische Pele, der altillyrische Perendi.

trische Symbol des männlichen Geschlechts, der Stein der Lotusblume erhielt die Bezeichnung vajra, was sowohl Phallus als auch strahlend leuchtender Blitz (in den germanischen Sprachen etymologisch verwandt mit dem Verb »erwachen« = erleuchtet werden) als auch Diamant bedeuten kann.[53] Spuren davon bewahrte auch das Christentum. In christlichen Kirchen wurden Taufbecken oft mit dem Schoß Mariens verglichen, der laut Überlieferung vom heiligen Feuer befruchtet wurde (igne sacro inflammata), und bei der Weihe wurde nicht selten eine brennende Kerze im Wasser ausgedrückt.[54]

Zeus bezog Semele also in den Schöpfungsakt selbst mit ein, als er sie in einen Blitz gekleidet aufsuchte. Wie die meisten Götter des Blitzes erschien auch Zeus-Jupiter gelegentlich auf dem Rücken eines Fruchtbarkeit symbolisierenden Stieres, in der Hand ein phallisches Zepter, das er manchmal auch für die zweischneidige Axt Labrys eintauschte, mit der er Blitze auf seine Feinde schleuderte. Der Blitz ist nicht nur seine Waffe, sondern auch sein Phallus. (Auf einem in der Albertina in Wien ausgestellten, aus dem 16. Jahrhundert stammenden Kupferstich des Meisters L. D. empfängt Semele die Blitze unverkennbar im Zustand des Orgasmus — als wäre sie von der buddhistischen Göttin Pandara überwältigt worden, deren beiden Elemente das Feuer und die leidenschaftliche Liebe sind.) Und wenn wir uns vergegenwärtigen, dass Semele nicht nur eine Sterbliche war, sondern auch ein *irdisches* Wesen im ursprünglichen Sinn des Wortes, das von den Thrakern auch Erdgöttin genannt und mit Gaia assoziiert wurde, dann erkennen wir in der Begegnung und Umarmung beider in Wahrheit einen Schöpfungsmythos.

Die Griechen assoziierten mit dem Blitz, der Waffe des Zeus, die Verbindung von Seele und Körper (über den Blitz gelangt die Seele in den Körper, der gerade geboren wird). Der Blitz war für sie aber auch der Garant des Todes: Er spendet nicht nur Leben, sondern teilt auch den Tod aus. Zeus erschlug Asklepios mit einem Blitz aus Zorn, weil er gewagt hatte, Tote wieder zum Leben zu erwecken; Apoll tötete die Zyklopen aus Rache dafür, dass sie Zeus diese tödliche Waffe angefertigt hatten. Und auch in der größten Schlacht aller Zeiten, dem Kampf gegen die Titanen, erwies sich der lebenspendende Blitz als die tödlichste Waffe. Zeus

»schritt mit unaufhörlichen Blitzen
Vom Olymp und dem Himmel herab, und feurige Strahlen
Flogen Schlag auf Schlag mit Glanz und Donnergerassel
Aus der mächtigen Hand und wälzten die heiligen Flammen
Endlos; rings erdröhnte die nahrungsspendende Erde
Brandbeschüttet; es krachte im Feuer die endlose Waldung«[55]

— schildert Hesiod die entscheidende Schlacht und fügt rätselhaft hinzu: »Fürchterlich füllte die Glut das Chaos«[56]. Aber damit war das Schicksal der Titanen noch nicht besiegelt. Die orphische Kosmogonie lehrt, dass aus der Asche und Schlacke, die von den von Blitzen erschlagenen Titanen übrigblieb, der erste Mensch entstand, der seine Geburt somit genauso der von Blitzen verursachten Zerstörung verdankte wie Dionysos, der im Übrigen gerade von den Titanen zerrissen und aufgefressen wurde. Das erklärt, warum in manchen Mysterien, bei denen die Eingeweihten sich nicht nur auf die Unsterblichkeit vorbereiteten, sondern auch dem zerstörerischen Tod begegneten, sowohl der Blitz als auch der Donner angerufen wurden, und warum Pythagoras bei der Ankunft in Kreta vor der Einweihung in die Riten mit Hilfe eines Meteorsteins (»Blitzes«) gereinigt wurde, der nach damaligem Glauben durch einen Blitz auf die Erde gelangt war.[57]

Einige Mythologien lehren, dass der Blitz das Augenlicht Gottes sei: Wenn es blitzt, blickt der Gott in die irdische Welt. Der Mensch hat beim Betrachten des Blitzes zu Recht das Gefühl, der eigene Blick verzahne sich mit dem Blick eines Gottes. Daher seine andächtig werdende Miene. Und wenn »Gott« zwischen den Rissen des Firmaments hereinblickt, leuchtet beim Blitzstrahl, während die Welt zu einem Licht-Bild erstarrt, für Sekunden das auf, was alles zusammenhält und dafür sorgt, dass alles, was ist, sei. Dieses gemeinsame Schicksal, dieses IST, stülpt sich dann durch die Risse des Himmels. Deshalb wirkt all das, was bis dahin als ein Haufen aufs Geratewohl hingeschütteter Dinge anmutete, nun schicksalhaft geordnet. Im Blitz nimmt das Unfassbare Gestalt an; es macht das sichtbar, was sonst nie zu sehen ist, weil es von den Dingen verdeckt ist. Die Mythologien assoziieren den Blitz mit Gott; im Augenblick des Blitzes zeigt sich jedoch, dass das Wort »Gott« nur ein verzerrtes Echo jenes Unmöglichen ist, das stets unerreichbar bleibt.

DER HERD

Pausanias berichtet, dass Zeus im arkadischen Lykaion eine heilige Stätte besaß, die nicht betreten werden durfte: das Lykaios. Wer es betrat, ob Tier oder Mensch, hörte auf, einen Schatten zu werfen, denn der Ort war die Quelle des Lichts.[58] Im Lykaios, dem Zuhause des Blitze schleudernden Zeus, erlöscht das zerstörerische Licht der Blitze nie. Ähnlich mag es auch am Herd des heraklitischen, ewigen Feuers aussehen, dem Herd der Allheit, der Hestia, die der Pythagoreer Philolaos als Haus des Zeus, Mutter der Götter, Altar, Zusammenkunft und Maß der Natur bezeichnet hat.[59] Wer am Herd Platz nahm, konnte zu Recht das Gefühl haben, an der Quelle des Seins angekommen zu sein. Das Fehlen des Schattens: ein fabelhaftes Symbol dafür, dass man dort mit sich völlig identisch ist. Nichts kann ein Licht auf einen werfen, denn man wird selbst zur Quelle des Lichts. Damit das geschehen kann, muss man aber von der Schattenwelt Abschied nehmen.

Der Welt fern, dem Feuer nah: Das ist der Augenblick des Gotteserlebnisses. Das Ausgeliefertsein an die Welt endet, ohne dass der Mensch sich verloren hätte. Im Gegenteil: Jetzt beginnt er zu sich zu finden.

Der Silberblick

Erst vereint der Blitz die Liebenden, dann trennt er sie voneinander. Semele verbrennt in der Flamme, die fügt aber auch dem Gott eine schwere Wunde zu: Sie beraubt ihn seiner Liebe. Die Mythologie erzählt, dass Zeus die Blitze mit sich geführt habe. Da der Blitz aber nicht nur eine göttliche »Waffe«, sondern auch eine Quelle der Energie ist, die ihre Wirkung im Moment ihrer Manifestation überall spüren lässt, ist es nicht auszuschließen, dass auch aus Semeles Blick Blitze schlugen. Sie wurde vom Blitz nicht nur erschlagen, sondern begann im Augenblick ihres Verbrennens selbst zu blitzen. Ihr Blick durfte dabei nicht weniger versengend gewesen sein als der Blick des Zeus.

Franz von Baader bezeichnet den Blick, bei dem der Mensch gleichzeitig mit seinem inneren und mit seinem äußeren Auge sieht, als Silberblick (was auch schielen bedeutet!).[60] Ein solcher Silberblick offenbart Liebenden, die sich zum ersten Mal erblicken, das Gesicht des jeweils anderen; ihre späteren Blicke werden im Vergleich dazu immer verschwommener sein. Am »flammendsten« ist der Blick im Augenblick der Liebe (Blitz sowie Blick, Augenblick haben im Deutschen den gleichen Stamm): Dann hat der Mensch zu Recht das Gefühl, die heimliche Bestimmung seines Gesichts gefunden zu haben, verglichen mit dem die frühere Anordnung seiner Gesichtszüge eine bloße Vorstufe gewesen ist. Wie ein Passbild zu einem lebendigen Gesicht so verhält sich ein leidenschaftsloser zu einem verliebten Blick. Und wie ein Passbild einen als Verbrecher erscheinen lässt, so hat auch jeder Liebende, der im Zustand der Leidenschaft zurückblickt, das Gefühl, sein Leben bis dahin im »Verbrechen« gelebt zu haben: im Verbrechen, die blitzende Erfüllung vernachlässigt zu haben.

Das Auge »tastet« das Antlitz des anderen mit dem Silberblick nicht ab; es stellt es nicht aus Einzelheiten zusammen, dieses entflammt vielmehr wie durch einen Funken. Es wird zu Recht behauptet, dass ein Verliebter im anderen auch sich selbst entdeckt:

Sämtliche Kraftlinien seines Wesens fließen plötzlich in die gleiche Richtung, um schließlich in einem einzigen Antlitz zusammenzulaufen. Es lässt sich nicht mit Sicherheit sagen, ob ein Liebender sich im anderen deshalb erkennt, weil er die Ureinheit wiederentdeckt, aus der er einst herausgerissen wurde, um sein Leben fortan allein, in ständiger Sehnsucht zu leben, oder ob die Einheit sich erst da einstellt und sie somit auch eine Vereinigung ist, und der Verliebte bis zu jenem Augenblick nicht einmal geahnt hat, dass sein Leben bis dahin nur ein Fragment gewesen ist. Jedenfalls handelt es sich um einen Riss, durch den das Unbekannte ins Leben eindringt — einen Riss, der an die Risse des Himmels erinnert.

Die erkannte Einheit, das Zu-einander-Finden der Liebenden dank des Silberblicks ist aber auch das Vorzeichen einer Krise. Baader meint, dass der Liebende dank des Silberblicks im Antlitz des anderen auch das Ewige, das ursprüngliche Bildnis Gottes erblickt.[61] Sonst könnte er im Antlitz des anderen nicht sich selbst entdecken; wären wir nicht alle Ebenbilder Gottes, wären wir für immer auf uns selbst zurückgeworfen. Liebende klammern sich mit ihren Blicken deshalb so beharrlich aneinander, weil sie instinktiv spüren, dass sie beide einer unbekannten Macht ausgeliefert sind, die sie überwältigt hat, und die in der Sprache der europäischen Tradition als »Gott« bezeichnet zu werden pflegt. Es ist eine allgemeine Erfahrung, dass je elementarer das Verlangen ist, desto ungreifbarer der andere wird. Dabei ist nicht der andere ungreifbar, schließlich wäre es möglich, ihn niederzuringen, ihn einzuverleiben, und es wäre ihm nicht einmal zuwider: auch er möchte sich dem anderen »ganz und gar« hingeben. Es ist vielmehr der ihm innewohnende »Gott«, dem man sich schwer nähern kann, der auch denjenigen entfremdet, dem die Liebe gilt; diese unbekannte Macht sorgt dafür, dass dem Liebenden schwindelig wird, dass er das Gefühl bekommt, sich verloren zu haben, »ist got der sêle naeher dan si ir selber sî«[62], pflichtet Meister Eckhart dem heiligen Augustinus bei; seiner vermeintlichen Mitte fündig geworden, beginnt der Mensch sich unmöglich zu finden. Die unstillbare Sehnsucht, aus der sich die Liebe nährt, macht von vornherein klar, dass der Mensch sich nie selbst übertreffen kann. Je elementarer die Liebe, desto qualvoller das Gefühl des Ausgeliefertseins; und ab einem bestimmten Punkt wird der Liebende vom Unmöglichen selbst versengt.

Der Augenblick der Liebe ist also nicht nur der Augenblick der Selbstfindung, sondern auch der Augenblick der Beraubtheit. Als der Liebende all das Verlangen, all die Zuneigung, die er bis dahin stets für einen Teil von sich gehalten hatte, ohne sie jedoch in befriedigender Weise in sich zurechtlegen zu können, in einem fremden Wesen sich verdichten sieht, muss er die Erfahrung machen, dass er außer sich geraten ist. Er hat seine eigene Mitte gefunden, aber außerhalb seines Selbst. Es handelt sich nicht darum, dass seine ohnehin vorhandene Mitte sich auf einmal in ein anderes Wesen »verlagert« hätte, sondern darum, dass diese Mitte überhaupt erst in dem Moment entstanden ist — *die Identität ist das Ergebnis der Andersartigkeit*. Und während der Blick »Blitze« schleudert und der »Silberblick« sich bildet, regt sich der Verdacht, dass man sich vielleicht deshalb gerade dann verliert, wenn man sich vermeintlich gefunden hat, weil auch das Dasein selbst keine Mitte hat. Sein angebliches »Fundament«, das Sein, bleibt, während es alles durchdringt, auch außerhalb von allem und wird nur durch den Mangel, der sich in allem zeigt, erfahrbar. Der Mensch wird, wenn er sich »sammeln« will, auch ungewollt durch den Glauben an irgendeine vermeintliche Mitte angetrieben. Ab einem bestimmten Punkt wird aber klar, dass so etwas gar nicht existiert. Je mehr sich das Dasein »verdichtet«, desto weniger findet sich der Mensch zurecht, und am Ende spürt er nur mehr sein Ausgeliefertsein an das Unmögliche.

Jenseits der göttlichen Güte und des teuflischen Bösen

Beim Silberblick wird der Blick blitzartig; er geht infolge des Hölderlinschen »göttlichen Feuers« mit einer Aufhellung einher, die Licht und Dunkel gleichermaßen übertrifft. Dann sprüht die Seele gleichsam »Funken«, was in der europäischen, metaphysischen Tradition als eine Geste der göttlichen Gnade gedeutet zu werden pflegt. Schon das chaldäische Orakel bezeichnet jenen »Teil« der Seele, der mit Gott verwandt ist, als Funken, aus der Überlegung heraus, dass der Blitz das wichtigste Werkzeug des Vaters sei, mit dem er in die Welt »eingreift«.[63] In diesem Gedanken hallt Platons berühmte Bemerkung in seinem siebtem Brief wider. Die letzte Erkenntnis »läßt sich keineswegs in Worte fassen wie andere Lerngegenstände, sondern aus häufiger gemeinsamer Bemühung um die Sache selbst und aus dem gemeinsamen Leben entsteht es plötzlich — wie ein Feuer, das von einem übergesprungenen Funken entfacht wurde — in der Seele und nährt sich dann schon aus sich heraus weiter«[64]. Nach Mechthild von Magdeburg aus dem 13. Jahrhundert sendet Gott »ein klein vunke (...) an die kalten / sele, (...) das des menschen herze be/ginet ze brenende und sin sele ze smelzende«[65]. Und Jakob Böhme bezeichnet (mit Hinweis auf Meister Eckharts Ausdruck: vünkelîn, fünkelî) das menschliche Leben selbst als einen Funken, der von Gottes Gnaden entspringt: »das Leben der Creatur anders nichts als ein Fünklein vom Willen Gottes«[66]. Böhme schrieb das Sehvermögen von vornherein diesem Funken zu. Nicht das bloße Sehen, erst der Blick der Gnade »geht durch Holz und Steine / durch Marck und Beine / und kan ihn nichts halten / denn er zersprenget ohne Zerreissung des Leibes einigerley Dinge / überall die Finsternis«[67].

Ausnahmslos alle diese Erklärungen führen die Aufhellung auf die göttliche Güte zurück. Die bisher untersuchte Natur des Funkens, des Blitzes mahnt uns jedoch, dass das Aufflackern des Funkens, also der Blitz, Leben nicht nur spendet, sondern auch zerstört. Es gewährt nicht nur Einsicht, sondern blendet auch. Es ist nicht verwunderlich, dass die »Anhänger« des Bösen sich der Idee der göttlichen Güte widersetzten und ihre wiederum einseitigen Vorstellungen vorbrachten. Die Ägypter hielten Seth, die unsterbliche Schlange (auf heb. שָׂטָן, Satan) für den Vater des Blitzes; und obwohl Matthäus später seine Überzeugung bekunden wird, »wie der Blitz ausfährt von Osten und bis nach Westen leuchtet, so wird die Ankunft des Menschensohns sein« (Mt 24,27), distanziert sich Jesus selbst vom Blitz. »Ich schaute den Satan wie einen Blitz vom Himmel fallen« (Lk 10,18), spricht er zu seinen Jüngern. Anstelle des Menschensohnes durchpflügt in Gestalt des Blitzes das Böse den Himmel. Das Böse ist es, das Glanz verbreitet und Licht trägt, und deshalb wurde Luzifer (der lateinische Name Satans: Luzifer = Lichtträger) im Osten durch einen dreizackigen Phallus-Blitz symbolisiert (mit dem er — nach Ansicht späterer Kirchenväter — vorzugsweise Kirchentürme ins Visier nahm).*

Die Auffassung, die den Blitz ausschließlich mit Verderbnis und dem ewigen Tod assoziiert, ist genauso einseitig wie jene, die ihn allein mit der göttlichen Güte in Verbindung bringt. Beide Auffassungen beurteilen die Intensität, die das Leben in Form des Blitzes spaltet, von ihren Folgen her, obwohl der Blitz infolge seiner ungeheuren Intensität auch der Zeit, also der Möglichkeit, Ursachen und Wirkungen voneinander zu trennen, vorausgeht. In einem solch intensiven, blitzenden Moment paralysiert das Unmögliche selbst den Menschen — etwa Paulus auf Caravaggios Gemälde »Die Bekehrung des Paulus«. Paulus erliegt auf dem Gemälde nicht der göttlichen Güte, er wird auch nicht Opfer des Bö-

---

* Franz von Baader hat auf diesen doppelten Aspekt des Blitzes hingewiesen: »Blitz ist also Pförtner, Oeffner, und darum stehen alle Sinneskräfte im Blitze. — Er öffnet aber und schließt zugleich, nämlich dem Gutgesinnten (der kosmischen Assimilation Sich-überlassenden) öffnet er den Eingang (in diese höhere Region), stößt aber den Rebellen als Bann-Richter in die Finsterniß (unter sich). — Der Feuerblitz giebt darum in sich (unter sich) die Finsterwelt, aus sich die Lichtwelt« (Baader, Über den Blitz als Vater des Lichtes, in: Sämmtliche Werke, Bd. 2, S. 30).

sen, er wird vielmehr von der Maßlosigkeit überwältigt. Um einen Ausdruck Franz von Baaders zu gebrauchen: Das Blitzen ist ein Akt des bodenlosen Abgrundes, des Ungrundes, der jeden Grund aufhebt.* Der, der die Blitze aussendet, wühlt den, den er ins Visier nimmt, auf, lässt ihn außer sich geraten. Ein solcher Augenblick kann nicht als Fundament irgendeiner Zukunft dienen; aus dieser Perspektive verliert die göttliche Güte genauso ihren Sinn wie das teuflische Böse.

Der Nullpunkt des Daseins

Wenn der Blitz einschlägt, verdichtet sich die Zeit zu einem einzigen intensiven Augenblick. Berührt von diesem Augenblick wird auch der Blick blitzend; dann strahlt er nichts als Fremdheit aus. In solchen Momenten zeigt sich, dass die Mittellosigkeit des Daseins sich nicht irgendwo weit weg, fern von uns auswirkt, sondern hier, in uns. Ja, wir selbst sind das personifizierte Fehlen der Mitte: Im intensiven Augenblick drängt zwar alles auf eine einzige Mitte hin, aber wenn wir diese Mitte fassen wollen, zerrinnt sie in nichts. Sie bleibt der Gegenstand ewiger Sehnsucht.

Wenn man vom Nichts spricht, möchte man auch ungewollt das Nicht-Greifbare — die Nicht-Greifbarkeit des Seins — fühlbar machen. Indem man das Nichts beschwört, leugnet man zwar

---

* vgl. Baader, Fermenta cognitionis, in: Sämmtliche Werke, Bd. 2, S. 239f. Auch Luther verdankte das einschneidendste Erlebnis seines Lebens einem Blitz. Am 2. Juli 1505 geriet er etwa sechs Kilometer von Erfurt entfernt in ein Gewitter. In seiner unmittelbaren Nähe schlug ein Blitz ein und verletzte ihn am Fuß. Zu Tode erschrocken rief er aus: »Hilff du, S. Anna, ich wil ein monch werden«. Daraufhin wurde er tatsächlich Mönch und sprach ein Leben lang davon, dass damals eine überirdische Macht in sein Leben eingegriffen habe. Sein Vater vermutete eine Versuchung des Teufels, doch Luther selbst hielt den Vorfall für ein Zeichen der göttlichen Bestimmung (vgl. Brecht, Martin Luther, S. 57).

alles, was ist, behauptet aber doch etwas — schon durch die Verwendung des Wortes: etwas, das zwar nicht ist (da es nichts ist), das aber dennoch ein Sein hat (da es erlebbar ist). Bezüglich des »Nichts« stellt sich das Paradox ein, dass das Sein zwar alles durchdringt und allem, was ist, gleich »nah« ist, selbst jedoch unnahbar bleibt: Es entzieht sich allem.

Deshalb wirken die absolut gültigen Augenblicke, die keine Richtung und kein Ziel, keine Vergangenheit und keine Zukunft kennen, wie Blitze: Sie erhellen jene sorgfältig verschleierte Grundeigenschaft des menschlichen Lebens, dass der Mensch hinter den Kulissen nicht aus Richtungen, Absichten, Plänen, Ursachen und Wirkungen besteht, sondern der Nullpunkt des Daseins ist (und nicht wie von Franz von Baader und Teilhard de Chardin angenommen dessen am Ende eines zielgerichteten und vernünftigen, kosmologischen Prozesses stehender Omega-Punkt), und dass der ureigenste Teil seines Wesens von allen Vorgängen ausgeschlossen bleibt. Mit ihm beginnt alles, mit ihm endet alles aber auch; und wenn noch so viele Argumente dagegen sprechen, die Gewissheit, dass mit seinem Tod alles zu Ende geht und sein Ausgeliefertsein an das Sein sich vollendet, kann ihm niemand nehmen.

Der Mensch unternimmt natürlich alles, um seine vermeintliche Mitte zu finden: Er friedet sein Leben mit der Fata Morgana eines Sinnes und eines Ziels ein, sucht Zuflucht in menschlichen Gemeinschaften und vertraut sich den vermeintlich beruhigenden Systemen der Religion oder der Wissenschaft an. Er wendet allerlei Methoden der Zähmung an, worin ihm die europäische Kultur immer schon behilflich war. Unsere Kultur, die ein immer ausgeklügelteres Konzept von Fortschritt entwickelt, ihm mal die Maske des Christentums, mal der Evolution, dann wieder der »objektiven Wissenschaft« aufgesetzt hat, begegnete dem Zauber des Augenblicks seit jeher mit Vorbehalten. Kam die Rede auf die Mysterien, sprachen die frühen Kirchenväter gereizte Flüche aus, kam sie auf die Gnostiker, griffen sie zu einer ausufernden Sophistik. Im Mittelalter trieb man Zweifler tatsächlich in den Wahnsinn, erklärte Magier zu Scharlatanen, verstieß Schwärmer und behandelte Mystiker mit Vorbehalten. Als am Ende des 18. Jahrhunderts Gott immer mehr entpersonalisiert wurde und — mit den Worten William Blakes — einer Lampe ohne Öl zu ähneln begann,[70] hielt man den, der sich lieber auf seine innere Erfahrung als auf die Wissenschaft verließ, für verrückt; als Schwärmer bezeichnete man die, die zu viel über unnutze Dinge nachsannen; als Schöngeister die, die zum Rückzug bliesen; als Irrationalisten die, die sich mit ihrem Platz in der Hierarchie nicht zufrieden gaben; als Nihilisten die, die nicht mitmachen wollten; und als Terroristen die, die das ganze Leben in einem einzigen gewaltigen Augenblick konzentrieren wollten. Da aber die alles versengenden Augenblicke, die die Allmacht der Kultur und der Zähmung in Frage stellen, hinter den Paravanen immer wieder zum Vorschein kommen, griff die neuzeitliche Kultur zu einer verlockenden Methode der Zähmung: Sie wies die Kunst als ein Reservat aus, in dem man ungestraft dem Genuss des Augenblicks frönen kann. Obwohl das »eigentlich Befreiende an der Kunst ist, dass sie uns daran zweifeln lässt, ob wir existieren«[71], wie Unamuno sagt. Es ist kein Zufall, dass das gerade von einem Künstler gesagt wird: Er allein darf es ungestraft tun — sofern er es darf, und die Kulturhüter nicht zur Peitsche greifen, um auch noch die Kunst ins Gehege der Zweckmäßigkeit zu verbannen. Da es sich um eine grundsätzlich auf die Zukunft ausgerichtete — sich der Zeit ausliefernde — Kultur handelt, die von einem weitverzweigten Netz von Institutionen aufrechterhalten wird, ist das auch nicht verwunderlich. Denn die Intensität des Augenblicks entblößt die Welt, deckt die Hinfälligkeit und Ziellosigkeit von allem auf, sprengt den Glauben und nicht zuletzt: Sie liefert alles dem Nicht-Mitteilbaren, Nicht-Greifbaren aus. Der Augenblick ist aufrührend, subversiv, anarchisch, er bahnt dem Nachdenken über den Tod den Weg. Er bietet tiefe Einsichten (Erleuchtung), aber diese sind deshalb tief, weil sie sich nicht systematisieren lassen. Aus ihnen lässt sich keine Ideologie schmieden, denn sie widersetzen sich jeder Institutionalisierung.

Das Gesicht

Kehren wir zum leidenschaftlich entflammten Blick, dem versengenden Silberblick zurück. Wenn es blitzt, hat es den Anschein, als zeichneten sich am Himmel die Züge eines Gesichts ab. Obwohl die Wurzeln ähnlichen Risse an nichts und niemanden erinnern; sie sind beliebig angeordnet und wiederholen sich nie. Dennoch wirkt diese Beliebigkeit, diese maßlose Willkür so überwältigend, dass im Augenblick des Blitzes alles andere im Vergleich dazu winzig erscheint. In diesen Augenblicken erlangt das Unberechenbare Gesetzeskraft.

Aber ist das nicht bezeichnend für alle Gesichter? Ist es nicht gerade die Unwiederholbarkeit, das »Nie wieder«, das in jedem menschlichen Gesicht Alleingültigkeit erlangt? Der Blitz erinnert an ein überirdisches Gesicht; aber seltsamerweise ist auch das menschliche Gesicht gerade dann am ergreifendsten, wenn sich in einem Blick infolge einer rätselhaften Macht alles verdichtet, und die Spannung statt – wie üblich – nachzulassen und schließlich zu ersterben in Form von Blitzen sich entlädt. Dann blitzt das Gesicht; es wird fragmentiert wie der Himmel, aber auch alles überwältigend. Nun strömt das bis dahin verborgene und geschickt verschleierte Unberechenbare aus ihm. Der blitzende Blick ist »unmenschlich«, gerade das ist aber das Menschlichste an ihm: Er verzerrt sich gerade dann bis zur Unberechenbarkeit, wenn der Mensch mit seiner wirklichen, bis dahin nicht erkannten Lage konfrontiert wird. Im Zustand des Friedens und der Ruhe gibt es keine Blitze; der Mensch ist zu Hause, restlos identisch mit sich. Ein solches Gesicht wirkt beruhigend. Erst wenn diese Identität zerrinnt, und der Mensch sich mit etwas auflädt, das ihm fremd erscheint, fängt der Blick zu blitzen an. Ist es nicht sonderbar, dass ein Gesicht gerade dann ergreifend, wahrhaft menschlich wird, wenn es von Fremdheit durchdrungen wird? Sollte der Mensch gerade in dem zu sich finden, was ihn seines Selbst entkleidet? Je unzugänglicher, unansprechbarer ein Gesicht ist, desto unwiderstehlicher ist es auch. Dann bekommt auch das sonst zuverlässigste, vertrauteste Gesicht etwas Fremdes. Als wandte es sich von der menschlichen Welt ab, als verschmölze sein Blick mit jener Fremdheit, die jenseits von allem Menschlichen ist.

Vergeblich versuchte da der andere, diesen Blick auf sich zu lenken; kein Blitzableiter vermag die Blitze des Unbekannten, Nicht-Menschlichen, Anderen abzuleiten. Das Unmögliche erstrahlt in diesem Blick; das gleiche Unmögliche, das auch in den Blitzen, die den Himmel spalten, Gestalt annimmt.

Es ist auffällig, dass infolge des blitzenden Blickes alle Gesichtszüge sich ähnlich anordnen, und die Gesichter sich infolgedessen zu ähneln beginnen. Diese Ähnlichkeit ist genauso unheimlich wie eine Landschaft, die sich ins Licht eines Blitzes hüllt; eine unwiderstehliche und beunruhigende Wahrheit beginnt dann durchzuschimmern. Es gibt keine zwei gleichen Gesichter: Und dennoch gibt es Augenblicke, in denen die Ähnlichkeiten zwischen ihnen augenfälliger sind als die Unterschiede. Da zeigt sich, dass ein Gesicht nicht nur eine biologische, anthropologische Gegebenheit und auch nicht nur der bloße, rätselhafte Abdruck der spezifischen, einmaligen Anordnung eines bestimmten Lebens ist. Ersteres ist charakteristisch für Tiere, deren Blick zwar zweifellos Spuren von Einmaligkeit aufweist, diese Spuren jedoch noch nicht ausgeprägt genug sind, um die dominante Ähnlichkeit vergessen zu machen. Im Vergleich zu ihnen ist der Mensch privilegiert: Wie alle Tiere ist auch er individuell und einmalig, aber er hat auch Einsicht in seine Einmaligkeit. Er ist sich seines Daseins bewusst und über seine Lage im Klaren. Das spiegelt sich in der Unverwechselbarkeit seiner Gesichtszüge wider; in ihnen zeigt sich die Bewusstwerdung der Einmaligkeit. Die Einmaligkeit des Gesichts signalisiert, dass ein Mensch sein Leben nicht nur lebt, sondern auch erlebt. Die Anordnung der Züge verrät auch, in welcher Weise er das Leben erlebt, wie er es von seiner Geburt bis einschließlich seines Todes für sich gestaltet. Durch sein Gesicht überbietet der Mensch die zum Schweigen verurteilten Steine und

Pflanzen, aber auch Tiere. Und dennoch, wie oft erlebt man, dass ein Gesicht tierische Züge annimmt; dass seine Schönheit die Ziellosigkeit von Pflanzen in seine Züge hineinschmuggelt; dass seine Verschlossenheit der Verschlossenheit von Steinen zu ähneln beginnt. Als überwältigte den Menschen dann eine unbekannte, Einsicht und Selbstbewusstsein sprengende Kraft und entkleidete ihn seines Selbst. Wie der Mensch aus Angst vor dem Fehlen einer inneren Mitte sich auf einen ihn überragenden Gott anvertrauen will, so sucht er auch eine beruhigende Antwort auf die gelegentliche, rätselhafte Veränderung seiner Gesichtszüge. Er glaubt im Gesicht, das — laut heiligen Bonaventura — niedere oder höhere Ausprägungen haben kann, je nachdem ob die Seele von der kreatürlichen Welt oder der göttlichen Dreieinigkeit besetzt ist, die reinste Manifestation von Gottes Angesicht zu entdecken.

Diese Deutung verliert ihre Gültigkeit im versengenden Augenblick des blitzenden Blickes. Zwar werden sich in einem solchen Moment auch die unterschiedlichsten Gesichter ähnlich, aber es durchzucken sie nicht die Blitze Gottes, sondern des Unmöglichen, die alles außer sich geraten lassen. Wenn wir dennoch an der Bezeichnung Gott festhalten wollen, müssen wir uns darunter einen lähmenden Gott vorstellen, der Fremdheit ausstrahlt und den Menschen auch vor sich selbst mit Furcht erfüllt. Denn Fremdheit strahlt aus den Gesichtern, wenn der Blick zu blitzen beginnt, das macht sie maskenhaft, wodurch sie sich zu ähneln beginnen. Der Mensch schaut mit seinem Gesicht, seinem Blick nicht nur »in« die Welt, sondern unweigerlich auch durch sie hindurch. Er erforscht das Unbekannte, ob er will oder nicht; da dieses aber in allem lauert, durchdringt es auch den Blick selbst: Auch aus dem Blick, der das Unbekannte sucht, schaut das Unbekannte heraus. Es handelt sich nicht nur darum, dass den Menschen etwas umgibt, in dem er sich beim Schein der Grubenlampe seines Verstandes zurechtfinden will, in dem er aber früher oder später, je nachdem wie gefasst, intuitiv, intelligent, tüchtig er ist, stecken bleibt. Das ist nur zum Teil bestimmend für die spezifische, einmalige

Anordnung eines Gesichts. Das Unbekannte, Ungreifbare ist aber kein Reich, das irgendwo vor uns, vielleicht sogar jenseits unserer Horizonte liegt und seiner Eroberung harrt. Das gibt es auch; es existieren unbekannte Territorien, die mit Hilfe des Verstandes und der Vernunft kartographiert werden können, und dabei spielt die Wissenschaft eine unentbehrliche Rolle. Aber die tiefe Fremdheit, die als völlige Abwesenheit des Verstandes nicht irgendwo in der Ferne nach uns Ausschau hält, sondern auch durch uns hindurchströmt, ja sich in uns manifestiert, lässt sich nicht fassen: Der Mensch kann trotz aller Bemühungen von Religion und Wissenschaft sich nicht am eigenen Schopf hochziehen, an seinem Ausgeliefertsein an das Sein etwas ändern. Jeder ist dem Ungreifbaren unterworfen, ob er sich dessen bewusst ist oder nicht. Das spiegelt sich in einem Gesicht in den Momenten, die als Momente der Erleuchtung gelten. Das Gesicht eines Wissenschaftlers ist ruhig, ausgeglichen und »konzentriert«; wenn er aber erfahren muss, dass das, was jenseits der Grenzen der Wissenschaft liegt, sich mit Hilfe der Wissenschaft nicht mehr bestimmen lässt, verändern sich seine Gesichtszüge; und wenn er diese Grenzen auch noch überschreitet, ist auch seine frühere Ruhe dahin: Dann gibt es nichts mehr, worauf er sich noch guten Gewissens verlassen könnte. Wenn sich ein Gesicht dem Unbekannten öffnet, ist das nicht die Folge eines Entschlusses; es ist vielmehr eine elementare Überwältigung und Notwendigkeit, der man sich nicht entziehen kann. Es hängt von uns ab, wie wir unser Leben leben und uns hier einzurichten versuchen — auf diese Annahme gründen die physiognomischen Handbücher ihr Wissen, darauf beruht auch das Bild des Menschen, das sie vermitteln. Aber die Tatsache, dass wir überhaupt ein Leben haben, hängt nicht von uns ab; und ein Gesicht verrät auch, zumal in den Momenten der Leidenschaft, dass der Mensch durch sein Leben etwas unterworfen ist, das sogar das Leben überragt.

Als »Hippokratisches Gesicht« bezeichnen die Ärzte die Gesichtszüge jener, denen sich der Tod nähert. Ein solches Gesicht strahlt eine beklemmende Spannung aus. Es ist die Spannung zwischen dem Leben und der Abwesenheit des Lebens, die — als »dritte« Kraft — über das Leben wie den Tod hinausweist: Es ist jenes Unbekannte, jenes Unmögliche, im Vergleich zu dem sowohl das Leben als auch der Tod bloße Masken sind, das als unnahbares und unverwüstliches Sein sich auf das sich versteinernde Gesicht des Toten legt.

Das »Hippokratische Gesicht« ist aber nicht nur beim nahenden Tod zu beobachten. Wir finden es auch, wenn das Unbekannte, von dem sich der Mensch im Zustand der Ruhe so beflissentlich fernzuhalten sucht, unter der Einwirkung der blitzenden Leidenschaft in das lebendige Gesicht einkehrt. Das ist auch der Grund, warum die Chinesen das Gesicht mit der Mana, der alles durchdringenden, aber nie zu erhaschenden Kraft[72] identifizieren, die für das Dasein sorgt und es deshalb auch überragt. Man muss nicht eine Maske aufsetzen, um das nie zu überwältigende Unbekannte zu beschwören: Jedes lebendige Gesicht birgt eine Maske — die Maske des Unmöglichen — in sich, in der sich zuweilen das ganze Dasein verdichtet, um den Menschen mit etwas zu konfrontieren, das zwar nicht ist, das aber dennoch in der Lage ist, alles aufzurühren.

Am augenfälligsten »überfließt« das Dasein auf dem menschlichen Gesicht. Wenn das Gesicht von den Blitzen des Unmöglichen versengt wird, wird auch der vor dem *sehenden* Blick liegende *Anblick* unheimlich. Ein solches Gesicht ist immer erschütternd. Ob es der freudestrahlende Blick eines Kindes ist, das den eigenen Augen nicht traut und nach Luft schnappt, oder ein vor Entsetzen erbleichendes Gesicht, das in sich verschlossen und unnahbar wie ein Steinbrocken ist — wenn man es anblickt, hat man zu Recht das Gefühl, selbst an der Grenze zwischen dem Sagbaren und dem Nicht-Mitteilbaren, der aufstrebenden Lebenskraft und der Todesstarre angekommen zu sein.

Immer noch das Gesicht

Der Mensch wendet sich mit seinem Gesicht der Welt zu und versucht das Unbekannte zu negieren; ihm will er instinktiv Einhalt gebieten, indem er seine Gesichtszüge ordnet. Das Gesicht ist der Schauplatz eines ewigen Kampfes, die Bühne eines Dramas, das von der Geburt bis zum Tod dauert und deshalb wirklich dramatisch ist, weil es nie wiederholt, noch einmal gespielt werden kann. Das ist der Grund, warum jedes Gesicht zu einem Abenteuer, jede Handlung — vom Sich-Kratzen über den Liebesakt bis hin zum Sterben — zu einem Mysterium werden kann. Auch in den prosaischsten Situationen erkennt der eingeweihte Blick das latente Drama, das nicht unbedingt spektakulär sein muss. Der Mensch unterhält sich mit jemandem und bemerkt gar nicht, dass er nebenbei auch noch eine andere Unterhaltung führt, die keiner Worte bedarf. »Metakommunikation«, würden die Psychologen sagen, obwohl das, was da vor sich geht, nicht Gegenstand der Psychologie ist. Es ist eine Konfrontation von Schicksalen, der spannungsgeladene Stromkreis von Körpern und Gesichtern; wenn er sich »entlädt«, beschleicht den Menschen eine Ahnung der Unenträtselbarkeit des anderen, in der wiederum eine noch tiefere, übermenschliche Fremdheit sich andeutet.

In »Der Prozeß« weiht der Anwalt Josef K. mit folgenden Worten in das Geheimnis seines Berufes ein: »Wenn man den richtigen Blick dafür hat, findet man die Angeklagten wirklich oft schön (...), diejenigen, welche darin Erfahrung haben, [sind] imstande, aus der größten Menge die Angeklagten, Mann für Mann, zu erkennen. Woran? Werden Sie fragen. Meine Antwort wird Sie nicht befriedigen. Die Angeklagten sind eben die Schönsten. Es kann nicht die Schuld sein, die sie schön macht, denn (...) es sind doch nicht alle schuldig; es kann auch nicht die richtige Strafe sein, die sie jetzt schon schön macht, denn es werden doch nicht alle bestraft, es kann also nur an dem gegen sie erhobenen Verfahren liegen, das ihnen irgendwie anhaftet.«[73] In einem gewissem

Sinn ist Schönheit Stigmatisierung: Jeder Mensch trägt den Stempel des Nicht-Menschlichen, des vollkommen Anderen in seinem Gesicht. Nicht umsonst ist Schönheit etwas Erschütterndes; und nicht umsonst kann im Augenblick der Erschütterung — der Freude, der Trauer, der Befriedigung, der Furcht, des grenzenlosen Ekels, des Staunens, der Andacht, des Taumels — jedes Gesicht schön werden. Man könnte sogar sagen, dass es sich in einem solchen Augenblick *zu einem schönen Gesicht verzerrt*: Das Ausgeliefertsein, das die »natürliche«, »angeborene« Schönheit seit jeher bedroht, tritt in der Leidenschaft offen zutage und verzaubert — die Natur Lügen strafend — nun auch das hässliche Gesicht in ein schönes. Es ist die Schönheit des Ausgeliefertseins, das somit auch keine Vergänglichkeit und keinen Verfall fürchten muss.

Jedes Gesicht kann infolge seiner Einmaligkeit und seiner dramatischen Natur zu einer Krise des Daseins werden. Das enthüllt sich, wenn der Blick Blitze schleudert, das Gesicht erstarrt. Es enthüllt sich das gemeinsame Schicksal; daher die seltsame Ähnlichkeit der Gesichter. Je unwiderstehlicher die Leidenschaft, desto unpersönlicher das Gesicht; seltsamerweise entweicht die Seele daraus gerade im Augenblick der allergrößten Begeisterung. Unpersönlich ist die Schönheit und unmenschlich. Sie kann das Gesicht in erstarrtes Lavagestein verwandeln. Beim Blick in das leidenschaftlich glühende Gesicht erkennt der andere, dass er eigentlich gar nicht weiß, was ihn daran in seinen Bann geschlagen hat. Auf keinen Fall war es das Auge, diese gallertartige Kugel, das umso lebloser wirkt, je länger er es betrachtet. Kann das der Spiegel der Seele sein? Kann diese ausdruckslose, aus Bindegewebe, Haut, Nerven, Wasser bestehende Kugel Blitze schleudern? Je unpersönlicher das Gesicht ist, desto verräterischer ist es auch. In solchen Momenten dient das Auge, dieses undurchdringliche Organ, nicht zum Sehen. Es wird zum Sinnesorgan eines anderen, des Unbekannten, das sich in der Seele einnistet und dabei auch das Gesicht und das Auge fremdartig werden lässt. In einem solchen Moment sieht nicht der Mensch, er wird vielmehr zum Sinnesorgan des Unbekannten. Nach der Mystik tragen die beiden Augäpfel ihrerseits ein ständiges Duell aus. In der »Theologia deutsch« aus dem 14. Jahrhundert ist zu lesen, dass auch die Seele Christi zwei Augen gehabt habe: Mit dem linken habe sie die kreatürliche Welt und die Zeit betrachtet, mit dem rechten sich in Gott und die Ewigkeit vertieft. Dieses Schielen (»Silberblick«) lasse sich auch bei der kreatürlichen Seele des Menschen nachweisen, mit dem Unterschied, dass die Augen statt einander zu unterstützen sich hier behindern: »Soll die Seele mit dem rechten Auge in die Ewigkeit sehen, so muss das linke Auge sich all seines Tuns enthalten und begeben und muss sich halten, als ob es tot sei. Soll dann das linke Auge seine Werke nach außen üben, nämlich wirken mit der Zeit und Kreatur, so muss auch das rechte Auge an seinem Werk behindert werden, das ist, an seiner Beschauung. Darum, wer das eine haben will, der muss das andere lassen fahren. Denn es kann niemand zweien Herren dienen.«[*]

Der Ausgang des Kampfes lässt sich nicht bestimmen. Der Mensch ist auf beide Augen angewiesen; mal verlässt er sich auf das eine, mal auf das andere, er kann sich diesem Zwiespalt nicht entziehen. In der »Asymmetrie« seines Gesichts zeigt sich, dass Zeit und Zeitlosigkeit, Leben und Leblosigkeit einander nicht ausschließen, sondern gegenseitig bedingen. Nach Auffassung der Stoiker sind alle Menschen Sinnesorgane Gottes; die Momente der blitzenden Leidenschaft verraten uns dagegen, dass das Ge-

---

[*] Unbekannter Autor, 14. Jh., zit. nach Tauler, Eine deutsche Theologie, S. 102. Diesen Gedanken erneuerte im vergangenen Jahrhundert Franz Rosenzweig in seinem Werk »Der Stern der Erlösung«: »Die Augen sind unter sich nicht etwa mimisch gleichwertig, sondern während das linke mehr empfänglich und gleichmäßig schaut, blickt das rechte scharf auf einen Punkt eingestellt; nur das rechte ›blitzt‹ — eine Arbeitsteilung, die ihre Spuren schließlich bei Greisenköpfen häufig auch in die weiche Umgebung der Augenhöhle eingräbt, so dass dann jene ungleichmäßige Gesichtsbildung auch von vorne wahrnehmbar wird, die sonst allgemein nur an der bekannten Verschiedenheit der beiden Profile auffällt.« (Rosenzweig, Der Stern der Erlösung, S. 470).

sicht sich dann gerade Gottes entleert, falls er überhaupt existiert. Es kehrt darin etwas ein, das auch Gott von dem Platz, der ihm gebührt, verdrängt und das nach dem Ebenbild Gottes geschaffene Antlitz des Menschen unheimlich werden lässt.

Archaische Züge

Das leidenschaftlich angespannte, fremdartig werdende Gesicht macht den Menschen zu einem Verwandten der alten Steinstatuen — jener Statuen, die weniger von Menschenhand geschaffen als gleichsam den Tiefen der Erde entrissen worden zu sein scheinen und alles verkörpern, was nicht menschlich ist. Eine unheimliche Schönheit macht sich auf den Gesichtern dieser archaischen, griechischen Statuen breit — gewiss bewachten solche Statuen einst auch den Palast Semeles. Diese Schönheit raubt dem Menschen alles Menschliche und macht ihn zum Schicksalsgefährten der stummen Steine. Nicht die Spuren des Gefühls, der Leidenschaft oder der angeblichen Individualisierung lassen diese Statuen so geheimnisvoll wirken. Wer ihre Gesichtszüge auszuforschen versucht, wird sofort zu ihrem Altersgenossen. Sie reißen jeden mit, der sich in ihren Blick vertieft. Wenn man sie betrachtet, sieht man nicht die Vergangenheit, man erkennt in ihren Gesichtszügen sein eigenes Schicksal. Nie haben Statuen so gefasst ins Unbekannte geblickt. Sie öffnen sich unmittelbar dem Unfassbaren, dem Nichts. Vertieft man sich in ihre Züge, erlebt man die unendliche Leere als das eigene Schicksal, und beginnt infolgedessen auch das eigene Selbst als etwas Schweres, als einen granitartigen Block zu empfinden. Es hat den Eindruck, als schlügen Blitze aus den Gesichtern dieser Statuen und schleuderten erstarrte Blitze um sich. Wer ihr Geheimnis enträtseln will, wird statt sie zu entlarven sich selbst entfremdet. Sie wirken mit der Heiterkeit, die sich auf ihren Zügen breitmacht, noch immer furchterregender als die sorgfältig individualisierten, klassischen oder hellenistischen

Statuen späterer Zeit. Jene sind noch gebieterisch und schleudern Blitze; diese sind nur noch Opfer, wie wir es sind.

Der zu Stein erstarrte Blitz

Der Blick schleudert Blitze, und dabei schimmert die Welt der Gesteine durch. Aber nicht die Welt der von den Wellen des Meeres glatt geschliffenen Steine, die nur darauf warten, sich in eine Handfläche zu schmiegen, noch die der von Regen, Schnee und Frost gemeißelten Felsen, sondern die der erstarrten Lava. Wie in dem vom Blitz gespaltenen Himmel zeichnet sich auch in der erstarrten Lava ein übermenschliches Gesicht ab. Lava ist wie geronnenes Blut. Ausgetrocknete Klumpen ragen aus ihr, Erinnerungen an die Wunden der Erde. Die Erde ist das Schwere schlechthin; und doch, bricht ein Vulkan aus, strebt die Erde nach oben: sie will sich selbst entkommen. Eine neue Schöpfung nimmt ihren Anfang. Das Feuer bricht von unten herauf, das Dunkel der Tiefe will in Gestalt einer unterirdischen Blitzflut über sich hinauswachsen. Die schweren, dichten, ausgetrockneten Lavabrocken sind Spuren des in der Tiefe wütenden Feuers.* Die Erde hat es doch nicht geschafft, aus sich herauszutreten. Die Lava ist auch die Verkörperung des Scheiterns.

---

* Strabon schreibt: »Mitten zwischen Thera und Therasia brachen (...) vier Tage lang Flammen aus dem Meere hervor, so dass die ganze See siedete und brannte, und ließen allmählich eine wie mit Hebeln gehobene und aus glühenden Massen bestehende Insel (...) emporwachsen.« (Strabon, Erdbeschreibung I, 3, 16) Man schrieb die Erschaffung dieser Insel Poseidon zu; der Dreizack, die Waffe des irdisch-unterirdischen Gottes, bestand ursprünglich aus drei gebündelten Blitzen. Es ist naheliegend, dass viele Vulkane den Schauplatz religiöser Rituale bildeten; und wie die alten Juden bei ihren Opferungen an Moloch ihre Kinder ins Feuer warfen, so verschlangen auch die Vulkane immer wieder ihre lebenden Menschenopfer (vgl. Frazer, The Golden Bough, IV, 1, S. 191).

Aber nicht nur das. Wie der Meteorstein, den die Alten mit dem Blitz in Verbindung brachten, so ist auch der Lavastein das mit Händen greifbare Abbild des Blitzes. In ihm ist das Platschen der Lava zu Stein erstarrt; seine Unverrückbarkeit birgt einen jede Vorstellung übersteigenden Kampf in sich. Der Lavastein ist das Denkmal der außer sich geratenen Erde; ein mit Händen greifbares Abbild der Maßlosigkeit. In ihm nimmt das Unmögliche Gestalt an, das nichts mit sich eins werden lässt, und von dem man deshalb nicht einmal sagen kann: »das«, sondern höchstens: »das, was nicht das ist«. Wie der Krater, dieses sichtbar gewordene Gesicht des universellen Chaos, dieser an eine Wunde erinnernde Augapfel der Erde, so kündet auch der Lavastein von einem alles aufrührenden Kampf. Das Dasein hat versucht, sich zu spalten, begleitet von einer blitzenden Feuerflut, das Unmögliche hat als rohes, erstarrtes Gestein sich nach außen gestülpt. Eine Maske dieses Unmöglichen ist alles, was ist, was begreifbar und was möglich ist. Denn alles, was ist, verdankt seine Entstehung etwas, das in Form eines einzigen Erde und Himmel überragenden Blitzes das, was bis dahin nicht war, spaltet und seines Selbst entkleidend in etwas Seiendes verwandelt.

Wer blitzt?

Lässt sich diesem subjektlosen Verb ein Subjekt zuordnen?

Die Antwort scheint auf der Hand zu liegen: Der Blitz blitzt. Aber das ist irreführend. Es legt nahe, dass es einen Blitz gibt, der ab und zu gewaltige Lichtstrahlen aussendet und sich danach in sein Versteck zurückzieht, aus dem er für einen Moment herausgekommen war. Dass es also einen Blitz »an sich« gibt, auch schon bevor er sich sehen lässt und die sichtbaren Blitze, die »Blitz-Phänomene«, aussendet. Diese Annahme erinnert an die klassische Vorstellung, wonach auch der Mensch ein »Unterbewusstsein« besitzt, einen »Vorrat«, der ihm jederzeit zur Verfügung steht, und sein Bewusstsein aus diesem Vorrat jeweils das aussucht, was es gerade benötigt. Die Erfahrung lehrt jedoch, dass das Unterbewusste und das Bewusste zwar in der Tat voneinander zu unterscheiden sind, das gegenseitige Verhältnis beider aber keinesfalls so funktioniert. Vielmehr gilt auch hier die zuvor skizzierte Analogie zwischen dem Aussprechbaren und dem Unaussprechlichen. Nicht das Bewusstsein schöpft nach Lust und Laune aus dem Unbewussten und vermindert ständig dessen Umfang (was utopisch betrachtet zur vollständigen Eliminierung des Unbewussten und zur Lückenlosigkeit des Bewusstseins führte), vielmehr bringt das Bewusste das Unbewusste hervor, und beide wachsen in direktem Verhältnis zueinander. Dasselbe gilt — mit einer kühnen Analogie gesprochen — auch für den Blitz. Solange der Blitz nicht am Himmel erscheint, können wir nicht von einem Blitz »an sich« sprechen; man kann aber auch nicht behaupten, der Blitz träte nur »als Phänomen« in Erscheinung«. Es gibt keinen Blitz »an sich« oder »für sich«; der Blitzstrahl verweist auf etwas, das jenseits von ihm ist, obwohl strenggenommen nichts jenseits von ihm ist. Wie es ohne Laut keinen Donner und ohne Regentropfen keinen Regen gibt, so gibt es ohne den Blitzstrahl auch keinen Blitz. Wenn der Blitz für Sekunden den Himmel spaltet, scheint die Welt aus sich herausgerissen zu werden und durch den Spalt hindurchzustürzen, durch den sie wie durch eine Augenhöhle sich gleichzeitig auch betrachtet.

Wer blitzt also?

Beim Blitzen übermannt einen das Gefühl, als ob die Schöpfung von Neuem begänne. Denken wir aber an die Augenblicke der Schöpfung, können wir nicht von Tat und Ereignis, Subjekt und Prädikat sprechen. Der Blitz ist jenseits allen Maßes; und damit auch jenseits jener Trennung von Subjekt und Prädikat, die auf dem Maß beruht. So etwas ist ausschließlich in der bereits geschaffenen und zum Dasein erstarrten Welt vorstellbar.

Sollte der schaffende Blitz selbst also ungeschaffen sein?

Es ist aufschlussreich, sich in Erinnerung zu rufen, was die Mythologie diesbezüglich lehrt. Wie in den meisten urtümlichen Vorstellungen ist der Blitz auch bei den Griechen die Waffe des höchsten Gottes Zeus. Es ist klar, dass er die Blitze schleudert, also blitzt er. Oder um eine absurde Formulierung zu gebrauchen: Er »lässt blitzen«. Die Zyklopen, die Kinder Gaias, der Erde, haben den Blitz angefertigt und Zeus gegeben: Brontes (der Donner), Steropes (der Blitz) und Arges (der Glanz).[76] Auf diese Weise berühren sich infolge der Blitze der Himmel und die Erde selbst; diese beiden Extreme vereint der Blitz. Die drei Zyklopen haben den Blitz aber nicht nur angefertigt, sondern verkörpern ihn auch, wie ihre Namen verdeutlichen: »Winde erhoben dazu den Staub in Wolken und Wirbeln; / Donner (bronten) und feurige Glut (steropen) und hellauflodernde Blitze (keraunon)«[77], schreibt Hesiod. Das erweckt den Eindruck, als ob der Blitz, diese Kraft, die jeder Teilung vorausgeht, dennoch eine doppelte Natur hätte: Zum einen ist er ein Gegenstand (Zeus' Waffe), zum anderen eine lebendige Kraft (was auch die Tatsache beweist, dass der Blitz — genauer Keraun — bis zum 6. Jahrhundert v. Chr., aber auch später noch, als eigenständiger Gott verehrt wurde).

Befragen wir aber die Person des Zeus und vor allem seinen Namen, zeigt sich, dass die Waffe, die er besaß, deshalb so effektiv sein konnte, weil sie von vornherein Teil seiner Natur war. Der Name Zeus entstand aus dem indogermanischen Stamm dei-, deiə-, dī-, diū (oder diā?) und dem Zusatz u (dieus), was mit Strahlen, funkelndem Glanz im Zusammenhang steht.[78] Der Name des Gottes weist auf ein Licht hin, das dem Blitz gleich ist. Zeus »schritt mit unaufhörlichen Blitzen / Vom Olymp und dem Himmel herab«[79], schreibt Hesiod. Der Blitz, den er vom Olymp mitgebracht hat, gehört nicht zu den atmosphärischen Elementen. Der Name des Berges (ganz und gar durchleuchtet (hololampe)) deutet von vornherein an, dass es dort keine Gewitter gibt. Mit den Worten Homers:

»dort thronen die Götter immer und sicher,
Sagen die Menschen; ihn rüttelt kein Wind, nie netzt ihn
der Regen,
Schnee fällt niemals darauf, so liegt er in himmlischer
Klarheit
Wolkenlos, umwallt von blendender Weiße.«[80]

Demnach entspringt der dem Gott zugeordnete Blitz nicht der Reibung der Wolken, sondern der himmlischer Klarheit. Sie lässt Zeus selbst zum Vorschein kommen. Der höchste Gott muss den Blitz schleudern, um seine Macht spüren zu lassen; dieser könnte sein Ziel aber nicht erreichen, schlüge im gleichen Augenblick nicht auch der Gott selbst ein, in Form eines Blitzes. Der Blitz ist sowohl eine Waffe (ein Objekt) als auch eine lebendige Kraft (ein Subjekt).

Wenn seine Natur aber eine »doppelte« ist, wie ist es dann möglich, dass der Blitz doch einig (von einigender Kraft) ist? Eine weitere Untersuchung des Namens führt uns der Lösung näher. Denn der aus dem Indogermanischen abgeleitete Name steht nicht nur mit Licht, sondern auch mit Leben im Zusammenhang: Auch die Worte zóé = Leben, zóó = leben und zóos = lebendig hängen mit dem Namen des Gottes zusammen, der im Dialekt zuweilen als zén bezeichnet wird, was mit dem Verb »leben« verwandt ist. Es deutet sich eine innige Verbindung, ja Identität von Leben und Licht an, was auch Homers Zeile untermauert: »leben und dies sagt: schauen das Licht der Sonne«[81]. Der Blitz ist also nicht nur ein Ausdruck des irdischen beziehungsweise des himmlischen Lichtes, sondern auch des Lebens selbst, das die irdische und himmlische Welt allen Unterschieden zum Trotz zusammenhält. [Die Griechen gebrauchten das Nomen zóon (Lebewesen) sowohl für Tiere als auch für Götter: Tiere, Menschen und Götter sind alle gleichermaßen Lebewesen. Sie alle haben teil an ein und demselben Leben, was ein Hinweis dafür ist, dass das Leben, obwohl es ohne sie unvorstellbar ist, sie dennoch überragt:

Sie alle dienen etwas, das sich ausschließlich durch sie manifestieren kann.]

Das Einssein von Licht und Leben wird aber nicht nur durch den Blitz, sondern auch durch vieles andere verkörpert. Man denke zum Beispiel an die Sonne, ihre belebenden Lichtstrahlen. Hinzu kommt, dass die Sonne nicht nur belebt und leuchtet, sondern auch zerstört; sie kann auch das Leben selbst zerstören. Lässt sich das mit dem höchsten Gott vereinbaren? Und wenn ja, warum gerade mit ihm?

Untersuchen wir weiter den Namen des Gottes. Im Namen Zeus verbirgt sich nämlich noch eine andere Bedeutung, die über das Licht und das Leben hinausweist und auf die charakteristischste Eigenschaft des Gottes aufmerksam macht. Aus dem zós, der aiol-Form des Wortes zóós, formten die Griechen das Betonungswort, das ›sehr‹ bedeutet. Dieses Wort wurde auch für die Götter verwendet; für Pindar oder für die Tragödienschreiber zum Beispiel war das Heilige nicht das, was nur göttlich, sondern das, was »sehr-göttlich« war. »en zatheó (...) khronó« — »in der (sehr) heiligen Zeit«[82], sagt Pindar über den Zeitraum, in dem er die Götter anruft, um prophezeien zu können; »zatheos hieron« — »sehr-göttlicher, heiliger Ort«[83], sagt er, wenn er das Heiligtum eines Tempels betonen will.

Die Adjektive »lebendig« und »leuchtend« drücken Eigenschaften aus; wir ordnen sie gewöhnlich einem Ding zu. Aber lässt sich dem Gott irgendein Attribut zuordnen? Lässt sich ein Attribut mit etwas verbinden, wovon die Existenz der Eigenschaften selbst abhängt? Kann man etwas als weise, gut, gerecht bezeichnen, das eine Bedingung des Weisen, des Guten, des Gerechten ist? Als göttlich bezeichnet man gewöhnlich etwas, das mit nichts vergleichbar, an nichts messbar ist; das Weise, das Gute, das Gerechte dagegen sind es stets im Vergleich zu etwas anderem.

Das verdeutlicht das Betonungswort ›sehr‹. Wir können Zeus nicht als lebend bezeichnen, denn er ist das Leben, und auch nicht als leuchtend, denn er ist das Licht. Beide sind nicht steigerbar:

Leben kann nicht noch lebender, Licht nicht noch leuchtender sein. Und da sie beide Zeus entströmen, dürfte man sie strenggenommen auch nicht als Leben, als Licht bezeichnen: Das Leben ist zwar göttlich und das Licht ist göttlich, der Gott selbst ist aber kein Leben und auch kein Licht. Gott ist nicht seiend, aber auch nicht nicht-seiend: Er ist jenseits von allem, wie es Dionysius Areopagita später ausdrücken wird. Diese Unnahbarkeit und Unsteigerbarkeit kommen im »sehr« zum Ausdruck. Scottus Eriugena, der viel später, im 9. Jahrhundert, nun nicht mehr über Zeus, sondern über Gott schreibt, meint, dass das »sehr« (nimis) den Attributen Gottes deshalb stets hinzugefügt werden muss, weil nur dadurch verdeutlicht werden kann, dass »Gott jedes Mass übersteigt«[84]. So gesehen, ist der Name Zeus die genaueste Bezeichnung, die möglich ist: Die Betonung (SEHR), die seinem Namen innewohnt, macht die Verwendung attributiver Konstruktionen von vornherein überflüssig. Der Blitz übertrifft alles wie ein Gott. Das, was im Augenblick des Blitzes erscheint, lässt sich schwer charakterisieren oder umschreiben. Das würde zu den gleichen sprachlichen Absurditäten führen, wie es schon der substanzivierte Gebrauch des Wortes »sehr« ist.

Der Grundstoff des Daseins

Und doch können wir, wenn wir erneut die Frage stellen, wer blitzt, nur erwidern: Das SEHR blitzt. Wenn der Himmel sich spaltet, blickt durch den wurzelähnlichen Riss das SEHR in das Dasein. Derselbe Blick blitzt auch in allen irdischen Blicken: In solchen Augenblicken blitzt nicht nur die Leidenschaft, sondern auch die Quelle aller Leidenschaft, das SEHR auf. Ihm sind alle Lebewesen ausgeliefert. Es verbirgt sich nicht irgendwo, in einem fernen Versteck (im Unbewussten, im Unaussprechlichen, im Dunklen), sondern entsteht in den Augenblicken der Leidenschaft (des Silberblickes, des Gotteserlebnisses). Das sind die Momente der

Selbstfindung. Da erlebt der Mensch, dass er mit sich identisch ist — obwohl er auch seine Andersartigkeit von sich noch nie so klar erlebt hat. Der Blitz: Waffe und Gott, Objekt und Subjekt in einem. Der Blitz erleuchtet die Welt nicht nur, vielmehr erleuchtet und erfüllt sich diese durch ihn. In solchen Momenten zeigt sich, dass das SEHR das eigentliche Bindegewebe des Daseins ist — etwas, das nicht artikulierbar und nicht qualifizierbar ist, sich nicht in einer attributiven Konstruktion einschließen lässt. Das »Offene«, das Hölderlin anruft, verweist auf die Nicht-Begrenzbarkeit des Blitzes, des »göttlichen Feuers«. Auf die Augenblicke der Erleuchtung, in denen der Mensch zu sich findet, ohne dass er das auf irgendeine konkrete Ursache zurückführen könnte. Ihm wird ein »Gotteserlebnis« zuteil — obwohl er genauso gut sagen könnte, er habe im Unmöglichen zu sich gefunden.

Das ewigwährende Feuer

SEHR. Was das an sich bedeutet, weiß man nicht. Das Wort, das dazu dient, die Bedeutung anderer Wörter zu verstärken, wirkt, wenn es für sich allein steht, verstümmelt. Seinen betonenden Charakter behält es dennoch und beginnt in Ermangelung eines Besseren eben jenes Mangelgefühl zu steigern, das sich von seiner Verstümmelung nährt. Die substanzivierte Form des Wortes, das für sich allein stehend ungebräuchlich ist, ist ein Ausdruck von Unfruchtbarkeit, Vergeblichkeit. Je mehr es nach Eigenständigkeit strebt, desto aufdringlicher wird der Mangel, der sich in ihm und um ihn herum breitmacht.

Bei diesem Mangel handelt es sich aber nicht um das Nichts. Eher um eine Art Erleuchtung. Da erhellt eine himmlische Klarheit, ein blendendes Leuchten das Dasein; ein Licht, das nach der mythologischen Fabel sowohl Leben als auch Vernichtung, sowohl Selbstfindung als auch Leerwerdung bedeutet. Pindar bringt den Blitz und den Donner mit dem ewigen Feuer in Verbindung.[85]

Dieses Feuer durchdringt das Dasein, sowohl das, was sichtbar, als auch das, was unsichtbar ist;[86] dieses Feuer ist es, das in den Augenblicken der Leidenschaft und der Erschütterung sengend wird; das einen am Erlebnis des Unmöglichen teilhaben lässt; das den Himmel spaltet, sich zu blutgerinnselartigen Lavasteinen kristallisiert, das Gesicht zu einer rätselhaften Maske, das Licht zu etwas Unheimlichem verzerrt.

In den Momenten, in denen sich das SEHR manifestiert, hat auch der Mensch selbst teil an der Natur des Blitzes. Da verwandelt er sich in ein Betonungszeichen, das man seinem Schicksal überlassen hat, in ein ausschließliches SEHR. Wie ein Riss kommt ihm dann das Leben vor, das wie ein Keil in dem Unbekannten steckt, das seiner Geburt vorausgeht und auf seinen Tod folgt. Er neigt dazu, zu glauben, dass er selbst ein Blitz ist. Eines seiner beiden Ichs spornt ihn an aufzubrechen, um das von Hölderlin angerufene »Offene« zu schauen; das andere dagegen weiß allzu gut, dass die Öffnung sich bereits vollzogen hat.

Abb. Tizian, Die Häutung des Marsyas, ca. 1570–76.

Vitruv konstruierte den idealen und harmonischen Körper nach dem Prinzip des Goldenen Schnittes: Um einen Mann mit gegrätschten Beinen und ausgestreckten Armen herum zeichnete er einen regelmäßigen Kreis, dessen Mitte der Nabel des Körpers war. Auch andere schlossen sich seiner Vorstellung an: Leonardo, Agrippa von Nettesheim, Cesare Cesarino, Dürer oder im vorigem Jahrhundert Le Corbusier. Der Nabel wurde zum Symbol der Mitte, des Maßes, der Harmonie.

Aber wird nicht der Mensch, indem er in die Mitte gelangt – zur Mitte wird –, aus dem herausgerissen, was ihn umgibt? Kann eine Harmonie, die die Entzweiung ausschließt, vollkommen sein? Auch auf Tizians letztem Gemälde bildet der Nabel die geometrische Mitte: der Nabel eines bei den Beinen aufgehängten, mit dem Kopf nach unten hängenden »Menschen«, des Satyrs, den Apoll im Kreise seiner blutrünstigen Gehilfen zu häuten sich anschickt. Der Nabel ist das Symbol der Verletzbarkeit des sich ohnmächtig auftuenden Körpers: durch ihn wird, wenn der Körper weiter gestreckt wird, alles hervorquellen, was in seinem Dunkel eingeschlossen ist. Der Nabel ist der Siegelabdruck der Vergänglichkeit. Die Mitte: in ihr will alles, was ist, seine Bestimmung zu erkennen.

3. Das Mysterium des Nabels

»Es gibt Grade von Spannkraft, Zermalmung, opaker Undurchdringlichkeit, überkomprimierter Stauung eines Körpers, die jede Philosophie, jede Dialektik, jede Musik, jede Physik, jede Poesie, jede Magie weit hinter sich lassen«,[87] schreibt Antonin Artaud 1947 in seinem Vortrag »Das Theater und die Wissenschaft« kurz vor seinem Tod. Angesichts der Verständnislosigkeit seiner Zuhörer fügt er seiner Aussage im Nachhinein die Bemerkung an: »Ich hätte Blut durch den Nabel scheißen müssen, um zu erreichen, was ich will.«

Als Epimenides im 6. Jahrhundert v. Chr. das Orakel von Delphi aufsuchte, sah sich die Wahrsagerin Pythia einem nicht alltäglichen Gast gegenüber. Der Kreter genoss schon zu Lebzeiten einen legendären Ruf. Es wurde berichtet, dass er in seiner Jugend einst beim Weiden der Schafe im Schatten einer Höhle eingeschlafen sei und beim Erwachen seine Herde nicht mehr habe finden können. Er sei in sein Dorf zurückgeeilt, doch alle, die ihn dort empfingen, seien ihm unbekannt gewesen, und auch ihn selbst habe niemand gekannt. Er sei schließlich auf einen grauhaarigen, alten Mann gestoßen, in dem er zu seinem Erstaunen seinen jüngeren Bruder erkannt habe. Von diesem habe er erfahren, dass er in der Höhle siebenundfünfzig Jahre geschlafen habe. Später habe er begriffen, was in dieser Zeit mit ihm geschehen war. Er hatte die siebenundfünfzig Jahre in Gesellschaft der Götter verbracht, denn bei der Höhle, in der er sich hingelegt hatte, hatte es sich um die Höhle des Zeus vom Ida gehandelt.[88] Epimenides hatte von den Göttern alles gelernt, was wahr und gerecht war, und sich ein rätselhaftes Wissen angeeignet; das bezeugten sowohl seine Bücher, die sich großer Verehrung erfreuten, als auch der Ruf, der ihm später als Arzt vorausging.

Das Orakel von Delphi, »wo Apoll / Vom Erdennabel seine Sprüche singt, / Das Heute und das Morgen offenbart«[89] (Euripides), wurde also von einem Mann aufgesucht, der als einstiger Gefährte der Götter wohl auch selbst über die Gegenwart und die Zukunft Bescheid wusste. Dennoch hielt er die Anweisung der Priesterin für vage und zweideutig.[90] Vielleicht lag es an dieser Enttäuschung, dass er sich zu einem Ausspruch hinreißen ließ, der anderen wiederum vage und zweideutig vorgekommen sein muss: »Denn weder war mitten auf der Erde ein Nabel noch auf dem Meere; wenn es aber einen gibt, so ist es nur den Göttern offenbar, den Sterblichen aber unsichtbar.«[91]

Epimenides' Worten wohnt eine spürbare Verbitterung inne. Man hat den Eindruck, als litten nicht nur die Irdischen unter dem Fluch der fehlenden Unsterblichkeit, sondern auch die Himmlischen unter dem Fluch der fehlenden Vergänglichkeit. Sollte dieser gegenseitige Mangel der eigentliche Nabel der Welt sein? Dieser fatale Riss, dessen gelegentliches Aufblitzen an das Blitzen der Schuppen einer Schlange erinnert, wenn sie aus dem Dunkel ans Sonnenlicht kriecht? Aber zur Schlange später mehr.

Licht und Fäulnis

Erinnern wir uns, was die Mythologie über den Nabel der Welt lehrt. Zeus wollte wissen, wo sich der Mittelpunkt der Erde befand, und entsandte zwei Adler, den einen nach Osten, den anderen nach Westen, um festzustellen, wo sie sich bei gleich schnellem Flug trafen. Beide Vögel landeten bei Delphi, und zum Gedenken daran errichtete man den Omphalos, eine aus weißem Stein gehauene, oben abgerundete Steinsäule. Die Bedeutung des Wortes: »Nabel«. Das Orakel, das hier angesiedelt wurde, wurde jahrhundertelang für den Mittelpunkt der bewohnten Welt gehalten und als Nabel der Welt bezeichnet.[*]

Der Nabel der Welt liegt deshalb in der Mitte, weil er weder östlich noch westlich, weder nördlich noch südlich liegt. Es ist ein Niemandsland, wie auch das Lager der Menschen in Stein verwandelnden Gorgonen eines ist, das weder vom Licht der Sonne noch des Mondes berührt wird und sowohl an den Osten als auch an den Westen grenzt. Wie die Wohnstätte der Gorgonen das Licht verschluckt, so verschluckt auch der Nabel der Welt die Richtungen, die Himmelsrichtungen, ja sogar die Zeit — was die Weissagung erst möglich macht. Wie ein »schwarzes Loch« reißt er alles an sich, was seinen Weg kreuzt; wie ein Raubtier verschlingt er alle, die es wagen, sich ihm zu nähern. Am Hang des Parnass unweit von Delphi gähnte eine abgrundartige Höhle, die seit undenklichen Zeiten von einer Drachenschlange, dem gewaltigen Python, bewohnt wurde. Dieses große, aufgedunsene Ungeheuer wütete nicht nur unter den Menschen der Umgebung, sondern versperrte auch den Weg, der zum Orakel führte.[93] Apoll, der Sohn des Zeus, der »die Menschen in bezug auf den Genuß gezogener Früchte und die (ganze) Lebensweise verfeinert«[94] hatte, kam auch diesmal zu Hilfe: Er brach zum Gipfel des Parnass auf, tötete mit seinem Pfeil die Schlange und eroberte das Orakel. »Das Orakel«, schreibt der Geograph Strabon, sei »eine in der Tiefe (sehr) ausgehöhlte Grotte mit einer nicht sehr großen Öffnung. Aus ihr steige ein begeisternder Dunst empor, über der Öffnung aber stehe ein hoher Dreifuß, welchen die Pythia besteige, die nun den Dunst einatme und in Versen und Prosa weissage.«[95]

Den Dunst, der aus der Tiefe der Erde emporstieg, führte man auf den verwesenden Kadaver der getöteten Schlange zurück (pythein = verrotten, zerfallen), daher stammte auch der Name

---

* vgl. Strabon, Erdbeschreibung, IX, 3, 5. Plutarch erzählt, dass zwei Männer — der Grammatiker Demetrius aus Tarsus und der Spartaner Kleombrotos von jenseits des persischen Meerbusens — von beiden Enden der bewohnten Welt aufgebrochen seien und sich ebenfalls in Delphi getroffen hätten (De defectu, 410a).

der Wahrsagerinnen, die diesen Dunst atmeten: die Pythien.[96] Da die Schlange aber schon zu Lebzeiten einen alles durchdringenden Verwesungsgeruch verbreitete (von dem die Wahrsagerinnen ohnmächtig wurden), ja schon ihre Entstehung der Verwesung verdankte,* klingt jene Deutung überzeugender, die den Namen des Pythons nicht mit Verwesung, sondern mit Tiefe in Verbindung bringt und den Worten pythmen, bythos = Grund, Boden, Sohle, Tiefe assoziiert.[98] Auch wenn Pythia die Priesterin der Sonne (Apolls) und des Lichtes war, ihre Inspiration bezog sie aus der Nacht und dem Mondlicht. Der Gott des oberen Lichts machte seinen Orakelspruch, indem er in das untere Dunkel hinabstieg. Die Griechen gründeten das Orakel dort, wo sich die Erde in Form einer Höhle öffnete, das Überirdische in sich aufnahm und das Unterirdische aus sich aussandte.

Der Körper der Erde bekommt einen Riss. Eine Wunde tut sich auf, in der Höhe und Tiefe, Ost und West, Licht und Dunkel zusammentreffen. Ein Mittelpunkt, ein Nullpunkt, eine Origo: der Nabel.

Die genähte Wunde

Eine Steinsäule markiert den Nabel der Welt, den Omphalos, der nicht rechts noch links, nicht vorne noch hinten, nicht unten noch oben ist. Es ist, als ob sich an diesem Punkt die Welt gleichsam umstülpen würde. Ein Knotenpunkt rätselhafter Kräfte, die hier aufeinandertreffen: das höhere Wissen (das Orakel), die Ohnmacht (Pythia), die Grausamkeit (die Vernichtung Pythons), die

---

*   »Da nun also die Erde, noch frisch überschlammt von der Sintflut, glühte im brütenden Brand der himmlischen Sonne, da warf sie zahllose Arten ans Licht. (...) Zwar sie wollte es nicht, doch auch dich, du riesiger Python, zeugte sie da, und du warst, unheimliche Schlange, der neuen Völker Schrecken«, schreibt Ovid (Metamorphosen, I, 434–440).

Buße (nach manchen Vorstellungen musste Apoll für die Vernichtung Pythons regelmäßig Buße tun), ja sogar die Verzweiflung (Epimenides). Ein enigmatischer Punkt. Er zieht alles magnetisch an.

Der Nabel der Welt: eine genähte Wunde, hinter der, würde sie geöffnet, erneut der Abgrund zum Vorschein käme. In ihm verdichtet sich das Dasein, verbindet sich alles, was der Mensch mit seiner eigenen Mitte zu assoziieren pflegt, zu einer Einheit. Die Notwendigkeit, diese Mitte zu erkunden, erscheint zwingender als alles andere; ist sie aber einmal gefunden, wie das in Delphi, »dem orakelnden Nabel der Welt«, der Fall ist, sieht sich der Mensch kaum lösbaren Spannungen gegenüber. Da erscheint es oft beruhigender, diese zu umgehen, notfalls auch um den Preis, dass man auf die Mitte verzichtet. Aber der Anziehungskraft der Mitte vermag der Mensch nicht ein für allemal widerzustehen. Noch mit unserem Tod gehorchen wir ihr.*

---

* Delphi war nicht der einzige Nabel der Welt. Genauer gesagt, die Welt hat zwar nur einen Nabel, dieser »wandert« aber: Er taucht immer dort auf, wo er gerade benötigt wird. Schließlich handelt es sich dabei nicht um einen Punkt im Raum; er geht über den Raum hinaus, ja er geht ihm sogar voraus. Den Ägyptern galt Ompha, der heilige Berg, der als Orakelstätte des Sonnengottes diente, als Nabel der Welt; die Phönizier hielten Paphos auf der von ihnen bevölkerten Insel Kypros, wo es ebenfalls ein Orakel mit dazugehörigem Apollo-tempel gab, für den Nabel der Welt; nach dem Zeugnis Ezechiels ist Israel die Mitte der Welt, Jerusalem »die Mitte der Erde« (Ez 38,12), genauer der Fuß des Kreuzes, das am Ort des einstigen Lebensbaumes aufgestellt wurde, wo ein Stock, den man in die Erde steckt, am Mittag keinen Schatten wirft; in Palestina wiederum galt der Berg Tabor als Nabel (tabbûr = Nabel – vgl. Eliade, Le myth de l'éternel retour, S. 25). Aber auch andere Völker bestimmten den Nabel der Welt: die Araber, die Römer (den runden Herd des Vestatempels in Rom), die Sizilianer (die Stadt Enna), die Ungarn (Naszály bei Tata – vgl. Roscher, Omphalos, S. 35), die Kelten, die Skandinavier (sie nannten ihre Heimat Midgard, die Mitte der Welt), die Japaner, die Malaien, die Babylonier, die Inka (ihre Hauptstadt Cusco), die Azteken, die Chinesen (die Stadt Loyang beziehungsweise den Kaiserpalast), die Burjaten, die Finnen, die Pueblo-Indianer (sie brachten den vier Himmelsrichtungen

DER HORT DER LEBENSKRAFT

Warum der Nabel? Warum nicht das Herz, die Leber, die Galle, das Hirn, das Geschlechtsorgan? Und warum haben das griechische ὀμφαλός (omphalos), das sanskritische nābhi und das tibetanische lte-ba neben der Bedeutung »Nabel« auch die Bedeutung Mitte beziehungsweise Mittelpunkt? Und überhaupt: Warum liegt der Analogie ausgerechnet der menschliche Körper zugrunde?

Eine hippokratische Schrift hilft, diese Fragen zu beantworten. Für die Griechen war nicht nur Delphi der Nabel der Welt, sondern auch die wellenumtoste Insel der Nymphe Kalypso, »Fern von den Lieben auf einsamer Insel, im Nabel des Meeres«[100], die Stadt Phleius sowie Branchidai von Miletos (Didyma), die jahrhundertelang mit dem Orakel von Delphi um den Vorrang und das höhere Ansehen wetteiferte. Der Autor einer aus dem 6. Jahrhundert v. Chr. stammenden, hippokratischen Schrift über die Zahl sieben bezeichnete Miletos, ja ganz Ionien als das *Zwerchfell der Welt* (frenos — praecordia), im Sinne der archaischen Vorstellung, wonach der menschliche Körper und der Kosmos nicht nur ähnlich gebaut seien,[101] sondern auch eine gegenseitige Wechselwirkung und eine tiefe Identität zwischen beiden bestünde. Diese Theorie, die mit dem Namen Hippokrates verbunden ist und auf der Säftelehre basiert, entwickelte sich durch die Einführung der Idee der Vermischung vom Körper ausgehend zu einer den ganzen Kosmos umfassenden, sich sogar auf die Stellung der Planeten auswirkenden, kosmischen Sicht, während umgekehrt die kos-

---

sowie dem Zenit und dem Nadir jeweils eigene Opfer dar, die größte Verehrung ließen sie aber dem Mittelpunkt, dem Nabel angedeihen), die Tibetaner (lte-ba gzhung-rang lautet der Name des Palastes des Dalai Lama, was wörtlich »Nabel der eigenen Mitte« bedeutet) und die Inder (Meru, den von Schlangen bewachten, mythischen goldenen Berg beziehungsweise Gaya Magadha, den Ort, an dem Buddha der Erleuchtung teilhaftig wurde).

mische Schule durch die Einführung der vier Elemente — Erde, Wasser, Feuer, Luft —, die zum ersten Mal von dem auch Heilkunst betreibenden Empedokles genannt wurden, von der Untersuchung des Kosmos zur Untersuchung des menschlichen Körpers gelangte. Auf diese Weise erlangten die empirischen Säfte eine kosmische, die kosmischen Elemente hingegen eine empirische Bedeutung.

Die Erwähnung des »Zwerchfells« (frenos) im Zusammenhang mit dem Orakel von Branchidai, das man für den Nabel der Welt hielt, besagt viel. Damit wollte der Autor der Abhandlung auf die zentrale Rolle hinweisen, die Ionien für die damalige Zivilisation spielte. Das Zwerchfell war für die Griechen nicht nur die Mitte des Körpers, sondern auch der Sitz der Seele und des Denkens.* Frenos bedeutet sowohl Zwerchfell als auch Gefühl, Verstand, Seele, Geist, Gemüt, Begabung (frenetisch = rasend, verrückt, wahnsinnig). Hippokrates selbst verwendet Zwerchfell und Nabel, Omphalos als fast verwandte Begriffe: Nicht nur, dass sie nahe beieinander liegen, sie spielen auch eine ähnlich herausragende Rolle. Für Philolaos, den pythagoreischen Weisen aus dem 5. Jahrhundert v. Chr., ist der Nabel neben dem Gehirn, dem Herzen und dem Schamglied eines der vier Prinzipien des Men-

---

* Symeon, der Neue Theologe, der im 10. Jahrhundert gelebt hat, schreibt in seiner Abhandlung »Methode des heiligen Gebets und Aufmerkens«: »Nun setze dich in einer ruhigen Zelle nieder, abseits in einer Ecke, und befleißige dich zu tun, was ich sage: Schließe die Tür, erhebe deinen Geist über jeden eit-len oder vergänglichen Gegenstand. Dann drücke den Bart auf die Brust und richte das Auge des Körpers zugleich mit deinem ganzen Geist auf die Mitte deines Bauchs, also auf deinen Nabel, drücke die Einatmung der Luft, welche durch die Nase geht, zusammen, so dass du nicht leicht atmen kannst, und durchforsche geistigerweise das Innere deiner Eingeweide in der Suche nach dem Ort des Herzens, wo alle Kräfte der Seele gern und häufig hinkommen. Am Anfang wirst du Finsternis vorfinden und eine hartnäckige Undurchsichtigkeit, doch wenn du ausdauernd bist, wenn du Nacht und Tag diese Übung ausführst, wirst du, o Wunder! eine grenzenlose Glückseligkeit finden.« (zit. in: Eliade, Yoga. Unsterblichkeit und Freiheit, S. 74).

schen;[103] aufgrund der gleichen Überlegung schreibt Demokrit: »Der Nabel bildet sich zuerst in der Gebärmutter als Ankerplatz gegen Brandung und Irrfahrt, Haltseil und Ranke für die entstehende und werdende Frucht.«[104] (Omphalos bedeutet sowohl Nabel als auch Nabelschnur.)

Nach dieser Auffassung spielt der Nabel weniger aus geometrischen als aus biologischen, ja genealogischen Gründen eine herausragende Rolle. Sir Thomas Browne, ein Arzt aus dem 17. Jahrhundert, erläutert in seinem Werk »Pseudodoxia epidemica«, dass Adam und Eva keinen Nabel gehabt haben können, da sie nicht geboren wurden, sondern ihr Leben unmittelbar Gott verdankten, ihre Nachfahren hingegen umso mehr, da sie zwar von Gnaden des Herren existierten, in der Schöpfung jedoch einen wesentlich niedrigeren Platz einnahmen.* Die Nabelschnur ist ein Zeichen der Kreatürlichkeit; der Kanal des Lebens, der, dadurch dass er die Leibesfrucht mit der Gebärmutter verbindet, dafür sorgt, dass etwas, das zunächst nicht ist, zu etwas wird. Der Nabel ist der Beweis für das Leben (die Indianer auf den Antillen glauben, dass nur die Toten keinen Nabel haben) und besitzt deshalb magische Kräfte: Er ist der Punkt, an dem alles, was nach Hippokrates auch das Zwerchfell auszeichnet (Seele, Geist, Gemüt, usw.), in den Menschen hineingelangt beziehungsweise nach seinem Tod aus

---

* vgl. Browne, Pseudodoxia epidemica, or Treatise on vulgar errors, V, 5. James Joyce greift diese Vorstellung in »Ulysses« wieder auf. Dort ist zu lesen: »Gemahlin und Gehilfin des Adam Kadmon: Heva, nackte Eva. Sie hatte keinen Nabel. Schau. Bauch ohne Fehl, schwanger schwellend, ein Rundschild aus strammem Velin, nein, weißgehäuftes Korn, aufstrahlend und unsterblich, dauernd von Ewigkeit zu Ewigkeit. Schoß der Sünde.« (Joyce, Ulysses, S. 54) Brownes These wird im 19. Jahrhundert aufgrund naturwissenschaftlicher Erkenntnisse und mittels Beweise aus der Evolution von Philip Henry Gosse angezweifelt. In seinem Buch »Omphalos: An Attempt to Untie the Geological Knot« (1857) erläutert er, dass die Natur zweifellos eine Geschichte habe, woraus zu folgern sei, dass die Schöpfung sich nicht in der Zeit vollzogen habe: sie sei ein »prochronisches« Ereignis gewesen (vgl. Gosse, Omphalos, S. 336).

ihm heraustritt. Deshalb wurde die Nabelschnur, deren sichtbares Überbleibsel der Nabelknoten ist, In den unterschiedlichsten Kulturen gleichermaßen verehrt: in Polynesien vergrub man die Nabelschnur des Neugeborenen und pflanzte einen Baum darüber, aus dem sein Lebensbaum wurde;[106] in Uganda bewahrte man die Nabelschnur des Königs in einer eigens dazu gebauten Kirche auf und hielt sie für seine »äußere Seele«;[107] aber auch die Japaner, die Inka und die Germanen pflegten die Nabelschnur aufzuheben. Sie wurde überall genauso in Ehren gehalten wie die Nabelschnur des höchsten Gottes Zeus bei den Griechen: diese war nach ihrer Vorstellung kurz nach Zeus' Geburt nahe Knossos abgefallen, und »drum sie dieselbe / Aue des Nabelgefild nachmals, die Kydoneen, benennet«[108].

DIE NATUR DER SCHLANGE

Verweilen wir, bevor wir zum Nabel der Welt zurückkehren, kurz bei der Gestalt der Schlange. Hätte nicht Python, die Drachenschlange, die nach der Sintflut hier geblieben war, unter der Erde gehaust, wäre Apoll nicht nach Delphi gekommen, und auch das Orakel wäre nicht errichtet worden. Ohne die Schlange und die aus der Tiefe heraufströmende Fäulnis hätten die Sterblichen den Gott des Lichts nicht befragen können. Die Schlange ist das Tier der Spalten, der Risse, der unsichtbaren Tiefen der Erde, des Dunkels. Der Mensch schrickt vor ihr zurück. Sie ist mit uralten Vorstellungen behaftet; als wäre die Schöpfung ihr entsprossen, bevor ihr zylinderförmiger Körper, ihr weit aufgerissenes, hungriges Maul, wie es auf dem Raffael zugeschriebenen Gemälde »Die heilige Margarete« zu sehen ist, alles wieder einverleiben wird, was sie von sich gegeben hat. »Die äußere Finsternis ist ein großer Drache, dessen Schwanz in seinem Munde, indem sie [die Finsternis] außerhalb der ganzen Welt ist und die ganze Welt umgibt«[109], sagt Jesus in der gnostischen Schrift »Pistis Sophia«. Die Schlange ist eine Verkörperung des universellen Schöpfungsprinzips und greift die Schöpfung an ihrer empfindlichsten Stelle, am Nabel an: dort, wo sich das Durcheinander in Ordnung, das Chaos in Kosmos verwandeln könnte. Deshalb wurde das Bild der Schlange, die in ihren eigenen Schwanz beißt, überall zum Symbol des Kreislaufs der Schöpfung; das Dasein schließt und vollendet sich in Form einer Schlange.[110] Sie ruft, wo auch immer sie erscheint, Schrecken hervor; in den Augen der Menschen verkörpert sie das vollkommen Fremde, Andere, Ungreifbare — etwas, das einen mit Grauen erfüllt, dem man sich nicht zu nähern wagt.*

Als er die auffällig wichtige Rolle der Schlange in der Psychoanalyse untersuchte, erwog C. G. Jung alle widersprüchlichen Vorstellungen, mit denen die Schlange in den Mythologien (vor allem in der christlichen Mythologie) behaftet war,** und kam zum Schluss, dass sie ihren Platz in der Mitte eines mythischen Kräftesystems hat, dessen vier Pole als lebendige Kraft in allen Menschen wirksam sind.*** Diese Pole sind: Christus, der Teufel,

---

* C. G. Jung hat darauf hingewiesen, dass die gnostische Sekte der Sethianer das Großhirn (enkephalon) mit dem Vater und das Kleinhirn und Rückenmark (parenkephalis drakonteides — drakon = Drachenschlange!) mit dem Sohn assoziierte. Jung folgert daraus, dass die Schlange »in der Tat ›kaltblütige‹, inhumane Inhalte und Tendenzen, geistig abstrakter sowohl wie animalisch-konkreter Natur, mit einem Wort: das Außermenschliche im Menschen« symbolisiere (Jung, Aion. Beiträge zur Symbolik des Selbst, S. 200).

** Als das Volk sich gegen den Herren erhebt, sendet dieser giftbrennende Schlangen unter sie (4 Mo 21,6); andererseits fordert der Herr Moses auf, eine feurige, eherne Schlange anzufertigen, deren Anblick jedem das Leben rettet, der von einer Schlange gebissen wurde (4 Mo 21,8). Und obwohl Satan in Schlangengestalt auftritt, vergleicht Johannes auch Christus mit der Schlange: »Und wie Mose in der Wüste die Schlange erhöhte, so muss der Sohn des Menschen erhöht werden« (Joh 3,14).

*** Die höchste Stufe der indischen Yogameditationen ist das sogenannte Samyama, in dem der Yogi vollkommen Herr seines Körpers und seiner seelischen Funktionen ist und Bewusstsein über alles erlangt, was ihm bis dahin unbewusst war (vgl. Eliade, Yoga. Unsterblichkeit und Freiheit, S. 79). Der Mensch kann laut Patanjali, dem klassischen Gelehrten des Yoga, besondere

der Urmensch (Rotundum) und der In-die-Physis-absteigende-Mensch (Anthropos). Die Schlange symbolisiert für Jung somit den größtmöglichen Gegensatz, die größtmögliche Spannung, die der Mensch zu ertragen vermag, und deshalb verlagert er sie in sein Unterbewusstsein. So wird die Schlange zum Symbol der Verletzlichkeit des Menschen: zur Personifizierung seiner Schwäche und seines Unterbewusstseins.[114]

Der Mensch will sich vor allem schützen, was ihn empfindlich treffen könnte; deshalb versucht er das Maßlose, das Entsetzliche, das Erschreckende als »schlecht« hinzustellen, aus der instinktiven Überzeugung heraus, dass er alles, was er mit einem Namen versehen kann, von sich auch werde fernhalten können. Aber wenn er sich seiner eigenen Mitte zu nähern beginnt, muss er die Erfahrung machen, dass das, was maßlos ist, sich auch nicht in Grenzen einschließen lässt: Es kommt in allem zum Vorschein. Seine ei-

---

Fähigkeiten erlangen, je nachdem worauf sich das Samyama richtet; er betont in diesem Zusammenhang die Nabelgegend, das umbilical plexus (nabhicakra); wer sich darin vertieft, kann sich mit dem ganzen System des Körpers vertraut machen. Die Nabelgegend ist eines der sieben Chakren (die Bedeutung des sanskritischen Wortes lautet: Rad), also Kraftzentren des Körpers, die von der zwischen dem Geschlechtsorgan und dem Enddarm verlaufenden untersten Mittellinie bis einschließlich des unter der Schädeldecke im linken, oberen Teil des Gehirns befindlichen obersten Mittelpunktes ein einziges Kraftsystem bilden. Um die höchste Stufe der Meditation zu erreichen, müssen alle schlummernden Kraftzentren zum Leben erweckt werden. Diese Aufgabe erwartet die schlangenförmige Kundalini, diese Urenergie, die im unteren Teil des Körpers in sich aufgerollt schlummert und beim Erwachen nach oben kriechend sämtliche Chakren durchläuft und zum Leben erweckt. Der Yogi weckt die Kundalini-Schlange mittels Atem- und Körperübungen und versucht sie anschließend mit Hilfe immer komplexerer Aufgaben bis zum obersten Chakra gelangen zu lassen. Wegen ihrer feurigen Natur bestimmten die buddhistischen Tantras von vornherein die Nabelgegend, also den Sitz des ewigen Feuers, zu ihrem Zuhause, von wo sie sich erhebt, um die Chakren zu durchlaufen und schließlich — um ein buddhistisches Gedicht zu zitieren — durch den Gipfel des Berges Meru (der von Schlangen bewachten Weltmitte beziehungsweise Weltachse) in den Himmel hinaufzuschweben (vgl. Eliade, ebenda, S. 255).

gene Mitte findet er dann, wenn er sich in etwas entdeckt, das alles durchdringt, in allem zum Vorschein kommt und dadurch alles auch zusammenhält. Der in mythologischen Fabeln erscheinende Welt-Nabel, die Wohnstätte der Schlangen, die Zeit und Raum überragende Mitte: lauter gezähmte Bilder und Metaphern, mit deren Hilfe das Unbegreifliche, das Unaussprechliche, das alles Aufrührende irgendwie fühlbar gemacht werden soll. Der Mensch beschwört die im Dunkel hausende Schlange und ihren Widersacher, den Licht ausstrahlenden Erlöser, um nicht mit dem bloßen Unmöglichen konfrontiert zu werden, sondern stets »etwas« vor sich zu sehen. Den einen bezeichnet er als schädlich, den anderen als schöpferisch, obwohl beide zusammen einen einzigen Strudel bilden. Dieser Strudel ist der Schauplatz und der Augenblick des schon mehrfach zitierten Gotteserlebnisses.

Der Mund der Erde

Es lohnt sich, im Zusammenhang mit dem Nabel der Welt, einen Blick auf die Kosmogonie der gnostischen Sekte der Sethianer zu werfen. Wie die Mitglieder anderer Sekten (Ophiten, Naasener) widmeten auch sie der Schlange besondere Aufmerksamkeit. Sie lehrten unter anderem: »Die Wesenheiten [der] Ursprünge sind Licht und Dunkel und in ihrer Mitte das unvermischte Pneuma. (...) Durch das erste große Zusammentreffen der drei Ursprünge entstand die eine große Siegelform: Himmel und Erde. Doch haben Himmel und Erde eine Gestalt ähnlich der *Gebärmutter*, in deren Mitte der Nabel ist.« Anschließend kommt es zur Befruchtung, bei der auch die Schlange eine Rolle spielen wird: »ein Strahl des vollendeten Lichtes in der Höhe war jenem dunkeln, schrecklichen, bittern und schmutzigen Wasser beigemengt; und dieses Licht ist das leuchtende Pneuma, das oberhalb des Wassers dahin schwebt. Aber der heftige und rasch wehende Wind gleicht dem Zischen einer *Schlange*. (...) Sobald nun das Licht und das Pneuma aufgenommen sind in die unreine, leidvolle und unordentliche Gebärmutter, *dringt die Schlange in sie hinein* (...). Darum (...) hat der vollendete Logos des Lichtes, der von der Höhe stammt, die Gestalt der tierischen Schlange angenommen, als er in die unreine Gebärmutter eindrang, um sie durch seine Ähnlichkeit mit diesem Tiere zu täuschen.«[*]

Nach dieser These kann man die Erde auch als eine gewaltige Gebärmutter sehen. Unten ist das blubbernde Chaos, oben das Licht, und beide sind verbunden durch die phallische Schlange. Die Schlange verkörpert das Licht und den Logos, aber auch den Nabel und die Nabelschnur. Über den Nabel berühren sich das obere und das untere Reich; durch den kosmischen Geschlechtsakt entsteht die »Harmonie«.[116] Diese Schöpfungslehre macht die kosmische Natur Delphis und des dortigen, orakelnden Nabels verständlicher. Der Name Delphi steht nämlich im Zusammenhang mit der Bezeichnung Mutterschoß (delphys = Mutterschoß,

---

[*] Schultz, Dokumente der Gnosis, S. 108–111 (Hervorhebungen vom Autor). Hippolyt, der im 3. Jahrhundert gelebt und die Kosmogonie der Sethianer aufgezeichnet hat, kommentiert seine gnostischen Widersacher so: »Ihre ganze Lehre stammt von den alten Theologen, von Musaios und Linos, sowie von Orpheus, der zu allermeist Weihen und Mysterien eingeführt hat. Denn ihre und des Orpheus Lehre von der Gebärmutter und dass der Nabel die Harmonie ist, findet sich wörtlich so in den bakchischen Schriften des Orpheus. Als geheime Mysterienlehre wurde dies den Menschen noch vor der eleusinischen Weihe des Keleos, des Triptolemos, der Demeter, der Kore und des Dionysos in Phleius in Attika überliefert. Denn die Orgien der sogenannten großen Mutter in Phleius [die Griechen hielten auch diese Stadt für einen der Nabel der Welt!] sind älter als die eleusinischen Mysterien. Dort ist ein Torpfeiler, und auf ihm ist die Darstellung all der obrigen Lehren bis auf den heutigen Tag aufgezeichnet zu sehen. Sehr viel ist auf diesem Torpfeiler aufgezeichnet (...) darunter auch ein geflügelter Graukopf mit aufgerecktem Schamgliede, der ein bläulich gemaltes Weib, das ihn flieht, verfolgt. Bei dem Alten steht geschrieben: Phaos rhyentes (d. h. ›fließendes Licht‹)« (Schultz, ebenda, S. 115). Die Nabelschnur, die den Embryo (den Himmel) und den Mutterschoß (die Erde) miteinander verbindet, ist zugleich auch der Phallus, mit dem der Himmel die Erde befruchtet.

Uterus). Und die Höhle, in der Python (der auch Delphyne genannt wurde) hauste, wurde von den Griechen als Mund der Erde: stoma beziehungsweise stomaion bezeichnet. Stoma bedeutet aber nicht nur Mund, sondern wird gelegentlich auch im Sinne von Nabel verwendet,[117] und noch häufiger steht es für das weibliche Geschlechtsorgan, die Vagina.[118] »Der du wohnst dort an dem hoh'n, / An des Tors prangendem Bau«[119], sagt der Chor in Aischylos' Tragödie »Die Grabesspenderinnen« zu Apoll. Man könnte das aber auch übersetzen als: »Du, der du als Gott der Sonne, als göttlicher Phallus durch die Schamlippen der Erde lustvoll in den unteren Mutterschoß eindringst«.

Der Nabel der Welt: der Schauplatz des Ineinanderdringens des oberen Lichtes und des unteren Dunkels, der Vereinigung von Himmel und Erde, der sich im Augenblick des Orgasmus öffnet. Das sanskritische nabh, das als Ursprung des Wortes omphalos dient, bedeutet auch Riss, Spalt. Der Nabel ist der Punkt, an dem etwas reißt, an dem der Körper einer »Wunde« (zum Beispiel der Vagina) entlang sich öffnet, an dem — um Epimenides' Gedanken zu zitieren — das Sichtbare unsichtbar, das Unsichtbare hingegen sichtbar wird.

Die Höhle, in die die Besucher des Orakels von Delphi hinabstiegen, führte zum Bauch der Erde: in das Reich des Dunkels. Bezeichnenderweise wurde der erste Apollotempel in Delphi von eben jenem Trophonios erbaut, dessen Höhle von Lebadeia später zum Symbol der Hoffnungslosigkeit wurde. In dieser Höhle erfuhr man den Orakelspruch des zuweilen auch als Zeus verehrten Trophonios; wer aber den Ort verließ, konnte fortan nicht mehr lächeln. Der Legende nach enthüllte auch Christus in Lough Dergen, einer Insel in Irland, dem heiligen Patrick eine Höhle, in der jene, die eine Nacht und einen Tag dort verweilten, alle Qualen und alle Wonnen der Hölle und des Himmels erfahren konnten, mit anderen Worten: in das Mysterium des Unmöglichen eingeweiht wurden. Ein ähnliches Erlebnis dürfte auch allen zuteil geworden sein, die die Höhle von Lebadeia oder auch von Delphoi betraten.[120] Der Orakelspruch des Unbekannten, des Mutterschoßes der Erde, ist verlockend wie der Sirenengesang; geht er aber in Erfüllung, kann er den Menschen leicht in Verzweiflung stürzen. Dann beginnt sich ihm der Mutterschoß des Daseins, das Sein selbst anzudeuten.

Die Maßlosigkeit der Mitte

Einer der Namen Apolls lautet: der Pythoer. Der Gott des Lichtes steigt nicht nur hinab in das Dunkel und in die Fäulnis, er wird derer Natur auch teilhaftig. Er setzt sich den gleichen Gefahren aus wie seine Priesterin, die Pythia, deren Verzückung der Geograph Strabon auf einen unterirdischen Windhauch zurückführt.[121] »Pneuma enthusiasticon« — inspirierender Dampf, schreibt er, um anzudeuten, welchen Gefahren Pythia ausgesetzt ist. Plutarch glaubt, dass der schlechte Hauch, also das pneuma, sogar ihren Tod verursachen kann.[122] Die Begeisterung, der Enthusiasmus kann derart maßlos werden, dass infolge des göttlichen Hauches sogar die Priesterin ekstatisch wird und in Raserei verfällt. In der Ekstase gerät der Mensch außer sich (eksistemi = verstellen). In den dadurch »leer« werdenden Platz dringt das Chaos ein. Oder wird man vielleicht von vornherein durch das Chaos aus seiner »ursprünglichen« Stellung bewegt?

Der Nabel der Welt ist auch der Sitz des Chaos. Vor der Ankunft Apolls, des Gottes des Lichts und des Maßes, wurde in Delphi auch anderen Göttern geopfert. Man muss dabei vor allem Dionysos erwähnen; über ihn heißt es: Die »Delphier (...) glauben, dass Bakhus Gebeine bey ihnen neben dem Orakel begraben liegen; und die Hosii bringen in dem Tempel des Apollo ein geheimes Opfer«[123]. Durch ihn, den gefolterten und zerrissenen Gott, wurde der Nabel der Welt auch zur Quelle des orgiastischen Elements. Apoll musste seine Macht an diesem Ort von vornherein mit Dionysos teilen: So wie das Licht sich mit dem unteren Dunkel, der Glanz sich mit der blubbernden Fäulnis vermischt hat, so musste auch die Vernunft dem Rausch Platz machen, das Einssein sich mit der Zerrissenheit abfinden. Das, was Nietzsche später als das apollinische und das dionysische Prinzip bezeichnete, war im Orakel von Delphi in selbstverständlicher Weise miteinander verbunden. Das führte aber keineswegs dazu, dass beide zur Neutralität verblassten, ihre dialektische Synthese bildeten. Im Gegenteil: Gerade hier, in der Mitte, erreicht die entstehende Spannung die Grenze des Erträglichen. Sobald er am Nabel der Welt ist, wird der Mensch selbst zu einem nabelartigen Wesen: Er wird zum Schnittpunkt der Gegensätze, in ihm findet die Welt ihre Mitte wieder.[124] In einem solchen Moment weiß er nicht, ob er sich für das Maß oder die Maßlosigkeit, das Licht oder das Dunkel, Apoll oder Dionysos entscheiden soll. Es ist schwer, bei einem solch hohen Grad von Intensität Überlegungen anzustellen, Taten und ihre Folgen voneinander zu trennen, auseinanderzuhalten.

Das Unmögliche

In dem intensiven, ekstatischen Augenblick verdichtet sich alles und wird eins. Apoll und Dionysos sind nicht mehr voneinander zu unterscheiden,* der Mensch erlebt nur noch einen gewalti-

---

* Laut Plutarch wechselten sich in Delphi Apoll und Dionysos ab, geradezu planmäßig. Je nachdem, ob der Gott sich zu dem Einen, also zum Feuer verdichtete, oder ob er sich auflöste und sinnlich wahrnehmbar in den Seienden Gestalt annahm, trat der eine oder der andere Gott in den Vordergrund. Wenn er sich in Feuer verwandelte: »Um dies nun vor dem grossen Haufen geheim zu halten, nennen die Weisen die Verwandlung in Feuer Apollo, wegen des Alleinseyns, und Phöbus wegen der Reinheit und Unbefleckheit. Hingegen die Verwandlung in Winde, Wasser, Erde und Gestirne, in die Geschlechter der Thiere und Pflanzen, so wie die Einrichtung und Anordnung alles dessen, stellen sie unter einer Zerreissung und Zerstückung vor, nennen dieselbe Bakchus (Dionysos), Zagreus, Niktelius und Isodaetes.« (Περί τού Εί τού έν Δελφοίς, De E apud Delphos, 388f–389a).

gen Strudel, der ihn der übersichtlichen Welt des Maßes enthebt. Durch diesen Spalt strömt das Fremde herein und entfremdet ihn allem, sogar seinem Selbst. Er entdeckt den Nabel des Daseins: etwas, das in allem wuchert und dennoch alles überragt; das er nicht einholen kann, von dem er sich aber auch nie wird befreien können; das als das Unmögliche alles durchdringt — DAS, WAS NICHT DAS IST.

ANANKES SPINDEL

Während der Festlichkeiten von Delphi gedachte man regelmäßig der Szene, wie Dionysos seine Mutter Semele, die von Zeus erschlagen wurde, aus der Unterwelt, dem Hades, in den Olymp hinaufführt. Sein Weg führt durch den Nabel der Welt, von unten nach oben. Der Nabel ist auch der Siegel der Unterwelt. Genauer des Jenseits, von dem man nur soviel weiß, dass man nichts davon wissen kann. Wie es dort ist, weiß man nicht. Jedenfalls anders. Dieses Andere verbindet der Nabel mit dem Vertrauten. In den mythologischen Beschreibungen, in denen die Erde nicht als flache Scheibe, sondern als Kugel dargestellt ist, bildet der Nabel den Punkt, durch den die Achse, die die Erdkugel durchbohrt und hält, zum Vorschein kommt beziehungsweise verschwindet.*

---

* Aus dem Nabel der Welt wächst in der altaischen Mythologie der höchste Baum, eine Tanne, deren Krone bis zur Heimstätte des Himmelsgottes hinaufreicht; die Tiefe der Erde und den Himmel verbindet Mesu, der heilige Baum der Sumerer; im Reich der bösen Halbgötter wurzelt Jambutri-shring, der tibetisch-buddhistische Baum des Wissens, seine Früchte trägt er jedoch im Himmelreich; und auch die sächsische Irminsul, die alle Dinge stützende, das ganze Weltall durchdringende, heilige Säule, verschwindet im Nabel der Welt. Und Yggdrasil, der heilige Baum der skandinavischen Mythologie, auf den Odin als Opfer aufgehängt wurde (Kreuzigung und Auferstehung, wie bei Dionysos und Christus), hält Raum und Zeit zusammen: er verbindet Himmel, Erde und Hölle miteinander, er wurzelt in der Vergangenheit, lebt in der Gegenwart und reicht in die Zukunft hinauf. Wie andere heilige

Die unsichtbare Achse, die in den Nabel der Welt eingelassen ist, die ewig sich drehende, kosmische Spindel steht in den Mythologien sowohl für den Phallus als auch für die sexuelle Berührung als auch für die Weltachse. Die Spindel wurde auch zu einem Symbol Heraklits, als Erinnerung an die Zeit, die er bei der Königin Omphale verbrachte. Die Königin, der er — ohne sein Geschlecht zu wechseln — in Frauenkleidern dienen musste, stand ihrerseits in inniger Verbindung mit dem Nabel der Welt, schon ihr Name leitet sich von Omphalos ab.[127] Sie war eine typische Göttin der Unterwelt; die Zeit, die Heraklit bei ihr verbrachte, lässt sich auch als Reise in die Unterwelt deuten. Omphales Macht erfasst die Lebenden genauso wie die Toten. Sie wacht über alles Seiende. Die Spindel, die Heraklit (dessen zwölf Aufgaben auch dem Weg der Sonne durch den Tierkreis entsprechen) von ihr erhielt, ist eine Weltachse: Unablässig kreiselnd dreht sie die Allheit.

Diese Spindel ist aber nicht das alleinige Eigentum Omphales. Auch eine andere, noch mächtigere Herrin verfügt über sie: Ananke, die Göttin der Notwendigkeit. Sie ist jene Gestalt der griechischen Mythologie, ohne die nichts sein könnte, die alle Dinge miteinander verbindet und verflicht. Das Band, das die Wölbung des Himmels zusammenhält, erscheint als ein geradliniges, säulenartiges, Himmel und Erde durchziehendes Licht, schreibt Platon im »Staat«.[128] An den Enden dieses alles umfassenden Bandes ist die Spindel der Ananke befestigt, »mittels deren alle Sphären in Umschwung gesetzt werden«; sie dreht sich »im Schoße der Ananke« (wörtlich: auf ihren Knien).[129] Diese gewaltige Spindel ist verantwortlich dafür, dass alles, was ist, miteinander verknüpft wird, aufrechterhalten bleibt und nicht ins Chaos zurückfällt. Im Schoße der Ananke verbirgt sich jener Spalt (Mund, Vagina, Nabelwunde), in dem das Begreifbare und das Unbegreifliche einander berühren und befruchten; und die Spindel ist die Achse (Phal-

<small>Bäume ist auch Yggdrasil eine Weltachse (axis mundi): er durchdringt alles, und das ganze Weltall dreht sich um ihn, wie um eine riesige Spindel.</small>

lus, Nabelschnur, Schlange, Blitz), deren beiden Enden im Seienden beziehungsweise im fehlenden Seienden wurzeln. Die Spindel als höchste Notwendigkeit hält alles im Griff und ist deshalb selbst ungreifbar. »Die Notwendigkeit (he ananke) verknüpft unser Sein«[130], sagt Sokrates in Platons Dialog »Theaitetos«: Sie macht dem Menschen bewusst, dass sein Leben begrenzt ist, dass ihn die Laune einer unbekannten Kraft dem Sein gleichsam hingeworfen hat, von dem er nun nicht mehr loskommt. Diese Laune, dieses notwendige Schicksal (Ananké), dem er — da er ihm sein Leben verdankt — nur auf Kosten seines Lebens entkommen kann, wacht wie eine Furie über ihn; wie eine Furie benimmt sich nach orphischer Vorstellung die Göttin der Notwendigkeit und des Zwanges. »Als Dasselbe und in Demselben verharrend ruht es für sich«, schreibt Parmenides über das Seiende (té eon), »und so verharrt es standhaft an Ort und Stelle. Denn die machtvolle Notwendigkeit (Ananke) hält es in den Banden der Grenze, die es rings umzirkt (...). Es ist ja nichts und wird nichts anderes sein außerhalb des Seienden, da es ja die Moira daran gebunden hat; ein Ganzes und unbeweglich zu sein (...), da eine letzte Grenze vorhanden, so ist es vollendet von (und nach) allen Seiten, einer wohlgerundeten Kugel Masse vergleichbar, von der Mitte her überall gleichgewichtig. (...) Sich selbst nämlich ist es von allen Seiten her gleich, gleichmäßig begegnet es seinen Grenzen.«[131]

Wenn aber außerhalb des Seienden nichts ist und auch nichts sein wird, ist es dann vorstellbar, dass es von den Banden der Grenze umwickelt ist? Gehört nicht das, was jenseits der Grenzen ist, was strenggenommen also »nicht ist«, nicht genauso zum Seienden? Und wenn sich jenseits der Grenzen ausschließlich Ananke befindet, die das ganze Dasein in ihren Händen hält, bedeutet das nicht, dass sie das Dasein völlig durchdringt und das Nichts, den Mangel zur »Grundlage« des nicht zu begründenden Seins macht? Wenn der Mensch (in den Augenblicken des Gotteserlebnisses, des inneren Blitzes, der Entdeckung der Mitte) sich dessen bewusst wird, verdichtet sich die Allheit zu Ananke; in diesem Moment übermannt den Menschen das Verlangen, ihrer Macht zu entkommen, aus dem Dasein auszutreten, im gleichen Augenblick ereilt ihn aber auch die Erkenntnis, dass er vergeblich zu fliehen versuchte. Ananke haust auch in ihm. Indem er dem Sein ausgeliefert ist, ist er auch sich selbst ausgeliefert.

Der Zauber des Augenblicks

Es fällt dem Menschen schwer, Rechenschaft über den Moment zu geben, in dem er die Mitte entdeckt zu haben glaubt. Nicht weil dieser Moment vergänglich oder flüchtig wäre; im Gegenteil, man hat sich noch nie so gesammelt gefühlt, sein eigenes Wesen als so gewichtig, so endgültig empfunden. Nein, dieser Moment ist deswegen so schwer in Begriffe zu fassen, weil er zu gewichtig ist: Das Sein lastet auf ihm. Erst jetzt, da sich alles in seiner Nacktheit andeutet, und der Schleier, mit dem die Welt des Seienden, des »Ist«, das Sein verhüllt, abfällt, wird dieses zugänglich. In solchen Momenten zeigt sich, dass der Mensch sein Dasein etwas verdankt, von dem nichts gewusst werden kann, aus dem nie etwas Greifbares sich herauskristallisiert, von dem nicht einmal gesprochen werden kann: Es kann nicht einmal als »das« angesprochen werden. Da dämmert dem Menschen, dass es die heimliche Bestimmung seines Lebens ist, dass durch ihn als einziges vernunft- und einsichtbegabtes, dem Sein aber dennoch unterworfenes Wesen, das Sein mit sich selbst in Widerspruch gerät. Um Peter Sloterdijks schöne Worte zu zitieren: »In den Meditationen der wahrhaft Denkenden, ja potenziell in jedem menschlichen Bewusstsein [schlägt] ›das Universum selbst‹ die Augen auf (...).«[132] In solchen Momenten manifestiert sich das Universum durch den Menschen. Er wird gleichsam zu einer riesigen Wunde am Körper des Seins, die erst durch seinen Tod wieder verheilen kann. Es ist, als würde er durch den Spalt des vom Blitz geborstenen Himmels in die Welt der Seienden blicken und dort sein eigenes Spiegelbild, sein eigenes vergängliches Ich, entdecken — ein Selbstbildnis, das in den intensiven Augenblicken immer wieder den Versuch unternimmt, das Zentrum des Daseins, den Nabel, zu finden, der sich aber wie eine Fata Morgana ihm jedes Mal wieder entzieht.

DAS MASS

In der Mitte, im Nabel der Welt, wird man des »Gotteserlebnisses« teilhaftig. Die griechische Mythologie hat das genau gespürt. Es gibt ein seltsames Attribut für Zeus: Panomphaios — Lauter Nabel.[133] »Nicht schwingen sich vom Rücken zwei Zweige, nicht Füße, nicht hurtige Knie, nicht Glieder voll Zeugungskraft«, heißt es über ihn bei Empedokles.[134] Er hat nur einen einzigen Körperteil: den Nabel. Zeus ist ein einziger riesiger Nabel. In den Nabel der Welt zu gelangen und mit der Mitte der Allheit eins zu werden, bedeutet also nichts anderes, als in das Mysterium des höchsten Gottes, des ganz Anderen eingeweiht zu werden.

Der Nabel: Anfang und Ende von allem, Existenzgrundlage und Ursprung aller Dinge. Das Maß des Seins. Pythagoras[135] schreibt hinsichtlich des Maßes als des Fundaments der Allheit: »Was ist das Orakel in Delphi? Tetraktys, das heißt die Harmonie, in der die Sirenen sind«[136]. Für die Pythagoreer stellte die Tetraktys, die aus der Summe der ersten vier Zahlen sich ergebende, harmonische 10 (1+2+3+4), die vollkommene Zahl dar. Man nahm an, dass sie »die Quelle und Wurzel der ewig fließenden Natur in sich birgt«[137]. Der Nabel ist demnach das Maß aller Maße: Er ist die Grundlage aller Maße und deshalb selbst maßlos. Diese Maßlosigkeit erhält die Seienden aufrecht; sie schließt sie zwischen den Bändern des Maßes ein. Ohne Maßlosigkeit gäbe es kein Maß; diese Erfahrung macht der Mensch in den starken Augenblicken des sogenannten Gotteserlebnisses, des inneren Blitzes, der Entdeckung der Mitte. Diese Maßlosigkeit wuchert in allem, sie konfrontiert den Menschen mit allem, was ihn überragt, sie ist es, ohne die es gar nicht möglich wäre zu existieren.

Der Nabel ist die Erinnerung an die Geburt; aber durch die Knitterfalten scheint sich das Unmögliche hervorstülpen zu wollen.

Der Gesang der Sirenen

Es ist bezeichnend, dass Pythagoras auch die Sirenen erwähnt. Wenn auch sie im Nabel der Allheit leben, so bedeutet das, dass der Mensch, der dort ankommt, nicht nur die Mitte finden, sondern auch vom Erlebnis der Unbehaustheit übermannt wird. Die Sirenen sind die treuesten Dienerinnen Anankes. Die mythologische Vorstellung besagt, dass die Spindel der Göttin der Notwendigkeit sieben Scheiben im Kreise dreht, so dass mit der Spindel selbst acht Kreisbahnen entstehen. »Auf den Kreisen (...) säßen oben auf jeglichem eine mitumschwingende Sirene, eine Stimme von sich gebend, jede immer den nämlichen Ton, aus allen acht aber insgesamt klänge dann ein Wohllaut zusammen«[138]. Dem Gesang der Sirenen, das heißt der Harmonie der Sphären (der Musik der Planeten) kann man nicht widerstehen. Das Unmögliche selbst erklingt in ihrem Gesang, der mit bloßem Ohr gar nicht zu hören ist: Er strömt aus allem und durchdringt auch den Menschen. Diese Musik wäre nur dann zu hören, wenn man die Allheit verlassen könnte, wenn man aus dem Dasein herausgerissen würde und es von fern beobachten könnte — wenn er also vollständig ausgestoßen würde.

Ist es der Tod, der den Menschen in Gestalt der Sirenen in seinen Bann zieht? »Die Sirenen / Sitzen auf grasigen Auen und wollen mit tönenden Liedern / Zauber verbreiten; doch liegen daneben in Menge auf Haufen / Faulende Menschen, Knochen und schrumpfende Häute an ihnen«[139], mahnt Circe Odysseus. Zuweilen erscheinen sie als Dienerinnen Persephones, der Herrscherin der Unterwelt. In solchen Momenten ist ihr Lied ein Klagelied. Durch sie beweint sich das Dasein selbst. Wer im Heulen des Windes, in der Brandung, im Säuseln der Blätter, im Winseln der Tiere, im Weinen, im Knall der Steine, im Röcheln, im Lachen, im Seufzen, in den unbekannten Lauten, im Echo, im Fließen der Adern, im Sausen der angespannten Muskeln, im Pochen des Herzens, ja selbst in der Stille das Dröhnen ihres Liedes vernimmt, ist ihnen bereits zum Opfer gefallen. Der hat sich in den Nabel der Welt verirrt. Ahnungslos lässt er sich unter ihnen nieder und wartet, dass endlich irgendwo der Orakelspruch des Seins erklingt.

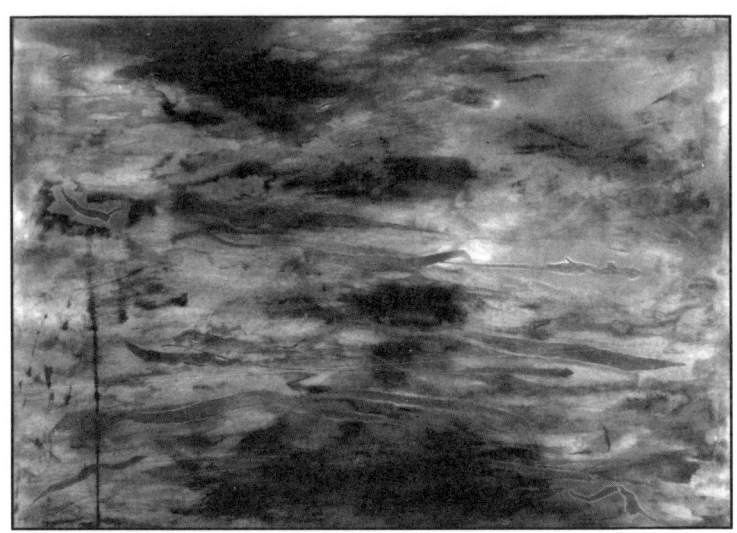

Abb. Wolfgang Ernst, Orpheus Fragment I.

Jeder Augenblick ist einmalig, unwiederholbar und privilegiert; nicht nur eine Fortsetzung der anderen, sondern auch ein Anfang: in ihm beginnt von neuem die Schöpfung, deren sichtbarster Ausdruck das Werden und Vergehen sind. Das Grenzenlose bezeichnet kein jenseits aller Grenzen seiendes Unendliche, sondern jenen beständigen, explosionsartigen Strudel, der jeden einzelnen Augenblick zu etwas Einzigartigem, Aufwühlendem, Unvergleichlichem machen kann und das oft ersehnte Innehalten des Augenblicks, die Versöhnung, verhindert. Der Mensch hat beim Überschreiten der Grenze deshalb das Gefühl, auch aus der Zeit herausgetreten zu sein, weil er plötzlich zum Gefangenen des Augenblicks wird. Die Grenzenlosigkeit des Anfangs macht ihn schwindeln. Während er die Erfahrung macht, am Anfang der Allheit angekommen zu sein, wird ihm die bedrückende Erkenntnis zuteil, dass die Erfüllung, nach der er sich stets gesehnt hat, nichts anderes als das vollständige Durchleben der Hoffnungslosigkeit eben dieser Erfüllung ist. Da zeigt sich, dass er, indem er dem Lockruf seiner inneren und ihm dennoch schrecklich fremden Stimme gefolgt ist, sich nach etwas gesehnt hat, wovor er eher hätte fliehen sollen: nach dem Erlebnis der Einmaligkeit seines Lebens, dem besonderen, wie ein Strudel schwindelnd machenden Genuss seiner eigenen Unwiederholbarkeit.

4. Die Grenze und das Grenzenlose

»Gott ist keine Grenze des Menschen, aber die Grenze des Menschen ist göttlich. Anders ausgedrückt: Im Erfahren seiner eigenen Grenzen wird der Mensch göttlich.«[140]

Georges Bataille

IXIONS RAD

Keine Gemeinschaft kann überleben ohne die Festlegung und Beachtung von Grenzen und Maßen. Die Religionen und vor allem die von ihnen abgeleiteten Ideologien, die Gemeinschaften zusammenhalten, gründen ihre Macht aber auf die Missachtung der Tatsache, dass Grenze und Maß ihrerseits auf etwas beruhen, das nicht begrenzt und auch nicht maßvoll ist. Und dennoch betreten in allen Mythologien Helden die Bühne, die Grenzen überschreiten und das Maß verlieren. Bezeichnenderweise kommt die Grenzüberschreitung in den meisten Fällen aber im Gewand abschreckender Verbrechen daher und manifestiert sich — zumal in Europa — als das Böse. Wer die Grenzen, die von den Göttern errichtet wurden, überschreitet, ist ein Bote Satans oder des Chaos.

Es muss aber nicht ein Zeichen des Bösen sein, wenn jemand die Grenzen überschreiten will; und auch nicht von Hybris, wenn er die Welt des Maßes verlassen will. Die Unbefriedigtheit, die den Menschen veranlasst, die Grenzen überschreiten zu wollen, ist gleichsam kosmisch und lässt sich psychologisch nicht deuten. Warum ist es dennoch alarmierend? Weil der Mensch sich von der Bürde seiner Schranken und Grenzen nur dadurch befreien kann, dass er eine neue Bürde auf sich nimmt: die Bürde des Schrankenlosen, des Grenzenlosen. Er erkennt sich im Unbekannten, im völlig Anderen wieder. Damit aber auch in jenem Unmöglichen, das ihn daran hindert, sich vertrauensvoll an irgendetwas festzuhalten.

Es ist lehrreich, sich die Figur des Ixion in Erinnerung zu rufen, der wie Sisyphos, Tantalos oder Prometheus ein bekanntes Beispiel für Unersättlichkeit und Maßlosigkeit ist. Wie diese ist auch Ixion ein Kind der ältesten Zeit; indem die wohlgeordnete, auf Maß gründende Welt des Zeus ihn bestraft, bändigt sie die Grenzen nicht kennende Leidenschaft. Der König des alten Volkes der Thessalier hatte Verbrechen auf Verbrechen gehäuft. Erst lockte er seinen eigenen Schwiegervater in eine Feuerfalle und beging damit das bis dahin unbekannte Verbrechen des Verwandtenmordes. Nach dem Mord waren weder die Menschen noch die Götter willens, ihn von seiner Schuld reinzuwaschen; Zeus jedoch bekam Mitleid mit dem von allen Verstoßenen und sprach ihn nicht nur von seiner Schuld frei, sondern lud ihn auch zu den Göttern ein und machte ihn unsterblich. Der Ankömmling missbrauchte jedoch seine Gastfreundschaft. Er begehrte Hera, die Frau des Zeus, »er war von Sinnen« vor Liebe zu ihr,[141] er bedeckte ihren Becher mit Küssen, fiel ihr schluchzend vor die Füße, buhlte um ihre Gunst. Zeus schuf daraufhin eine Wolke mit Heras Gestalt und schickte sie zu dem schlaflos sich in seinem Bett wälzenden Ixion. Der vom Sterblichen zum Unsterblichen gewordene ließ sich von der Ähnlichkeit täuschen: Er rief die Wolke in sein Bett, und diese gebar ihm dann den einsamen und unbeherrschten Kentauros, den Vater der Kentauren. Daraufhin belegte Zeus Ixion mit einer ewigwährenden Strafe: Er band ihn auf ein Feuerrad und schleuderte ihn ins Weltall hinaus, damit er dort — als Komet oder als Planet — für immer seine Bahnen ziehe.[142]

Die Lehre aus der Geschichte liegt scheinbar auf der Hand. »Es sehe ein jeder stets auf das ihm beschiedene Maß!«, sonst werde er der »Wildheit«, der Hybris zum Opfer fallen,[143] wie es Pindar ausdrückt. Für ihn bleibt auch unausgesprochen die auf Ordnung gründende Welt des Zeus maßgebend. Die Geschichte weist jedoch mehrere verräterische Momente auf. Etwa die Entsühnung des Verwandtenmordes. Seltsamerweise empfindet allein Zeus Mitleid für den von allen verstoßenen und wahnsinnig gewordenen Täter, wofür ihn sogar die Furien verurteilen. Es ist nicht auszuschließen, dass Ixions schreckliche Tat Zeus an seine eigene Vergangenheit erinnert, als auch er — der eine Reihe früherer Verwandtenmorde mit Glück überlebt hat — wie ein Besessener der Maßlosigkeit seine Widersacher in fast tollwütiger Weise niedermetzelte. Der zweite verräterische Moment ist die Schaffung der Wolken-Hera. Viele meinen, dass Zeus damit seinen Gast auf die Probe stellen wollte. Aber konnte er als allwissender Gott nicht ohnehin sehen, was in Ixion vor sich ging? Und er durfte — als Meister der Verwandlungen — auch geahnt haben, dass Ixion, Anschein hin oder her, dennoch Hera in seinen Armen wusste, als er der Wolke beischlief — was hätte ihm sonst Wollust und Wonne bereitet? Der einzige Zweck der List bestand darin, dass Hera dem Mann nicht beischlafen musste. Insgeheim scheint Zeus aber ein Komplice Ixions zu sein. Lukian stellt ihn, der statt den Zorn der entrüsteten Hera zu teilen, Ixion zu verteidigen sucht, sogar auf die Seite des Sterblichen: »Wahrlich, es ist ihnen [den Irdischen] zu verzeihen, wenn sie bei einem Wein wie der unsrige und über dem Anschauen himmlischer Schönheiten, dergleichen ihnen auf der Erde nie vorgekommen sind, vor Liebe den Verstand verlieren und ihrer zu genießen begehren. Denn Amor ist ein gewalttätiger Tyrann, der nicht nur über die Menschen, sondern zuweilen über uns Götter selbst den Meister spielt.«[144]

Ixion scheint Zeus an die Zeit zu erinnern, als überall noch Maßlosigkeit herrschte und auch er sich genötigt sah, die Allheit maßlos zu peinigen und ihr Gewalt anzutun, damit sie zu einem wohlgeordneten Kosmos wurde. Von allen Göttern wusste Zeus am besten, dass die Welt des Maßes von Maßlosigkeit umgeben war. Als höchster Gott erinnerte er sich, dass in der Grenze auch die Grenzenlosigkeit lauerte, ja dass der Kosmos zwar vom

Chaos abgegrenzt wurde, das Chaos deswegen aber nicht für immer aufgehört hatte zu existieren.[145] Zeus erkannte in dem Sterblichen wohl sein eigenes dunkleres Ich. Der Schrecken, der in Ixion erwacht und die geordnete Welt bedroht, lauert nicht irgendwo draußen, sondern ist ein Teil eben dieser Welt. Ixions Strafe suggeriert, dass es für die Aufrechterhaltung der Ordnung auch notwendig sein kann, manche zu rädern und wieder andere in Gestalt des Verhängnisses zu bedrohen. Nur auf solch gewaltsame Weise lassen sich der Allheit die Fesseln der Grenze aufzwingen.*

Ist das Ordnen des Daseins — die Verwandlung des Chaos in Kosmos — folglich die höchste Strafe, die sich überhaupt vorstellen lässt?

In den Fesseln der Grenze

Wer die festgelegten Grenzen überschreitet, wird von Zeus verbannt. Ixion gelangte zunächst ins unendliche Weltall und von dort in die Unterwelt, von wo kein Weg in die Welt des Maßes zurückführt. Er wurde zu einer der abschreckendsten Gestalten der griechischen Mythologie. Als hätte in ihm der Schrecken selbst Gestalt angenommen. Das ist auch der Grund, warum die Welt des Maßes beschützt werden muss: Durch das Grenzenlose droht eine Maßlosigkeit, die auf nichts Rücksicht nimmt.** Zeus ver-

---

* Der Mensch wird beim Rädern in Form eines Kreuzes auf das Rad gebunden. Diese Kreuzesform (X) ist für Platon der erste Zustand der Weltseele und die Voraussetzung der zu bildenden Weltkugel (Timaios, 36b–c). Das daraus entstehende Leben unterliegt aber seinerseits der Notwendigkeit des Kreisens. Aristoteles verglich die Notwendigkeit des Lebens zu Recht mit dem Rad, auf das der Mensch gebunden wird, um gefoltert zu werden, und assoziierte die ewigwährende, regelmäßige Bewegung nicht nur mit der Vollkommenheit, sondern auch mit dem Schicksal Ixions (Über den Himmel (De Caelo) 284 a–b).

** Es lohnt sich aber, sich in Erinnerung zu rufen, was Nietzsche gerade bezüglich der Welt des Zeus schreibt: »Das Maß, unter dessen Joch sich die

traute die Bewachung des Olymps den drei Horen an; ihre Aufgabe war »das Öffnen wie auch das Schließen des dicken Gewölkes«[148], das alles bedeckte. Über ihre Herkunft, ihr Leben ist wenig bekannt: Die Wächter des Maßes sind unbekannt. Sie sind Verkörperungen der Ordnung; dennoch sind sie schwebend, unerreichbar. Da sie über den geregelten Kreislauf der Jahreszeiten und generell über den Rhythmus des Lebens wachen, stehen sie selbst außerhalb dieses Rhythmus und dieses Kreislaufs. Nicht einmal ihre Namen sind mit Sicherheit verbürgt. Laut Platon bedeutet ihr Name: Grenze.[149] Laut Hesiod heißen sie ›Gesetzliche Ordnung‹ (eunomia), ›Friede‹ (eirene) und ›Gerechte Belohnung‹ (dike).[150]

Der Name Dike macht erneut auf die untrennbar mit dem Dasein verbundene Notwendigkeit aufmerksam. Platon schreibt dazu: »Der Gott, der wie auch das alte Wort besagt, Anfang und Ende und die Mitte alles dessen, was ist, in Händen hat, geht auf geradem Weg zum Ziel, in dem er der Natur gemäß kreisend seine Bahn zieht; und ihm folgt dabei stets die Gerechtigkeit (dike) nach als Rächerin für diejenigen, die hinter dem göttlichen Gesetz zurückbleiben. An diese schließt sich an, wer glücklich sein will, und folgt ihr in Demut und Bescheidenheit; wer sich aber in stolzem Dünkel erhebt, weil er stolz auf Reichtum ist oder auf Ehren oder auf körperliche Wohlgestalt verbunden mit Jugend und Unver-

---

neue Götterwelt des Zeus — im Gegensatz zu einer gestürzten Titanenwelt — beugte, war das der Schönheit: die Grenze, die der Grieche innezuhalten hatte, war die des schönen Scheins. Der innerste Zweck einer auf den Schein und das Maß hingewendeten Cultur kann ja nur die Verschleierung der Wahrheit sein: dem unermüdlichen Forscher im Dienste der Wahrheit wurde ebenso wie dem übermächtigen Titanen das warnende ›méden agan‹ [μηδεν αγαν] gerufen« (Nietzsche, Die Geburt des tragischen Gedankens, I, S. 593). Was Nietzsche unter Wahrheit versteht, kommt bezeichnenderweise in dem ekstatischen Schrei zum Ausdruck, der auf dem dionysischen Fest erklingt, »in dem das ganze Übermaß der Natur in Lust und Leid und Erkenntnis zugleich sich offenbarte. Alles was bis jetzt als Grenze, als Maßbestimmung galt, erwies sich hier als ein künstlicher Schein: das ›Übermaß‹ enthüllte sich als Wahrheit.« (Nietzsche, ebenda, I, S. 593f.).

nunft, und so in seiner Seele in Übermut entbrennt, als bedürfe er weder Herrschers noch eines Führers, sondern als sei er sogar imstande, andere zu führen, der bleibt, von Gott verlassen, allein zurück (...) bringt (...) alles in Verwirrung (...) das Ähnliche dem Ähnlichen, wenn es Maß hält, lieb ist, das Maßlose aber weder untereinander noch dem Maßvollen. Die Gottheit dürfte nun für uns am ehesten das Maß aller Dinge sein«[151]. Die Grenze wird demnach von Wesen bewacht, die ihrerseits grenzenlos sind. Und wer »in stolzem Dünkel« nach Grenzenlosigkeit strebt, will letztlich an einer Freiheit teilhaben, die nur den Göttern zusteht. Ein Philolaos zugeschriebenes Fragment lautet: »Die Menschen sind nur ein Stück des Götterbesitzes«[152]; es ist aber nicht auszuschließen, dass das Fragment ursprünglich so lautete: »Gott hält alles wie in einem Gefängnis umschlossen«[153]. Der Mensch ist ein Gefangener der Götter. Bei Parmenides tritt »die vielstrafende« Dike bereits ausdrücklich als *Gefängniswärterin* auf:[154] »Weder zum Werden noch zum Vergehen [gibt] die Rechtsgottheit (dike) das Sein frei (...), es in den Fesseln lockernd, sondern sie hält es fest«[155]. Sie erfüllt die gleiche Aufgabe wie Ananke, die Göttin der Notwendigkeit, die das Sein ihrerseits »in den Banden der Grenze«[156] hält und sogar den Himmel geknebelt hat, um »die Grenzen der Gestirne zu halten«[157]. Es ist kein Zufall, dass Dike und Ananke in den Mithras-Mysterien gemeinsam angerufen wurden:[158] Sie halten alles, was ist, in ihren Fesseln, selbst die Götter sind ihnen ausgeliefert.

Die Horen wachen über die Grenze und das Maß, ohne die das Dasein unvorstellbar wäre. Sie selbst stehen jenseits von Grenze und Maß; in ihnen manifestieren sich Grenzenlosigkeit und Maßlosigkeit. Sie wachen zwar über das Dasein, bleiben selbst aber unbegreiflich: Man kann sie im Grunde nicht einmal als Seiende bezeichnen.

Der bedrückende Mangel

»Die Notwendigkeit verknüpft unser Sein«[159], schreibt Platon in seinem Dialog »Theaitetos« und verwendet dabei den Ausdruck »he ananke«. Der Mensch ist schon durch seine bloße Existenz der Welt des Maßes, der Grenze, der Ordnung ausgeliefert. Solange das Dasein vertrauenseinflößend ist, erscheint das auch natürlich und selbstverständlich. Aber schon ein einziger Moment der Erschütterung genügt, um den Menschen spüren zu lassen, dass er gerade dessen am wenigsten Herr ist, was der höchste Beweis seiner Existenz ist, nämlich seines Lebens. Er hat nicht um sein Leben gebeten und hat es dennoch erhalten; und auch als er es verliert, hat er kein Wort mitzureden. In den Augenblicken der Erschütterung zeigt sich, dass die Welt des Maßes ein Gefängnis ist und dass der Mensch als Insasse dieses Gefängnisses ein Gefangener dessen ist, der das Dasein als Ganzes überragt: Dikes, Anankes, also der Grenzenlosigkeit und der Maßlosigkeit. Um das ganze Gewicht seines Seins ermessen zu können, muss auch der Mensch grenzenlos und maßlos werden; die Gefangenschaft wird paradoxerweise gerade durch das Unerträgliche erträglich. Indem der Mensch aus den Fesseln der Grenzen heraustritt, findet er sich im Grenzenlosen wieder; und obwohl in diesem Moment alles sein Gewicht verliert, fühlt er sich dennoch nicht gewichtslos. Trotz der allumfassenden Negation erfüllt ihn ein unendliches »Ja«. In diesem »Ja« manifestiert sich das Grenzenlose. Im Augenblick der Grenzüberschreitung wird dem Menschen klar, dass er sein Leben nicht den Grenzen und den Maßen, sondern einem alles überragenden Ungreifbaren verdankt. Er ist in diesen Augenblicken genauso unerreichbar und grenzenlos wie jeder vermeintliche Gott. Ihn beseelt die Zwietracht, das Paradox, das, was Heraklit als Krieg und Jakob Böhme als die allgegenwärtige Hölle bezeichnet. Obwohl sein Wesen bei der Grenzüberschreitung sich mit Todesleidenschaft zu füllen beginnt, bejaht er dennoch nicht den Tod, sondern jenes Ungreifbare und kaum Erträgliche, das

Leben und Tod gleichermaßen überragt: das Sein, das sich aus der Negation nährt.

Die Tiefe des Logos

»Der Seele Grenzen kannst du im Gehen nicht ausfindig machen, und ob du jegliche Straße abschrittest: so tiefen Sinn (logos) hat sie«[160], schreibt Heraklit. Unerforschlich ist die Seele wegen des ihr innewohnenden Logos. Die Seele ist unfassbar, allerdings nicht infolge ihrer unermesslichen Größe oder Tiefe, sondern infolge ihrer Grenzenlosigkeit: Als begrenzte Grenzenlosigkeit ist sie gleichzeitig außer sich und in sich. »Der Seele ist der Sinn (logos) eigen, der sich selbst mehrt«[161], sagt Heraklit in einem anderen Fragment. Der Logos ist »Eigentum« der Seele und innerhalb ihrer; derselbe Logos ist aber so weit und grenzenlos, dass er als Unendliches die Seele auch von außen umfängt. Infolge dieser ständigen, magischen Verschiebung der Perspektive bleibt die Seele unerreichbar: Mal ist sie im Logos, mal ist der Logos in ihr, je nachdem welcher von ihnen Gefahr läuft, in Grenzen eingeschlossen zu werden. Nähert sich der Logos der Seele, wird er ungreifbar, ohne ihn ist aber auch die Seele nicht zu erkennen; nähert sich dagegen die Seele dem Logos, wirkt sie unendlich fern, ohne sie kann es jedoch gar kein Wissen geben. »Mit dem Sinn [logos] (...) sie doch am meisten beständig verkehren«[162], schreibt Heraklit über die Menschen: Sie begegnen ihm zwar täglich, und doch scheint er ihnen fremd zu sein. Die Seele kann den Logos nicht fassen, da er ihr auch selbst innewohnt; das zu Bestimmende ist identisch mit dem Bestimmenden.

Da umgekehrt auch die Seele »Eigentum« des Logos ist, wird auch ihr, wenn sie sich in ihm wiedererkennt, das Erlebnis der Grenzenlosigkeit zuteil. »Dem Sinne [logos] gemäß sei alles eins«[163], sagt Heraklit; indem er die Grenzen überschreitet, zerfällt der Mensch nicht, im Gegenteil er wird gesammelt, und seine auseinanderstrebenden, bis dahin nicht miteinander zu vereinbarenden Wünsche, Absichten, Gedanken und Instinkte verdichten sich und werden eins. Einerseits tritt er aus der Welt heraus und wendet sich von ihr ab; andererseits scheint aber auch die Welt gerade in diesen Momenten der Welt ähnlich zu werden. Peter Sloterdijk hat darauf aufmerksam gemacht, dass die Anfänge der sogenannten »Psychologie« in der »Akosmologie« zu suchen sind, und assoziiert das mit Platon: »Die maßgeblichen Aussagen über das, was die Seele eigentlich sei, werden seither auf einer via negativa durch das Wegdenken der Welt von ihr und durch die Tilgung der sinnlichen Weltspuren in ihr gewonnen. Seele ist Sein minus Teilhabe am hinderlichen Kosmos«[164]. Das Verhältnis von Seele und Logos bei Heraklit mahnt uns jedoch, dass der europäischen Kultur auch eine andere — zugegebenermaßen bis heute in den Hintergrund gedrängte — Strömung innewohnt: Demnach findet die Seele nicht in Opposition zur Welt zu sich, sondern im Gegenteil indem sie die Welt gleichsam »einverleibt«. Voraussetzung dessen ist die Entdeckung eines gemeinsamen Nenners von Seele und Welt. Dieser gemeinsame Nenner ist der Logos. Der Logos dehnt die »Seele« ins Weltliche aus und verhindert umgekehrt, dass die »Welt« zur leblosen Materie reduziert wird. In den Momenten, in denen der Mensch vom Logos berührt wird (die man sogar als Gotteserlebnis bezeichnen könnte), werden die Unterschiede, die es in der unermesslichen Vielfalt der Seienden gibt, plötzlich verschwindend gering, wichtiger wird statt dessen die Erkenntnis ihres Einsseins — die Wahrnehmung, dass sie gerade darin identisch sind, dass sie sind. Da öffnet sich der »Weg« zum Sein, ein Weg, den Heraklit auch mit den Wegen assoziiert, die zu den Grenzen der Seele führen.

Die Grenzüberschreitung ist ein Aufbruch ins Unfassbare. Alles, was ist, ist begrenzt und endlich; aber indem es ist, hat es auch teil am grenzlosen Sein. Das Ist ist schwanger mit dem Ist-Nicht, das Dasein mit dem Nichtsein: Sie reiben sich aneinander ab und verschleißen einander und sorgen dabei für das Entstehen und Vergehen der Seienden. Sie dienen dem Sein wie ein gewaltiger Strudel, der als grenzenloses Eines alles in sich aufsaugt. Nicht umsonst bezeichneten die Pythagoreer das Eine auch als Chaos, ein Wort, das sich etymologisch von den Verben »weit offen stehen«, »gähnen« ableitet. Im Augenblick der Grenzüberschreitung ist der Mensch nicht mehr in der Lage zu entscheiden, ob er noch geht oder ob er bereits von etwas verschlungen wird.

Die Grenzenlosigkeit des Anfangs

Indem der Mensch die Grenze überschreitet, nähert er sich selbst; er hat das Gefühl, als ob sich ihm der Anfang und das Endziel von allem erschließen würde. Der Anfang ist logischerweise grenzenlos, sonst könnte auch jenseits von ihm etwas beginnen. Da Grenzenlosigkeit aber nicht nur Größe, sondern auch Kraft bedeutet, überragt der Anfang auch das, was nach ihm kommt. Das Grenzenlose ist nicht nur der Anfang, sondern auch der Herr der Allheit; ›arche‹ bedeutete auf Griechisch sowohl Anfang als auch Herr, Gebieter.

Was ist der Anfang? Die Vorsokratiker führten alles auf jeweils ein einziges Element zurück: Anaximenes auf die Luft, Heraklit auf das Feuer, Thales auf das Wasser. Dass es sich dabei aber nicht nur um Elemente im streng physischen Sinn handelt, belegt die ursprüngliche Bedeutung des Wortes Natur (physis). Die Vorsokratiker setzten die Natur mit dem allumfassenden Sein an sich gleich,[165] welches auch die materiell verstandene Natur überragt. Xenophanes' Schrift »Über die Natur« (Περὶ φύσεως) handelt vor allem vom unbegreiflichen Sein und vom unsichtbaren Gott. Für Anaximenes ist die Luft göttlich, damit möchte er die Unendlichkeit des Anfangs betonen.[166] Und auch wenn Thales vom Wasser spricht, will er in Wirklichkeit auf die vermeintlich göttliche Einheit des Seins aufmerksam machen. Er will durch die Nennung eines einzigen Elements auf »den Gesamtklang der Welt«[167] verweisen — um ein Frühwerk Nietzsches zu zitieren —, und obwohl er nur das Wasser erwähnt, hat er nicht nur das im Sinn, denn das, was er ausführen will, lässt sich »direkt nur durch die Gebärde und die Musik verkünden«[168]. Und auch für Heraklit besteht die wichtigste Eigenschaft der Natur nicht in ihrer Messbarkeit, Greifbarkeit oder Wahrnehmbarkeit, sondern in ihrer Wahrheit und Weisheit, die sich in allem manifestieren, als unfassbares Eines sich allem aber auch entziehen.[169] Das Urelement, der Anfang des Allheit, ist demnach etwas, das die sichtbare und begehbare, das heißt in Grenzen einschließbare Natur so überragt wie das Sein das Dasein:* Durch seine Grenzenlosigkeit sorgt es dafür, dass Grenzen entstehen können.

Hinter der unbestreitbaren Einfachheit der Worte, die sich auf das Urelement beziehen, verbirgt sich die paradoxe Erfahrung des Eins-seins des Seins. Das kommt am besten in der vieldiskutierten Aussage Anaximanders zum Ausdruck. Dieser bezeichnet nämlich das Grenzenlose selbst als das Urelement: »Anfang und Ursprung der seienden Dinge ist das Apeiron«[171]. Indem er den Begriff ἄπειρον (apeiron) einführt, schließt Anaximander die Möglichkeit eines Missverständnisses, wie es im Falle des Wassers, des Feuers oder der Luft noch bestanden hatte, aus: Dieses »Element« ist durch keine Berechnung, keine Messung, kein Experiment zu erfassen, denn es umschließt alles.[172] ›Apeiron‹ bedeutet: grenzenlos, unendlich. Es schließt jede Gegenständlichkeit von vornherein aus. Mit den Worten Karl Kerényis: Anaximander »wählte die unerschöpfliche Fülle der Potenzen als sein Urelement, ohne jegliche stoffliche Form, von einem rein negativen Gesichtspunkt betrach-

---

* Platon schreibt in seinem Dialog »Theaitetos«: »Die ersten gleichsam Urbestandteile, aus denen wir sowohl, als alles übrige zusammengesetzt sind, ließen keine Erklärung zu; sondern man könne nur jedes von ihnen an und für sich bezeichnen, nicht aber irgend etwas anderes davon aussagen, weder dass sie seien, noch dass sie nicht seien; denn alsdann würde ihnen doch ein Sein oder Nichtsein schon beigelegt, man dürfe ihnen aber nichts weiter zusetzen, wenn man doch sie allein aussagen wolle« (Theaitetos 201e–202a).

tet, als das ›Grenzenlose‹ schlechthin, das völlig originäre Unbestimmbare — das Apeiron«[173]. Als Grundlage des Wortes dient das mit einem privativen Affix versehene ›peras‹, das in erster Linie Grenze bedeutet. Dass die letzte Grenze selbst aber nicht in Grenzen eingeschlossen werden, das heißt die letzte Determinante nicht determiniert werden kann, zeigt sich am Stamm per- bzw. peri-, der die Grundlage von ›peras‹ bildet: Er steht nicht mit »abschließen«, sondern im Gegenteil mit »etwas überschreiten« im Zusammenhang. Die Grenze ist zwar ein Teil dessen, was begrenzt, aber sie steht auch in Verbindung mit dem, was jenseits von ihr ist; sie trennt und verbindet zugleich (das englische Wort ›ferry‹, das auf den Stamm per- zurückgeht, bedeutet Fähre). Die Grenze ist (trennt, verbindet) und ist auch wieder nicht (es ist unmöglich, auf der Grenze selbst zu stehen: Entweder man ist noch diesseits oder man ist schon jenseits). Grenze bedeutet Grenzverkehr. Sie bedeutet nicht nur »etwas abschließen«, sondern auch »etwas ausspähen«, also »etwas kennenlernen« (vom Stamm per- leiten sich das griechische ›empiria‹ und das lateinische ›experientia‹ ab). Die Grenze bestimmt; sie ist, so Aristoteles, sowohl das »Äußerste« von etwas als auch, »wo es auf Größe geht, die Form derselben« und darüber hinaus das »Ziel«, »das Worumwillen«, »das Wesen« und »das Sosein« — die stellten nämlich die Grenze des Erkennens dar, und wenn des Erkennens, so auch des Dinges.[174]

»παντὸς πάντα περῶντα«,[175] sagt Parmenides: In der Allheit durchdringt alles alles (peiran bedeutet Wagnis, Angriff, peirates Pirat). Die Grenze macht sich überall bemerkbar (die Seienden unterscheiden sich dadurch, dass sie sich voneinander abgrenzen), sie verschwindet aber auch überall: Sie lässt sich unendlich weit »schieben«, nach außen oder nach innen. Die Allheit ist deshalb die Allheit, weil außer ihr nichts ist, ihr nirgends Grenzen gesetzt werden können, sie also grenzenlos ist: Sie ist sich selbst die letzte Grenze, das heißt, ihre einzige »Grenze« ist das Grenzenlose selbst, das in allem zum Vorschein kommen kann. Sie überragt alles, sie ist also der Anfang. Sie sorgt dafür, dass jedes begrenzte

Seiende mit dem Grenzenlosen in Berührung kommt (was auch immer in Grenzen eingeschlossen wird, jenseits von ihm beginnt die grenzenlose Allheit), ja sich mit dem Grenzenlosen auflädt. Das Apeiron steht nicht für das Unendliche jenseits der Grenzen, sondern für jenen fortwährenden, explosionsartigen Strudel, der jeden einzelnen Augenblick in etwas Außerordentliches, Aufrührendes verwandeln kann. Das Apeiron mahnt uns an die ständige Gefahr der Entäußerung des begrenzten Daseins. Jeder Augenblick ist einmalig und besonders, nicht nur eine Fortsetzung vorheriger Augenblicke, sondern auch ein Anfang. Deshalb hat man bei der Grenzüberschreitung das Gefühl, vom Schwindel erfasst zu werden und der Grenzenlosigkeit des Anfangs anheimzufallen. Da wird einem das seltsame, strudelartige Erlebnis der Einmaligkeit seines Lebens, seiner eigenen Unwiederholbarkeit zuteil.

Das, was unerschöpflich ist

Eine der Voraussetzungen menschlicher Gemeinschaften besteht darin, dass man sich dem Maß verpflichtet, die Grenzen achtet. Grenzüberschreitung ist in jeder Hinsicht »gemeinschaftsfeindlich«. Menschliches Zusammenleben ohne irgendein System ist unvorstellbar. Ein solches System ist freilich nicht von vornherein despotisch. Despotisch wird es erst, wenn eine Gemeinschaft oder Gesellschaft sich weigert anzuerkennen, dass ihre unentbehrliche Organisation letzlich genauso zwecklos ist wie das Leben selbst; dass früher oder später auch sie wie eine blühende Pflanze dazu verurteilt ist, zu verwelken und zu verfallen. Wie das Beispiel zahlreicher alter und außereuropäischer Kulturen zeigt, gelingt es Gemeinschaften, die sich nicht um jeden Preis vom Kosmos absondern wollen (in ihm nicht einen Gegenstand der »Forschung« oder der Unterjochung sehen), sondern sich in dessen Ordnung einfügen, auch die aufrührende und tragische Erfahrung der Grenzüberschreitung in sich zu integrieren — denken wir nur an die in den unterschiedlichsten Kulturen gleichermaßen unentbehrliche Rolle des Opfers, der Verschwendung, der Verehrung eines widersprüchlichen Sakraments, der Einstellung zum Tod oder auch der Tragödie als eine Gemeinschaft bildende Kunst. Eine Gemeinschaft, die das versäumt, muss die Grenzüberschreitung dagegen als Verbrechen abstempeln, ein Zeichen der Verblendung darin erblicken.

Wenn man das Dasein auf das beschränkt, was greifbar, begreifbar, denkbar, vorstellbar oder bestimmbar ist, dann gibt es das Grenzenlose in der Tat nicht. Dann ist höchstens das als grenzenlos zu bezeichnen, was noch nicht begrenzt ist. Aber sind Begrenzung und Bestimmbarkeit wirklich das Letzte, was über das Dasein gesagt werden kann? Und wenn es jenseits der letzten Grenze wirklich nichts gibt, nistet sich dieses Nichts dann nicht wie ein Parasit auch im begrenzten Dasein ein und pflanzt darin seinen eigenen Mangel ein? Gerade weil »alles alles durchdringt«, ist das Grenzenlose keine Unendlichkeit der Tiefe, der Höhe, der Größe, des Gewichts oder der Entfernung, sondern der Unerschöpflichkeit. Das verleiht allem, was ist, in den Augenblicken des Gotteserlebnisses, des Blitzes, der Annäherung an die Mitte ein seltsames, blendendes Leuchten. Erst durch das Grenzenlose manifestiert sich das, was die begrenzten Seienden aufrechterhält; und wenn der Gedanke das Unendliche nicht aufnehmen kann, dann ist das kein Hinweis auf die Unvollkommenheit des Unendlichen, wie von Aristoteles behauptet,* sondern darauf, dass sich sogar das Denkbare aus dem Undenkbaren herauskristallisiert hat.

---

*   Aristoteles stellt das Unendliche als Negativität dar, als etwas, zu dem man immer noch etwas anderes hinzufügen kann, und das deshalb niemals als vollständig, als ganz bezeichnet werden kann. Deshalb ist für Aristoteles die Überzeugung der Vorsokratiker, wonach das Grenzenlose, das Apeiron, allumfassend ist und darüber hinaus nichts anderes existiert, unhaltbar. Seines Erachtens stellt das Unendliche gerade dessen Gegenteil dar: etwas, jenseits dessen immer noch etwas anderes existiert. Aber etwas, dem man immer noch etwas anderes anfügen kann, kann nicht ganz sein. Denn: »Unendlich

Noch einmal das Gotteserlebnis

Das Grenzenlose ist nicht jenseits der Grenzen, sondern in ihnen. Selbst der Versuch der Grenzüberschreitung wird dem Menschen vom Grenzenlosen ermöglicht. Nicht aus Hybris, nicht aus Neugierde, nicht aus Abenteuerlust, sondern um sich dem zu nähern, dem er wie alles Seiende sein Sein verdankt. Bei der Grenzüberschreitung zeigt sich, dass er in Wirklichkeit gar nicht aus eigenem Antrieb so gehandelt, sondern einem Ruf gehorcht hat, den er erst dann vernahm, als er bereits den ersten Schritt machte. Um über diesen Ruf später etwas sagen zu können, spricht er von »Gott«. Die magische Fähigkeit, in jemanden einzukehren und ihn sich selbst zu entfremden, ist ausschließlich einem übermenschlichen Wesen zuzutrauen. Was unendlich ist, galt immer schon als göttlich. Wie Thales, der erste griechische Philosoph, sagte: »Göttlich ist, was weder Anfang noch Ende hat«[177]. Deshalb glaubt der Mensch gewöhnlich, wenn er von der Grenzüberschreitung spricht, dass er eines Gotteserlebnisses teilhaftig geworden ist: Wenn der Gott erscheinen will, gibt es nichts, was ihm Grenzen auferlegen könnte. Als Philon im 1. Jahrhundert Abrahams Gottesvision erörterte, nahm er sogar die Sprachwissenschaft zu Hilfe, um die Grenzenlosigkeit des Erlebnisses zu veranschaulichen: Er

---

also ist das, das hinsichtlich seiner Quantität nie so erfasst werden kann, dass es nicht noch Weiteres außer sich hätte. Dasjenige hingegen, das nichts außer sich hat, heißt das Vollständige und das Ganze. Dies ist ja die Definition des Ganzen: dasjenige, an dem nichts fehlt. (...) Was hingegen etwas außer sich hat, das ihm fehlt, ist kein Ganzes. (...) Totalität und Vollständigkeit sind entweder völlig miteinander identisch oder doch wesensverwandt miteinander. Was vollständig ist, hat stets einen Abschluss, Abschluss aber heißt Grenze.« (Physik, III, 4, 206b) Diese Deutung des Grenzenlosen unterscheidet sich radikal von jener der Vorsokratiker. Während das Unendliche für die Vorsokratiker jene Kraft darstellt, die das Einssein der Allheit sichert, bedeutet die Allheit für Aristoteles die Summe der technisch greifbaren Dinge, deren Zahl endlich ist. Eine so gedeutete Allheit ist aber eine — um sich eines modernen Ausdrucks zu bedienen — entzauberte Allheit.

führt das Attribut »Hebräer«, das neben Abrahams Namen steht (1 Mo 14,13), auf die Wurzel ›br‹ zurück, die mit »weggehen«, »etwas durchdringen« im Zusammenhang steht. Deshalb übersetzt Philon »Hebräer« als perates,[178] was wörtlich »der, der durch etwas durchdringt« (peirates = Pirat) bedeutet.[179] Abraham ist der erste Hebräer, der erste Seher – der erste Grenzüberschreiter.

Der Gott, der dem Grenzüberschreiter erscheint, bringt jedoch keine Ruhe. Auch Abraham befällt ein »Schrecken und große Finsternis«, als er beim Sonnenuntergang von Gott überrascht wird (1 Mo 15,12). Im Moment des Gotteserlebnisses bricht das Grenzenlose in das Leben ein, etwas, das den Menschen außer sich geraten lässt. Nicht im »Nichts« jenseits des Daseins lauert das Grenzenlose, es ist vielmehr selbst das ins Dasein entlassene Nichts; es ist nicht der von den Gnostikern angenommene Gott, der jenseits des Seins ist und alles, was ist, von außen regiert, sondern ein Strudel, der das Dasein ständig und jederzeit außer sich geraten lassen kann. Wenn der Mensch sich diesem Paradox entziehen könnte, erwartete ihn nicht die Ruhe, sondern das Nichtsein. Dieses ließe sich aber, da es nicht einmal die Möglichkeit hätte, sich zu manifestieren, nicht einmal mehr als grenzenlos bezeichnen.

Das Unmögliche

Wohin führt der Weg, wenn man die Grenzen überschreitet? Vermutlich ins Grenzenlose. Aber ist das, was maßlos ist, auch grenzenlos? Ließe es sich vielleicht sogar als Paradox bezeichnen? Entkleidet das, wohin der Mensch übertritt, nicht alles seines Selbst, einschließlich der Benennungen? Schimmert in dem, was ihn dort erwartet, nicht das UNMÖGLICHE durch? Ist »grenzenlos« nicht nur ein ungeschickter, sprachlicher Ausdruck für das, was in Wahrheit nicht einmal als grenzenlos zu bezeichnen ist? Und kann man überhaupt das Pronomen »das« verwenden, wenn sich das andeutet, was nicht nur den Gebrauch der Sprache ermöglicht, sondern auch ihre Grenzen bestimmt? Manifestiert sich da nicht etwas, von dem nicht einmal gesagt werden kann »das«, sondern nur DAS, WAS NICHT DAS IST? Und müsste die Sprache bei dieser Ahnung nicht verstummen?

Abb. Die Tetrarchen, Venedig.

Das Chaos wird in jenem widersprüchlichen Augenblick Herr über den Menschen, in dem er sich gleichzeitig als ein zeitloses, besonderes, sein Leben als ein Wunder erlebendes Wesen und als ein an die Zeit gefesselter Sterblicher, der dieses Wunder nur durch das Erlebnis seiner eigenen Vergänglichkeit zu genießen vermag, fühlt. In diesen Momenten offenbart sich ihm das unverhüllte Sein: er fühlt sich gleichermaßen als ein allem überlegenes, einzigartiges Wesen, in dem das ganze Dasein sich verdichtet hat, und als ein Unterworfener, der der Willkür des Anfangs, des Seins ausgeliefert ist, und dessen Leben der personifizierte Zufall ist. So wird die Allheit zum Spiegelbild der Einmaligkeit seines Lebens; und die Ganzheit des Alles ist nicht mehr zu unterscheiden von der Fragmentiertheit, die in der Einmaligkeit zutage tritt. Das Fragment ist ganz, denn es ist einmalig, einzigartig, nicht austauschbar und nicht ersetzbar — es gibt ja nichts anderes als das Fragment. Dennoch bleibt es bloß ein Fragment, etwas mit einer Scharte Behaftetes. Es lässt sich nicht vollenden, nirgends einbauen, es ist ein für allemal um seines Selbst willen da. Wie eine Glasscherbe, die so scharf ist, dass man sie nicht in die Hand nehmen kann, in der aber das ganze Dasein wie in einem Zauberspiegel erstrahlt — einschließlich der Scherbe selbst, die sich immer wieder in sich selbst widerspiegelt, sich dabei immer mehr verflüchtigend.

5. Das gähnende Chaos

»(...) that there was Deluge once, seemes not to mee so great a miracle, as that there is not one alwayes«[180]
Sir Thomas Browne

Der Rachen

Im Alten Testament ist folgende Geschichte zu lesen: Am zwölften Tage des zehnten Monats im zehnten Jahr forderte der Herr den Menschensohn, den Priester Ezechiel, auf, seinen Blick auf den Pharaonen, den König Ägyptens, zu richten und folgendes gegen ihn zu prophezeien: »Siehe, ich will an dich, Pharao, König von Ägypten, du großes Seeungeheuer (Krokodil), das inmitten seiner Ströme liegt, das da sagt: ›Mein Strom gehört mir, und ich selbst habe ihn mir gemacht‹« (Ez 29,3). Das *Krokodil* war ein »Rohrstab« dem Hause Israel geworden, daher wäre sein Tod eine Erlösung. Nach Ansicht des »Physiologus«, eines im 2. Jahrhundert zusammengestellten, erstaunlich kühnen, naturkundlichen Werkes, bedeutet der Tod des Krokodils den Sieg des Erlösers Christus über Satan.

Um das Krokodil zu besiegen, bedarf es aber nicht nur der Kraft. Es bedarf auch der Schlauheit — und zwar der Schlauheit Ichneumons, der Pharaonenkatze (Herpestes ichneumon); wenn Ichneumon auf ein Krokodil trifft, so der »Physiologus«, »geht es hin und beschmiert sich mit Lehm, und mit dem Schwanze schützt es seine Nase«, bis es seinen Gegner getötet hat (26). Aber wie tötet es ihn? Oppian, der Verfasser einer aus dem 3. Jahrhundert überlieferten Dichtung über die Jagd, gibt folgende Schilderung des Kampfes: Das kleingewachsene Ichneumon beschmiert sich, um unbemerkt zu bleiben, mit Schlamm, kauert sich in nächster Nähe des Krokodils nieder und wartet regungslos, dass sein schläfriger Gegner beim Gähnen seinen Kiefer weit öffnet und die furchteinflößende Umzäunung seines Gebisses aufblitzen lässt. Als es sein Maul so weit wie möglich aufgerissen hat, stürzt sich das Ichneumon mit einem großen Satz in seinen Rachen, wandert von dort in seinen Bauch und fällt über seine Leber her. Das Krokodil windet sich unter rasenden Schmerzen und würde kämpfen, wenn es nur wüsste gegen wen; es rennt hin und her, bis es unter Qualen verendet. Und das Ichneumon kommt zum Ruhme der Natur wieder ans Tageslicht.

Bei seiner Beschreibung des einschlafenden Krokodils gebraucht Oppian einen sonderbaren Ausdruck. Er bezeichnet das weit geöffnete Maul des Krokodils, seinen gähnenden Rachen, als »khaos eury« — als aufgerissenen Rachen.[181] Das Ichneumon stürzt sich in den *aufgerissenen Rachen, also in das Chaos*. Wie Christus laut »Physiologus« in die Tiefe hinabsteigen muss, um das Böse zu vernichten, so muss auch die Pharaonenkatze in das Chaos eindringen. Über das Chaos führt der Weg zum Sieg; von hier aus gesehen steht der aufgerissene Rachen für den Tod, von dort aus gesehen für das Tor zum ewigen Leben. Indem das Ichneumon das Krokodil vernichtet, ringt es gleichsam das Chaos nieder. Man kann das natürlich auch so deuten, dass das Chaos die Pharaonenkatze erst verschluckt und dann wieder ausspeit: Der indogermanische Stamm ĝhēu-, von dem das Wort abgeleitet ist, hängt mit schlucken, gähnen zusammen (das griechische khaino bedeutet gähnen, klaffen).[182]

Der *gähnende Rachen*: ein Abgrund, der ins Dunkel führt — in jenes Dunkel, das die Organe, die Eingeweiden bedeckt, die Adern, die Gedärme, das Fleisch, das Blut schwarz färbt, die Herzkammern, die Lungenbläschen füllt, die Knochen, die Gewebe, das Gehirnmark durchdringt. In tiefes Dunkel hüllen sich die Organe, die das Leben sichern. Wie ein Trichter reicht der Rachen in dieses Dunkel hinunter. In dieser unteren Unsichtbarkeit wurzelt das Chaos, das sich durch das weit aufgerissene Maul nach außen stülpen will.

Das Ichneumon sitzt regungslos am Ufer des Nils und wartet, dass das Krokodil gähnt. Dann stürzt es sich in seinen weit aufgerissenen Rachen. Aber war das Ichneumon wirklich so schlau, wie Oppian meinte? Schmiedet es wirklich einen Plan, so wie es Christus gegen das Böse tut? Kann es nicht sein, dass es vom Krokodil betört und paralysiert wurde? Es ist vorstellbar, dass in dem Augenblick, in dem das Krokodil sein Maul aufreißt, das sich öffnende Chaos ein von dem Anblick bereits paralysiertes Wesen einsaugt. Wenn dem aber so ist, ist das Krokodil der Statthalter einer Kraft, die noch mächtiger, noch bedrohlicher ist: des Chaos.

Das Maul des Krokodils

»Wird man nicht schon bei seinem Anblick niedergeworfen?«, erzählt Herr Ijob von dem Krokodil. »Rings um seine Zähne lauert Schrecken«, »in seinem Hals wohnt Stärke, und vor ihm hüpft die Angst her« (Hiob 41,1, 6, 14). Rätsel umranken es seit ältester Zeit. Die Ägypter sahen in ihm wegen seiner winzigen, kaum wahrnehmbaren Zunge die Verkörperung des *göttlichen Schweigens*[183] und verehrten es genauso andächtig wie sie die »Meister« des Schweigens Harpokrates oder Pythagoras verehrten. Von der dünnen Membran über seinen Augen schlossen sie ebenfalls auf göttliche Fähigkeiten: Wie Gott sieht auch das Krokodil alles, ohne dass man erkennen könnte, worauf sein Blick sich richtet. Und in seinem Körperbau entdeckten sie die Spur eines seltsamen Systems: Laut Älian, einem römischen Sophisten, der etwa von 175 bis 235 lebte, hat es sechzig Zähne, sechzig Wirbel und ebensoviele Sehnen;[184] es legt sechzig Eier,[185] die es sechzig Tage lang ausbrütet, lebt sechzig Jahre, frisst jedes Jahr sechzig Tage nichts und tut während dieser Zeit auch keinem etwas zuleide. Aus diesem Grund sei die Zahl sechzig, so Plutarch, zur ersten Maßeinheit der Himmelsforscher geworden.[186] Diese Denker waren der Ansicht, dass sich im Körper des Krokodils die Zusammenhänge der Allheit wiederentdecken ließen. Achilleus Tatios aus dem 2. Jahrhundert vermutete, dass die Anzahl der Zähne des Krokodils nicht sechzig betrug, sondern mit der Anzahl der Tage eines Jahres identisch war: Die Erde umkreist die Sonne in 365 Tagen, damit ihre Bahn sich nach Art des Krokodils vollende.[187] Und damit der Zusammenhang noch rätselhafter wird: Laut Plinius bezeichneten die Römer den doppelgesichtigen Janus, der 365 Finger hatte, auch als Chaos, was auf das Krokodil mit seinen 365 Zähnen und seinem alles verschlingenden Rachen zurückverweist. »Chaos hieß ich dereinst, denn ich lebte bereits in der Vorzeit.«[188]

Im Rachen des Krokodils gähnt das *Chaos*, das System, das sich in seinem Körper offenbart, ist dagegen ein Symbol der Geordnetheit der Allheit, also des *Kosmos* im ursprünglichen Sinn des Wortes. Auch deshalb hatte man ein zwiespältiges Verhältnis zu ihm: Es galt als heilig, aber auch als böse. Nach den Aufzeichnungen Herodots galt es bei den Ägyptern, vor allem in der Gegend Thebas und des Moeris-Sees, als heilig,[189] und Älian schildert, dass Kinder, die beim Spielen von Krokodilen erfasst und aufgefressen wurden, in den Augen der Bewohner von Ombos glücklich waren: sie waren den Göttern zur Nahrung geworden und an den besten Ort gekommen.[190]

Andererseits sahen die Ägypter (vor allem in der Gegend um Elephantis) im Krokodil — unter Vorwegnahme der christlichen, ikonographischen Tradition des Mittelalters, wonach neben dem Drachen und der Schlange gerade auch das Krokodil ein Symbol des Teufels ist[191] — auch einen Vertreter unheilvoller Mächte. Suchos, der uralte, ägyptische Krokodilgott, hat zwar auch »himmlische« Bezüge (er wurde auch mit Re beziehungsweise — von den Griechen — mit Helios gleichgesetzt), im Grunde bleibt er aber dennoch ein Bote der dunklen Tiefe der Erde: Seine Mutter Neith ist die Göttin des Krieges und der Toten, ihr Beiname lautet: »Die,

die Wege öffnet«. Neith geht allen voraus; und in ihren Fußstapfen schreitet ihr Krokodilsohn, in dessen weit aufgerissenes Maul das vor ihm liegende Unbekannte hineinströmt, um es als geordnetes Kosmos wieder zu verlassen.

Nichts wirft ein besseres Licht auf die schädliche, chaotische Macht des Krokodils als die Tatsache, dass man in ihm auch die Verkörperung Seths, griechisch: Typhons sah. Typhon hat Osiris getötet, den höchsten Gott, der die Menschen besänftigte, ihr Leben ordnete; er hat, »vor Irrthum und Unwissenheit aufgeblasen, die heilige Lehre zerstückt und vertilgt«[192]; von ihm wird erzählt, dass »er aus Neid und Bosheit viel Böses verübet, alles in Verwirrung gesetzt, auf dem Meere sowohl als auf dem Lande viel Unglück gestiftet habe«[193]. Laut Plutarch steht Osiris für alles, was geordnet, beständig, gesund und maßvoll ist, wogegen Seth-Typhon »alles Leidenschaftliche, Ungestümme, Unvernünftige und Thörichte der Seele, und bey körperlichen Dingen nennt man das Fabelhafte, Ungesunde und Unordentliche in Ansehung der Jahreszeiten, der üblen Witterung, der Sonn- und Mondfinsternisse«[194] bedeutet. Durch Seth-Typhon greift die Maßlosigkeit und die Unordnung nach der Macht; von ihm heißt es, »dass Typhon in der Gestalt eines Krokodils dem Horus entwischt sey«[195].

Seth-Typhon ist die Verkörperung des den Kosmos bedrohenden Chaos. Deshalb glaubte man auch, dass Seth ein Riese sei, der Stürme heraufbeschwor und Erdbeben auslöste; deshalb verehrte ihn die gnostische Sekte der Sethianer als »unbesiegbaren Gott«, als »Allmächtigen« und als »Schöpfer der Götter«. Seth-Typhon, der Gott, der in Krokodilgestalt schlüpft, reißt alles in jenen Strudel hinab, der auch in dem im Rachen des Krokodils dunkelnden Chaos zum Vorschein kommt, und in dem alles, was sonst klar trennbar, sichtbar und begreiflich, mit einem Wort maßvoll ist, den reißenden und zermalmenden Zähnen (der Zeit?), derer es genauso viele wie Tage im Jahr gibt, ausgeliefert wird und sich dadurch in etwas Maßloses, Ununterscheidbares und Unbegreifliches, mit einem Wort Chaotisches verwandelt.

Das Chaos ist jenseits von Ordnung und Durcheinander

Das strudelnde Chaos im Rachen des Typhons reißt als Taifun alles mit sich, was es erfasst. Schon der Name des Gottes verweist auf einen Windsturm (Taifun): Er leitet sich von der indogermanischen Wurzel dheu-, dhu3- ab, die mit strudeln, sich drehen zusammenhängt.[196] (Vom selben Stamm leiten sich auch das griechische typhos = Wirbelwind, thymos = Leidenschaft, das althochdeutsche tobon = rasen und das angelsächsische dofian = toben ab.) Der Wirbelwind bringt alles durcheinander, und solange er anhält, vermag niemand zu sagen, ob die Welt ungeordnet oder geordnet ist. Gerade diese ultimative Ratlosigkeit kommt auch im Chaos zum Ausdruck. Sturmwind, Wirbelwind, alles verschlingender Rachen: ein Strudel, in dem alles, was ist, mal wie die göttliche Ordnung, mal wie das völlige Durcheinander anmutet.

Man kann das Chaos nicht als Ordnung bezeichnen, aber auch nicht als Verwirrung, denn auch die hat nur in Bezug auf die Ordnung eine Bedeutung. Das Chaos erweckt den Eindruck einer unerforschlichen Kraft im Hintergrund. Es lässt sich mit nichts identifizieren, was ist, was existiert, was sinnlich wahrnehmbar ist, denn das alles ist nur ein bestimmter Zustand, der bald von einem anderen Zustand mit gleicher Daseinsberechtigung abgelöst wird. Das Chaos sorgt dafür, dass die Dinge entstehen und vergehen, dass sie sich abwechseln, dass sie einander folgen und einander aufzehren, dass sie überhaupt sein können — genauer gesagt, ins Dasein entlassen werden können von einem Ort, an dem selbst zwar nichts ist, der aber dennoch der Schoß des ganzen Daseins zu sein scheint. Das Chaos sorgt dafür, dass alles, was ist, sei. Deshalb lässt sich von ihm weder sagen, dass es ist, noch, dass es nicht ist; obwohl ohne das Chaos nichts sein könnte, entzieht es sich allem. Es ist etwas, das auch mit sich selbst nicht identisch ist, das statt als »letzter Grund« alles zu begründen als »Grundloses«, als »bodenloser Abgrund«,[197] allem den Boden entzieht.

Man kann das Chaos mit nichts gleichsetzen, darum ist auch sein Erscheinen einmalig: Man kann sich nicht darauf gefasst machen, man kann ihm aber auch nicht ausweichen. Nicht umsonst bereitet es dem Menschen ein elementares Erlebnis. Wenn die alles Seiende belebende, bewegende, einende Kraft, das Nicht-Greifbare und Nicht-Erträgliche, das schon durch seine bloße Benennung zu etwas Fassbarem gezähmte Sein, das UNMÖGLICHE in seiner blendenden Nacktheit sich hervorstülpt, dann ist einem das Erlebnis des Chaos zuteil geworden.

Die Allheit des Einen

Wenn man versucht, die Risse zu ergründen, an denen der bis dahin ausgeglichene Gang des Lebens aus dem Lot gerät und sich verstrickt, beginnt man früher oder später vom Chaos zu sprechen, diesem letzten Grund, der alles Lebende wie ein Krokodil einverleibt. Hesiod schreibt:

»Wahrscheinlich, zuerst entstand das Chaos und später die Erde,
Breitgebrüstet, ein Sitz von ewiger Dauer für alle (...).
Aus dem Chaos entstanden die Nacht und des Erebos Dunkel;
Aber der Nacht entstanden der leuchtende Tag und der Äther.«[198]

Auch in der babylonischen Kosmogonie gab es am Anfang nur Chaos (Mummu), das an die Gestalt Tiamats, des Drachens, anknüpfte (die Bedeutung seines Names: Meer), sowie seinen Gefährten Apsu, die Tiefe, das ursprünglich Eine, das Süßwasser. Aus der Vereinigung beider gingen die Geschlechter der Götter hervor. Auch in der phönizischen Kosmogonie bildete Chaos das erste Element; es vereinte sich mit Pneuma, dem befruchtenden Wind, und beider Begegnung entsprang die Begierde. Zu dritt erzeugten sie Mot, der mit dem Urwasser im Zusammenhang stand, und Mot legte das Ei, das das ganze Universum umfasste.[199]

Demnach stellt das Chaos den gemeinsamen Grund der unendlich vielen Seienden, ihr Eins-sein dar. Zu Recht bezeichneten die Pythagoreer die Eins als Chaos: Ohne die Eins gäbe es keine Zahlen (es fehlte die Grundlage, auf der man zählen könnte), sie selbst stellt (nach Auffassung der Griechen) allerdings kein Glied der Zahlenreihe dar, denn sie geht ihr als Anfang voraus. Die Pythagoreer glauben, dass die Eins, da sie nicht der Zahlenreihe angehört, gerade und ungerade, begrenzt und unbegrenzt, ja leer und aufgeladen zugleich ist.[200] Sie hat keine Grenze, denn sie wäre sonst begrenzt; man kann sie aber auch nicht grenzenlos nennen, denn das würde ihre Einmaligkeit und Ausschließlichkeit beeinträchtigen. Man kann sie nicht seiend nennen, denn als Grund alles Seienden bleibt sie außerhalb des Daseins; aber auch als nichtseiend kann sie nicht gelten, denn gäbe es kein Dasein, könnte sie sich auch nicht manifestieren. Der Mensch erlebt das Chaos in den Momenten, in denen er diesen Widersprüchen gleichzeitig ausgesetzt ist: Beim Erlebnis des Alles-Eins verbindet sich ein grenzenloses Lebensgefühl mit dem Gefühl der bedrückenden Nichtigkeit des begrenzten (einmaligen) Lebens. So wird die Allheit zum Spiegelbild der Einmaligkeit seines Lebens; und die Ganzheit des Alles ist nicht mehr zu unterscheiden von der Fragmentiertheit, die in der Einmaligkeit zutage tritt. Das Fragment ist ganz, denn es ist einmalig, einzigartig, nicht austauschbar und nicht ersetzbar — es gibt ja nichts anderes als das Fragment. Dennoch bleibt es bloß ein Fragment, etwas mit einer Scharte Behaftetes, das sich nirgends einbauen lässt, das ein für allemal um seines Selbst willen da ist. Wie eine Glasscherbe, in der das ganze Dasein wie in einem Zauberspiegel erstrahlt — einschließlich der Scherbe selbst, die sich immer wieder in sich selbst widerspiegelt.

Der Anfang des Anfangs

Die mythologischen Erklärungen halten das Chaos für den Anfang der Allheit. Dennoch bleiben diese Kosmogonien überaus verschwommen. »Zuerst entstand das Chaos«, schreibt Hesiod, aber woher, woraus es entstand, verrät er nicht. Der sizilianische

Komödiendichter Epicharmos hält ihm zu Recht vor: »Wie kann das sein? Es kann ja doch unmöglich als Erster woher gekommen sein oder wohin eingehen!«[201] Wenn Chaos ein Gott ist (und das ist es für Hesiod, und auch Vergil und Seneca sprechen von ihm als dem Gott der Unterwelt), dann kann er auch nicht den Anfang für sich beanspruchen, denn der Anfang setzt die Zeit und die Grenze voraus, und das widerspricht dem Göttlichen.

Wenn Chaos wirklich ein Gott ist, dann muss es immer schon existiert haben. Genauer gesagt: Es muss sich fortwährend im Augenblick des Anfangs befinden. Wenn der Anfang göttlich ist, dann muss das auch für alle weiteren Augenblicke gelten. Und weil kein Augenblick neu begonnen oder wiederholt werden kann, stellt jeder einzelne Augenblick zugleich auch die Erfüllung dar. Deshalb hatte das Wort Arche neben der Bedeutung Anfang auch die Bedeutung Führung und Herrschaft.[202] Der Anfang herrscht über das, was auf ihn folgt. Und da jeder Augenblick zugleich auch ein Anfang ist, herrscht der Anfang am meisten über sich selbst. In Bezug auf Chaos, den »ersten« Gott, bedeutet das, dass es Anfang und Folge, Herr und Knecht, rechtmäßiger Herrscher und Usurpator in einem ist — identisch mit sich, aber auch mit seinem eigenen Mangel.

Das Chaos durchdringt alles und lässt sich doch nie auf frischer Tat ertappen. Es gibt nichts, was es nicht früher oder später in die Krise triebe.* Es lässt sich nicht in Grenzen einschließen, denn es bewegt das ganze Dasein. Es hat keinen bestimmten Platz: Es lauert in allem. Man kann ihm nicht entfliehen, denn es

---

* Das Dasein ist schwanger mit dem Chaos, der Anfang mit der Anfangslosigkeit. Der Verlust der Herrschaft führt zur Kopflosigkeit: Mit einem Präfix versehen verwandelt sich Arche in Anarche, Anarchie. Das bedeutet sowohl Anfangslosigkeit als auch Durcheinander. »Der Übel größtes ist die Zügellosigkeit«, sagt Kreon zu Haimon und gebraucht das Wort »Anarchie« (Hölderlin, Antigone, 672). Es geht ihm nicht nur um eine moralische Erwägung (die Pflicht dem Herrscher gegenüber), sondern auch um die tragische Ahnung des stets ausbruchbereiten Chaos, das in allem lauert.

kommt in allem zum Vorschein — sogar im Menschen, ja selbst in seinem Wunsch zu entfliehen.[204] Man kann nie wissen, von wo es zuschlägt. Auch zeitlich lässt es sich nicht festmachen: es stülpt sich in blitzartigen Augenblicken hervor, in denen die Allheit des Daseins sich plötzlich verdichtet und eins wird. In solchen Momenten öffnen sich die Abgründe, die das Dasein kreuz und quer durchpflügen, denen wie gähnenden Rachen der unstillbare Mangel entströmt. In diesen Augenblicken des Chaos wird man sich des Abgrundes bewusst, der in allem gähnt, in einem membrandünnen Blatt Papier ebenso wie im Meer, am Himmel, in der ausgetrockneten Lava, aber auch im menschlichen Blick, im Schmerz, in der Begierde, im Gefühl, im Vergessen oder auch in der Langeweile. Als wollte sich alles, was ist, durch sein bloßes Dasein aufrechterhalten, um danach in jenen bodenlosen Strudel zu versinken, der ihn einst nach oben geworfen hat. Das Chaos ist der Mangel, der das Dasein vollendet: Durch das Chaos lässt das alles aufrechterhaltende Ungreifbare seine lähmende Wirkung spüren. Es ist in Wirklichkeit gar kein Gott: Es ist der Schrecken, der alles durchdringt; das Unmögliche, das das Dasein unablässig zersetzt.

Der Versuch, das Chaos zu bändigen

Es ist verständlich, dass der Mensch die Vorstellung des Chaos von sich fernzuhalten sucht. Er behandelt es wie einen Gegenstand, grenzt es von sich ab, um dann aus der Distanz darauf zu zeigen und es mit einem Namen zu versehen — was ihm unabdingbar erscheint, um es bändigen zu können. Er versucht ihm die Fesseln der rationalen Erkenntnis anzulegen.

Versuche, das Chaos zu »zähmen«, gab es schon früh. Indem man es als Raum beziehungsweise als wirre Materie darstellte, machte man es zu etwas Sagbarem, Begreifbarem. Bis zum 5. Jahrhundert v. Chr. hatte sich die Bedeutung von Chaos bereits auf den Luftraum reduziert:[205] »Das zwischen Himmel und Erde nennen die einen Chaos«[206], heißt es in einem Fragment von Euripides' Stück »Kadmos«; Vergil schreibt in einer Anrufung Phlegetons, des feurigen Flusses der Unterwelt, und des Chaos: »ihr stummen, mächtigen *Weiten*«[207]; und auch Ovid identifizierte Chaos mit dem dunklen, unterirdischen Raum, der der oberen Welt gegenüberstehenden Unterwelt, »diesem *Ort* des Grauens«[208]. Das Chaos ist demnach ein »kartographierbarer« Ort, von dem sich der Mensch bei entsprechender Umsicht fernhalten kann.

Dem ursprünglichen Charakter des Chaos etwas näher kommt die Vorstellung, wonach es ungeordnete Materie sei. Aber auch hier ist das Chaos ein *Zustand*, der gestaltlos dem Dasein vorausgeht, vielleicht sogar auf es folgt, in der Gegenwart aber machtlos ist. Bei Vergil wie schon bei Hesiod ist Chaos vor allem anderen da, aus ihm gehen später die Keime der Erde, der Luft, des Wassers und des Feuers hervor.[209] Auch Ovid betont, dass er in Chaos eine ungeordnete Materie sieht:

»Vor dem Meere, dem Land und dem alles deckenden Himmel
Zeigte Natur in der ganzen Welt ein einziges Antlitz.
Chaos ward es benannt: eine rohe, gestaltlose Masse,
Nichts als träges Gewicht und, uneins untereinander,
Keime der Dinge, zusammengehäuft in wirrem Gemenge.«[210]

Aber während Chaos bei Hesiod noch ein allmächtiger Gott ist, ist er bei den Römern nur noch rein stofflicher Natur, neben ihm gibt es noch eine nicht stoffliche, göttliche Natur, die, der Unordnung überdrüssig, »schied vom Himmel die Erde, von dieser die Wasser«[211]. Die Macht des Chaos ist begrenzt: Es ist einem Gott ausgeliefert, der von ihm unberührt bleibt.

Statt der paradoxen Einsicht des Alles-Eins entsteht die Vorstellung des Alles-Zwei: Die Materie ist zwar verderblich, aber die vermeintlich bessere Hälfte unseres Wesens, die nicht stofflicher Art ist, ist unverderblich und ewig. Diese Sicht missachtet offenkundig jene Frage, die ihren Schatten fortan auch auf das Christentum werfen wird, nämlich wie es neben dem allmächtigen Gott auch das nicht-göttliche Chaos geben kann, warum das Gute das Böse, das Zeitlose das Zeitliche duldet. Ovids beruhigende These fand auch im Christentum Gehör. Schon in der gnostisch inspirierten, im 3. oder 4. Jahrhundert entstandenen »Pistis Sophia« widersetzt sich Christi Wahrheit dem Chaos, das von dieser Wahrheit allerdings unberührt bleibt, auch wenn Christus bis in die untersten Regionen (topoi) des Chaos hinabsteigt.[212] Später beruft sich auch der Heilige Bonaventura auf Ovid, als er das Chaos als bloßes Rohmaterial bezeichnet, aus dem Gott die Welt erschaffen hat: mixtum completum, eine Mischung aus einfachen, stofflichen Elementen.[213] Auch für den heiligen Thomas von Aquin ist es selbstredend, dass Gott die chaotische Urmaterie (materia prima), die noch jeglicher Form entbehrt, überragt: »Der Stoff ist wichtiger als das Eigenschaftsein, weil der Stoff ein Teil des Wesens ist. Gott aber kann bewirken, dass die Eigenschaft ohne Träger ist, wie aus dem Sakrament des Altares erhellt. Also konnte Er auch machen, dass *der Stoff ohne Form ist*«[214]. Paracelsus glaubt ebenfalls, dass das Chaos prima materia sei, aus der Gott die vier Elemente geschaffen und dann voneinander getrennt habe.[215] Und auch Kant bleibt, viel später, bei der Vorstellung, dass das Chaos stofflicher Natur sei: Es sei der Grundstoff, die Grundmaterie »in allgemeiner Zerstreuung«, die dem »Nichts« am nächsten steht; in diesem Zustand die »Natur, die unmittelbar mit der Schöpfung grenzte, war so roh, so ungebildet als möglich«[216], schreibt er in »Theorie des Himmels«. Auch hier ist das Chaos bloße Materie, die von der göttlichen Natur nur geformt wurde, selbst von ihr aber unberührt blieb.

Wenn aber das Chaos von Gott wirklich unabhängig ist, dann umgibt es ein Rätsel. Wenn es ewig ist, warum ist es dann nicht göttlich? Gibt es Platz für zwei Arten von Ewigem und Allmächtigem nebeneinander? Und wenn nicht, woher kommt das Chaos, woraus ist es entstanden? Etwa aus dem Nichts, das es anschließend ins Dasein einsickern ließ?

Der zum Punkt verdichtete Kreis

Die Vorstellung, dass das Chaos stofflicher Natur sei, beginnt für viele in der Epoche der Romantik unhaltbar zu werden — zur gleichen Zeit, als auch der Glaube an die Allmacht Gottes einbricht. Schelling lehnt — allerdings erst im hohen Alter — die Idee eines stofflichen Chaos leidenschaftlich ab. Das Chaos sei kein »Zustand der materiellen Verwirrung aller Elemente«, keine »form- und gestaltlose Materie«, sondern »ein höherer und mehr metaphysischer Begriff«[217], schreibt er. Er geht von der ursprünglichen Bedeutung des Wortes aus (verschlucken, gähnen) und deutet es so: »In dem Wort (...) liegt der Begriff des Zurückweichens in die Tiefe, des Aufgethanseyns, des Offenstehens, der der auf den höheren des Nicht-Widerstand-Leistens (das nur im Concretum stattfindet) zurückkommt. Ferner ist dieses Negative des ersten Begriffs auch darin ausgedrückt, dass in demselben Wort zugleich die Vorstellung der Bedürftigkeit, des Mangels enthalten ist«[218]. Man kann diese Bedürftigkeit und diesen Mangel nach der Logik der Schellingschen Identitätsphilosophie aber auch als Ganzheit bezeichnen: Das Chaos kann nicht nur Durcheinander oder Unordnung sein, denn es entbehrt jeglicher Bestimmung (und somit auch der des Durcheinanders): Es ist eine Identität, die vor allem anderen da ist, eine Ureinheit. Das Chaos ist die »metaphysische Einheit geistiger Potenzen«, die sich noch nicht zu den verschiedenen Seienden aufgespalten hat,[219] schreibt Schelling; eine 0 (Null), die Plus (+) und Minus (−) voneinander ununterscheidbar beinhaltet. Das treffendste Symbol dafür ist demnach der Punkt, der sich noch nicht zu einem Kreis ausgedehnt hat: »der Punkt sey der Kreis in seinem Chaos, oder er sey der chaotisch angesehene Kreis«[220].

Dieser Gedanke hat jedoch eine Achillesferse. Wenn wir das Chaos als einen zum Punkt verdichteten Kreis ansehen, verlieren wir gerade jene Eigenschaft von ihm aus dem Blick, auf die auch Schelling selbst wiederholt verweist: den Mangel, das Abgründige. Nach Schellings Auffassung ist das Chaos ein ideeller Zustand: Aus ihm geht jedes — nicht nur stoffliche — Dasein hervor und in es strömt es einst wieder zurück; solange es aber ein Dasein gibt, können wir nur von der *Idee* des Chaos sprechen. »Das Wort drückt einen rein philosophischen Begriff aus«[221], schreibt er seinem Gedankengang treu und verfehlt damit auch die ursprünglich strudelartige Natur des Chaos. Denn obwohl das Chaos das Dasein zu einem einzigen Punkt zusammenschrumpfen zu lassen droht, sorgt es zugleich auch dafür, dass der Punkt sich ausdehnt. Es lässt sich somit nicht auf einen Anfangs- oder Endzustand reduzieren, sondern ist vielmehr eine ewig pulsierende Kraft. Hört man das Wort Chaos, beginnt man unwillkürlich zu lauschen; es verdankt seine eigentümliche Kraft dem Rätsel, dass es einerseits zwar ungreifbar ist, andererseits aber doch erlebbar werden, die Lebenskraft steigern und jeden einzelnen Augenblick zu etwas Intensivem verdichten kann. Dieses Rätsel ist unlösbar; das Chaos durchdringt das ganze Dasein, vom winzigen Staubkörnchen oder unmerklichen Augenaufschlag über die Leidenschaft und das Durcheinander bis hin zur Konstruktion und Stille des Universums, und lässt sich doch nirgends auf frischer Tat ertappen. Es ist etwas, das so allgegenwärtig ist, alles so sehr überwuchert, dass von ihm nicht einmal gesagt werden kann, es sei etwas.

Es lässt sich mit nichts identifizieren — es sei denn mit dem Nichts, das zwar nicht existiert, von dem man aber dennoch mit größter Vorliebe zu sprechen pflegt. Das Chaos, »jenes Nichtsein, was als Mögliches diesem sichtbaren Universum vorlag«, schreibt Schellings Zeitgenosse Franz von Baader, der als unermüdlicher Exeget Jakob Böhmes auch als »Boehmius redivivus«[222] bezeichnet wurde. Diese These besagt, dass Plus (+) und Minus (−) nicht Teil des Chaos sind, sondern umgekehrt, dass das Chaos erst durch den Konflikt zwischen ihnen ins Leben gerufen wird. Das Chaos kann sich nur dadurch manifestieren — »sein« —, dass es das Dasein mit seinem eigenem Mangel auflädt. Es entzieht sich allem und kann somit nur in der Spannung »auf frischer Tat ertappt werden« — in jenen spannungsgeladenen, erschütternden Augenblicken, die trotz des gähnenden Mangels, der sich nach ihnen einstellt, gewichtiger als alles andere zu sein scheinen. Das Chaos, diese mit einem Namen versehene Maske des Unmöglichen, lässt sich nicht auf einen bestimmten Punkt, einen bestimmten Zustand, eine bestimmte Situation, eine bestimmte Zeit reduzieren. Es lauert in allem und macht auf die seltsame Eigenschaft der Allheit aufmerksam: dass sie ist, obwohl sie — um sich einer sprachlich unmöglichen Wendung zu bedienen — ebensogut auch nicht sein könnte. »Der Gesamtcharakter der Welt ist in alle Ewigkeit Chaos«[223], sagt später Nietzsche. Und derselbe Nietzsche schreibt auch: »Ich sage euch, man muss auch noch Chaos in sich haben, um einen tanzenden Stern gebären zu können«[224]. Das Chaos herrscht über alles. Es nistet auch im Menschen, es lässt sich nicht ausstoßen, weil es auch im Herzen wohnt.

Der Abgrund des Nichts

Das Chaos ist in allem gegenwärtig und doch manifestiert es sich nur durch seinen eigenen Mangel. Dieser Gedanke ist nicht neu, er findet sich schon bei Jakob Böhme, der ihn allerdings nicht bezüglich des Chaos, sondern bezüglich Gottes ausführt. Wie bei Empedokles der ewige Strudel von Liebe und Hass alles aufrechterhält und vernichtet, so geschieht dasselbe bei Böhme durch den Strudel von Himmel und Hölle: Immer und überall dringen sie ineinander. Obwohl Böhme nie versäumt, auf Gott als letzten Bezugspunkt hinzuweisen, ist seine Empfänglichkeit für das universelle Drama stets größer als sein Drang, immer alles restlos aufzuklären. Darum kann Gott bei ihm zu einer strudelnden Kraft, einem nie ganz erklärbaren, *chaotischen* Grund werden: »Dieser Grund wird Mysterium Magnum genannt, oder ein Chaos, dass daraus Böses und Gutes urständet, als Licht und Finsterniß (...), denn es ist der Grund der Seelen und Engel, und aller ewigen

Creaturen, der bösen und guten; (...) man von der geistlichen Welt doch nicht sagen kann, dass sie habe Anfang genommen, sondern ist von Ewigkeit aus dem Chaos offenbar worden«[225].

Der alles »unterbietende«, chaotische Grund selbst ist unbegründbar: Das ist für Böhme der Abgrund, der der eigentliche »Grund« Gottes ist. Er nennt ihn »das Auge des Ungrundes, das ewige Chaos«[226]. Dieses Auge blickt überall hinein und auch aus allem heraus. Der Ausdruck »Ungrund« ist für Böhme wie später auch für Schelling und Baader mehr als nur eine Metapher: mit diesem Ausdruck übersetzen sie alle das, was die Kabbalisten en sof nannten und womit sie die Unendlichkeit und Unfassbarkeit Gottes veranschaulichten. In seiner Schrift »De arte cabbalistica« (1517) schreibt Johannes Reuchlin: »Ensoph, d. h. die Unendlichkeit, die (...) in der fernsten Zurückgezogenheit ihrer Göttlichkeit und im unzugänglichen Abgrund ihres quellenden Lichtes (...) sowohl Seiendes als Nichtseiendes und alles, was unserem begrifflichen Denken einander konträr und kontradiktorisch zu widersprechen scheint, in einfachster Weise enthält«[227]. Das אין סוף, en sof, ist jenseits aller Beschreibbarkeit; darum identifizierten es die frühen Kabbalisten auch mit dem Nichts, um dadurch die innere Verwandtschaft zwischen dem Dasein und dem göttlichen Nichts zu veranschaulichen.

Gershom Scholem weist darauf hin, dass im en sof das Nichts zwar erscheint, aber nicht Nichtsein, sondern Sturm, Drama, Strudel bedeutet. Das Nichts, das im en sof zum Vorschein kommt, »ist jenes Nichts Gottes, das in der Perspektive ihres Weges den Mystikern notwendig als die letzte Stufe des ›Entwerdens‹ erscheinen musste. Aber hier bleibt den Kabbalisten das Bewusstsein eines letzten Abgrunds, des Abgrunds im Willen, der sich als das Nichts darstellt«[228]. Diesem Abgrund kann man genauso wenig auf den Grund sehen wie dem Strudel. In den Augenblicken intensiver Erlebnisse verwandelt sich das ganze Wesen des Menschen in einen Strudel. Während des sogenannten Gotteserlebnisses dreht sich der Mensch nicht im Strudel, er wird selbst zum Strudel. Er verwandelt sich in ein chaotisches Wesen, er wird selbst zum »Auge des Ungrundes«. Durch ihn öffnet sich jener Spalt, durch den sich alles, was ist, mit seinem unsichtbaren Grund, dem chaotischen Mangel, auflädt.

Tiefe und Höhe

Das Erlebnis des »Ungrundes« verhilft einem auch zur Einsicht in eine seltsame Wahrheit, auch wenn diese Wahrheit keine greifbaren Erkenntnisse mit sich bringt. »In Wirklichkeit aber wissen wir nichts; denn in der Tiefe liegt die Wahrheit«[229], sagt Demokrit. »Ho bythos«, so bezeichnet er den Ort der Wahrheit. Das bedeutet sowohl Tiefe als auch Meeresboden (der personifizierte Bythos wurde auf griechischen Mosaiken auch als Ungeheuer dargestellt). Aber es verweist nicht nur auf die räumliche Tiefe, sondern auch auf deren Mangel, die raumlose Unausgefülltheit.[230] Der Gnostiker Valentinus lehrt, dass der vollkommene Ewige, der sogar dem Sein vorausgeht (proonta), in den unsichtbaren und unnennbaren Höhen thront — und diese *Höhe* bezeichnet er als *Tiefe* (bythos), Uranfang (proarche) und Urvater (propater).[231] Die Tiefe ist hier keinesfalls mehr räumlich, denn man kann sie auch als Höhe bezeichnen. Der unbekannte Verfasser eines altgnostischen Werkes erklärt, um die Unübertrefflichkeit des Vaters der Allheit zu fühlbar zu machen, dass dieser von zwölf Tiefen umgeben gewesen sei (Cap. 2); Plotin, der jedes Gnostizismus unverdächtig ist, schreibt wiederum, dass Gott zwar allumfassend ist, aber dennoch in der Tiefe (en bathei) wohnt;[232] und Scottus Eriugena, der irische Philosoph aus dem 9. Jahrhundert, glaubt, dass wir nur wegen ihrer unfassbaren *Höhe* und Grenzenlosigkeit von den *Tiefen* der göttlichen Substanz sprechen können.[233]

Die Kirche hat genauso versucht, diese chaotische Tiefe zu »zähmen«, wie es die Römer getan hatten, als sie behaupteten, es sei räumlich und stofflich. Irenäus im 2. Jahrhundert warf im Disput mit den Gnostikern seinen Gegnern vor, dass sie den Bythos, den sie für den grundlosen Grund der Allheit hielten, derart maßlos ausdehnten, dass sie ihm sogar das Sein abstritten. Irenäus stellt im Gegensatz zu ihnen selbstsicher fest, dass der unbekannte Gott, dem zu Ehren mancherorts sogar Altäre errichtet wurden, nicht mit dem Bythos, dem von den Gnostikern erfundenen Urseienden, sondern mit dem unsichtbaren Vater, dem Schöpfer der Welt, identisch sei. »Gott sei unbekannt freilich in seiner Größe, aber werde in seiner Güte erkannt durch den menschgewordenen Logos; er sei zwar unsehbar und unerklärbar, aber keineswegs unerkennbar, denn er habe sich durch seinen Sohn bekannt gegeben«[234].

Der Anblick des Abgrundes macht den Menschen, auch wenn er ihn erschüttert, nicht schwindelig: Gott lässt nicht zu, dass er dem Chaos und dem Ungrund zum Opfer fällt. Wie das Chaos so wurde auch die Tiefe oft mit der Unterwelt identifiziert. Bythos beziehungsweise Abythos (abyssos) als Substantiv des Ortes bezeichnet bei Diogenes Laertios das Totenreich;[235] Abyss nennt Paulus die Unterwelt in seinem Brief an die Römer (Röm 10,7); laut Petrus ist dieser Ort den gefallenen Engeln vorbehalten (2 Petr 2,4); in der Apokalypse ist es die Hölle, wo der Drache, die Urschlange, also der Teufel wohnt (Offb 20,2). Die Kirchenväter identifizierten den abyssus fortan nicht nur mit der Hölle, dem Inferno, sondern auch mit dem Chaos. Damit lieferten sie die chaotische Tiefe endgültig Gott aus, statt sie im vermeintlichen Gott selbst zu suchen.

Der Grund

Die unermessliche Tiefe lässt sich aber nicht in Grenzen einschließen. Der »letzte Grund«, sofern man überhaupt von seiner Existenz ausgehen kann, ist keine Grenze, kein äußerster Punkt, sondern der strudelnde Abgrund selbst mit seiner Tiefe, seiner schwindelerregenden Wirkung.

Der Grund, dieser bevorzugte Begriff der Mystik, bezeichnet in der Regel das jedes Dasein überragende Sein Gottes. Wie Johann Tauler, ein Zeitgenosse Meister Eckharts, schreibt: »In diesen Grund können die Kräfte nicht gelangen, ja nicht einmal auf tausend Meilen ihm nahekommen. Die Weite, die sich in dem Grunde darbietet, hat weder Bild noch Form noch Weise, hat weder ein Hier noch ein Da; denn es ist ein unergründlicher Abgrund, schwebend in sich selbst, ohne Grund (...), in diesem ist Gottes Wohnung eigentlich viel mehr als im Himmel oder in allen Kreaturen, wer hierhinein gelangen könnte, der fände da wahrlich Gott und fände sich einfaltig in Gott, denn von diesem Grunde scheidet Gott sich nie (...), dies ist so innig, so weit, und es hat weder Raum noch Zeit«[236]. Die Tatsache, dass Tauler diesen »göttlichen Grund« trotz seiner Ungreifbarkeit als Erfüllung ansieht, verrät das zweifellos christliche Vorurteil der Mystik. In Wahrheit erkennt der Mensch in den sogenannten »zeitlosen« Augenblicken, wenn er den Boden unter den Füßen verliert, dass sein Wesen vom Chaos durchdrungen ist. Das gilt nicht nur für die tragischen, sondern auch für die freudigen Momente. Er findet dann nicht nur »Erfüllung«, sondern verliert sich auch. Eine deutsche Wendung bringt dieses Paradox treffend zum Ausdruck: »zu Grunde gehen« bedeutet wörtlich »bis zum Grund vordringen«, die geläufige Bedeutung hingegen lautet: vernichtet werden.[237] Nach Heidegger hat nur das Seiende einen Grund; und da das Sein als das, worauf alles gründet, so etwas nicht haben kann, versieht er das Wort, wenn er vom »Grund« des Seins spricht, mit einem privativen Präfix: Abgrund.[238]

Diesen Abgrund entdeckt der Mensch in den Augenblicken der Erschütterung, im Zustand des sogenannten Gotteserlebnisses. Dieser ist dann Herr über das ganze Dasein —der Abgrund, an dessen Ufer der Mensch immer und überall steht, selbst dann wenn er Berge oder Ebenen vor sich sieht.[239] Es ist das strudelnde Chaos, dessen vollkommene Verkörperung ab und zu der Mensch selbst ist.

Abb. Cornelis van Poelenburgh, Bildnis eines jungen Mädchens (frühes 17. Jh.).
»Ich bin von Ewigkeit zu Ewigkeit, außer mir ist nichts, ohne das, was bloß durch meinen Willen etwas ist; *aber woher bin ich denn?*« – fragt Gott bei Kant in der »Kritik der reinen Vernunft«. Und an wen könnte er sich wohl wenden, wenn nicht an uns, die wir noch ratloser als er selbst sind? Sollte er sich auf unsere Fehlbarkeit verlassen wollen? Sich nach den Früchten unserer Unwissenheit sehnen? Ihm müßte doch bewusst sein, dass dem Menschen gerade sein Verlangen nach dem »göttlichen« Wissen zum Verhängnis geworden ist. Hatte er den ersten Menschen nicht deshalb verstoßen, damit dieser nicht bemerke, dass das göttliche Wissen nur aus einer Flut unbeantwortbarer Fragen besteht? Nun scheint auch Gott seiner selbst überdrüssig geworden zu sein. Er möchte in den Strudel eintauchen, der ihn von sich selbst erlösen würde; am liebsten würde er sich in die Hölle der Vergänglichkeit stürzen. Dann gäbe es wenigstens auch für ihn etwas zu erhoffen: dann könnte auch er auf einen neuen Gott vertrauen.

Aber könnte er überhaupt eine Frage stellen, wenn er nicht Angst vor seinem eigenen Tod haben müsste? Ja, wäre er überhaupt noch Gott, wenn ringsum nicht die Vergänglichkeit lauerte? Erwacht er nicht in jenem Nichts zum Leben, das sich gelegentlich wie ein Blitz im menschlichen Blick entlädt?

Gott ist derjenige, der fragt. Aber ist seine Frage nicht eine Aussage, die aus dem Mund des Todes erklingt?

6. Das Unmögliche

»Der Tod [ist] nicht das Pathos der äußersten menschlichen Möglichkeit, die Möglichkeit der Unmöglichkeit, sondern das unaufhörliche Wiederkäuen des nicht Greifbaren, vor dem das ›ich‹ aufhört, sich selbst gleich zu bleiben. Die Unmöglichkeit der Möglichkeit. (...) Im Tod kehrt sich (...) die reguläre Ordnung um, denn das Vermögen führt hier zu dem, was es sich nicht aneignen kann. So dass der Abstand zwischen Leben und Tod unendlich ist. (...) Der Tod ist nicht das Ende, sondern das nicht enden könnende Enden.«[240]
Emmanuel Levinas

Ate, die verbannte Göttin

Ate war in der griechischen Mythologie die Göttin des Unheils, der Verdammnis und der Verblendung. Sie gehörte zu den am häufigsten erwähnten Gottheiten. Es gab kaum einen Augenblick, in dem nicht irgendjemand ihren Namen auf den Lippen hatte; wenige konnten von sich behaupten, Ate habe ihren Weg noch nie gekreuzt. Umso mehr verwundert es, dass von ihr, der Verkörperung des Unglücks, keine bildliche Darstellung überliefert ist. Sie war mit dem Schicksal der Menschen vermutlich derart eng verflochten, dass es unmöglich war, ihre Gestalt plastisch zu isolieren.

Anfangs wohnte Ate auf dem Olymp und suchte ihre Opfer unter den Göttern. Selbst Zeus verschonte sie nicht, und das wurde ihr zum Verhängnis. Sie hatte sich nämlich vor der Geburt des Herakles in Zeus' Seele eingenistet und ihn geblendet, worauf dieser verkündete, das erstgeborene Kind würde Herr über alle anderen sein. Nachdem Hera Zeus den Eid abgenommen hatte, sein Versprechen zu halten, eilte sie nach Argos und ließ Eurystheus, das Kind Nikippes, der Tochter des Pelops, durch eine Frühgeburt zur Welt kommen, während sie gleichzeitig die Geburt Alkmenes, der Mutter des Herakles, hinauszögerte. Zeus konnte seinen Eid nicht mehr rückgängig machen, aber er packte Ate zornentbrannt bei den Haaren und stieß sie vom Olymp unter die Menschen hinab, damit sie nie zurückkehre.[241] Ate suchte ihre Opfer fortan unter den Menschen, blendete mal diesen, mal jenen. Ihre Füße berührten die Erde nie, da sie sich von vornherein in der Seele und im Gemüt ihrer kommenden Gefangenen niederließ.[242] Es ist nicht verwunderlich, dass niemand sie sah oder ihr von Angesicht zu Angesicht begegnete: Sie wohnte in den Herzen der Menschen. Es war schwer, sich ein Bild von ihr zu machen.

Wie Eros bemerkt man Ate erst, wenn es schon zu spät ist: Nicht umsonst blenden sie beide die Menschen. Aber Ate blendet sie nicht nur, sondern sät auch Zwietracht unter ihnen. Ihr Name leitet sich vom indogermanischen Stamm uā-, uō-, u- ab, der mit Schlag, Verletzung zusammenhängt. Ate nistet sich in der Seele ein und macht den Menschen schwindlig, und da dieser nicht sieht, woher das Unheil kommt, beginnt er wahllos um sich zu schlagen. Fällt der Mensch Ate zum Opfer, verliert er sich. Und obwohl er im Nachhinein die Göttin für seinen Zustand verantwortlich macht, vermag er ihrer doch nie ansichtig zu werden. Er gerät in Konflikt mit sich, so dass er die Göttin höchstens in seinem eigenen, ihm fremd gewordenen Ich wiedererkennen könnte. Im Zustand der Verblendung verwandelt sich der Mensch selbst in Ate. Ihm wird ein ähnliches Erlebnis zuteil wie der verbannten Göttin: Er wird aus dem Reich der Unsterblichen ausgeschlossen und in die Vergänglichkeit hinausgestoßen.

Der Mensch kann sich Gott zwar nähern, aber wie das Beispiel Ates zeigt, am ehesten dann, wenn er mit sich in Konflikt gerät und sein eigenes Unglück durchlebt. Die Gestalt Ates ist deshalb so konturlos, weil sie dem Menschen zu nahe ist, um auf sie zeigen oder sie malen zu können.

Der Gott ist die letzte denkbare Grenze, die sich in den Augenblicken des sogenannten Gotteserlebnisses aber als Grenzenlosigkeit entlarvt. Das Erlebnis der Grenzenlosigkeit lässt aber nicht zu, dass der Mensch sich mit seiner Endlichkeit versöhnt. Er hat dann das Gefühl, selbst zu Gott werden zu müssen, um grenzenlos (also unsterblich) zu werden. Da sich das aber nicht in die Tat umsetzen lässt, *stiehlt sich der Gott als das Unmögliche in seine Gedanken hinein*. Dieses Unmögliche lässt sich nicht auf etwas reduzieren, das nicht verwirklichbar ist. Es handelt sich nicht nur um eine reelle Nicht-Verwirklichbarkeit, die den Menschen zu einer rationalen Einsicht führte (ohne Bitterkeit verzichtet er zum Beispiel darauf, mit den bloßen Händen ins Feuer zu greifen, das Meer durchschwimmen zu wollen oder mit wedelnden Armen in die Luft abzuheben), sondern um eine stimulierende Kraft, die ihn daran hindert, bei irgendetwas innezuhalten. Statt den Verzicht nahezulegen inspiriert es, verleiht es Flügel. Plutarch schreibt über Alexander den Großen, er sei Asien zum Verhängnis (ate) geworden:[243] In ihm habe eine Kraft Gestalt angenommen, die sich der Allheit selbst widersetzt und dem ganzen Dasein getrotzt habe.[244] Diese stimulierende Kraft konfrontiert den Menschen mit dem, was ihn als Grenzenloses überragt, sie veranlasst ihn einerseits einzusehen, dass er nur dieses eine Leben leben kann, andererseits sich damit aber nicht abzufinden. Dort, wo das *Göttliche* erscheint, bekommt der scheinbare Friede der Welt einen Riss. Das Unmögliche beginnt sich im Menschen auszubreiten.

Ate war eine Verbannte des Olymps, sie war aber auch eine Gesandte des Zeus: eine Botin des Unfassbaren. Als Empedokles den »Ort Ates« beschreibt, zählt er auf, wer alles dort wohnt: »Da waren die Erdfrau und die weitschauende Sonnenblickfrau, die blutige Zwietracht und die ernst blickende Eintracht, Frau Schön und Frau Häßlich, Frau Hurtig und Frau Spät, die liebreiche Wahrhaftigkeit und die schwarzäugige Verworrenheit. Und die Gestalten des Wachstums und Schwundes, des Schlafens und Wachens, der Bewegung und Ruhe, der reichbekränzten Pracht und des Schmutzes, des Schweigens und Redens«[245]. Nachdem er die Bewohner in Augenschein genommen hat, seufzt er auf: »Ach wehe,

wehe, du armes Menschengeschlecht, wehe du jammervoll unseliges: aus solchen Zwisten und Seufzern seid ihr entsprossen!«[246].

Ates Reich ist grenzenlos; es umfasst alles, denn ihrer Macht unterliegt sogar das, was diese Welt negieren möchte. Sie wacht sogar über das Werden und Vergehen: Es kümmert sie weder, ob die Sterblichen geboren werden wollen oder nicht, noch ob sie dem Tod ausweichen wollen oder nicht. Um den Sophisten Kritias, den Onkel Platons, zu zitieren: »Fest steht zwar nichts als der Tod für den Geborenen und für den Lebenden dass er nicht außerhalb des Verhängnisses [ate] seinen Weg nimmt«[247].

Wenn Ate in seine Seele einkehrt, empfindet der Mensch das Wissen um die Begrenztheit seines Lebens als bedrückend. Er fühlt sich dann wie ein verbannter Gott. Das blendet ihn; er neigt dazu, sein ganzes Leben als eine große Wunde zu empfinden. Als Hölderlin »Antigone« ins Deutsche übertrug, übersetzte er mit untrüglichem Sinn den Namen Ates mit Wahnsinn.[248] Er meinte damit keine Geisteskrankheit, sondern einen Zustand, der sogar die Besonnenheit noch übertraf. Das belegt eine seiner Notizen bezüglich der Übersetzung, wonach gerade der »heilige Wahnsinn« die »höchste menschliche Erscheinung« sei, etwas, das jede andere menschliche Äußerung »überflügelt«.[249]

Ate macht den Menschen »wahnsinnig«, er sieht fortan alles in einem: Im Licht gewahrt er das Dunkel, in der Geschwindigkeit die lähmende Bewegungslosigkeit, in der Pracht das Elend, in der Eintracht die Zwietracht und hinter allem im Werden das Vergehen. Dieses In-Eins-Sehen hat aber seinen Preis: Er selbst wird gespalten: Er durchlebt seine eigene Vergänglichkeit in einem gesteigerten Maß. Stärker als alles andere wird dann sein Wunsch, vor sich selbst zu fliehen. Aber selbst in diesem Wunsch verbirgt sich noch Ate. Er ist von einer Göttin befallen worden, die ihn immer wieder außer sich geraten lässt. Sie entstellt den Menschen zum größten Widersacher seines Selbst.

Ate hat ihr Ziel erreicht. Ihr Opfer kann sich nur noch im Spiegel seines eigenen Vergehens sehen.

Der unpersönliche Gott

Es ist verständlich, dass von Ate keine bildliche Darstellung überliefert ist. Die Macht, die ihr die Mythologie zuschreibt, ist gerade deshalb uneingeschränkt, weil sie nicht an eine bestimmte Gestalt geknüpft ist. Strenggenommen existiert »Ate« gar nicht; ihr Name bezeichnet lediglich jene Zwietracht, die an keinen bestimmten Ort gebunden ist, sondern sich mal in diesem, mal in jenem Sterblichen manifestiert. Die Kraft, die Ate zugeschrieben wird, ist für jeden erfahrbar; da aber in solchen Momenten die universelle Zwietracht im Menschen zum Leben erwacht, wird ihm, wenn er sich in »Ate« verwandelt, auch das Erlebnis zuteil, einer alles durchdringenden Kraft ausgeliefert zu sein, die zwar in allem erstrahlt, aber dennoch nicht auf ein konkretes Phänomen festzulegen ist. In den Augenblicken der Erschütterung, wenn der Mensch vom Chaos erfasst wird und alle Grenzen überschreitend sich für die göttliche Mitte hält, überkommt ihn zu Recht auch das Gefühl, der Zwietracht zum Opfer gefallen zu sein. In solchen Momenten zeigt jener Strudel unverhohlen seine Kraft, dessen augenscheinlichster Beweis das Werden und das Vergehen sind.

Das Anderssein

In den starken Augenblicken, wenn der Mensch sich endlich als mit sich restlos identisch empfindet — und das kann sowohl ein Augenblick der Verzückung als auch des Hölderlinschen Wahnsinns, des Ekels, des Weinens, der Furcht, der Wollust oder der Inspiration sein —, schimmert hinter ihm eine fremde Kraft durch. Als habe er die Sackgassen der Leidenschaft nicht aus eigener Kraft, sondern auf Geheiß einer unbekannten Macht betreten. Sollte er sich gerade in dem Augenblick von sich entfremden, wenn er sich seiner erhofften Mitte zu nähern beginnt?

Diese Augenblicke sind heilig, auch wenn sie nichts mit dem zu tun haben, was die kanonisierten Religionen als das Heilige bezeichnen. Dieses Heilige ist anarchisch: Das Unbekannte und Fremde bricht in die vertraute Welt ein, um sie außer sich geraten zu lassen. Obwohl das, was Lacan als »der große Andere« bezeichnet, für die Postmoderne nicht existiert, hat der Mensch in der zweieinhalbtausendjährigen Tradition der europäischen Kultur — zumindest solange er metaphysisch ausgerichtet war — stets das als heilig empfunden, was ganz anders als er selbst war. Mit den Worten Peter Sloterdijks: »Die metaphysische Askese ist im Grunde nur die bewusste Ausarbeitung dieser Unpassung [des Individuums und des Kosmos]. Sie verstärkt den Riss zwischen dem Individuum und seinem bisherigen Leben und zieht es zunehmend auf ein Gebiet, in dem es für sich selbst das ganz Andere, das Eigentliche, das wahrhaft Seiende wird.«[250] Diesem Anderen, dieser Manifestation des Heiligen kann man sich nicht stufenweise nähern; entweder fällt man ihm vom Schwindel erfasst anheim und verliert sich darin oder man ahnt nichts davon. Das Heilige bedeutete immer schon Absonderung: Das griechische ἅγιος (hagios) bezeichnete ursprünglich einen umfriedeten Platz, den kein Sterblicher betreten durfte; das lateinische sanctus leitet sich vom Stamm sāg- (umschließt, umgrenzt) ab; und auch der Stamm des hebräischen קָדוֹשׁ (heilig) bezieht sich auf die Absonderung. Der Mensch hat dann teil am Erlebnis des Heiligen, wenn etwas, das er als fremd und uneinnehmbar empfindet, in ihn einkehrt und ihn schwindelig macht — wenn er das *Andere* als etwas mit ihm *Identisches* erlebt. Ob ihm dieses *Andere* Leiden bereitet wie beim Schmerz oder Genuss wie in der Liebe, spielt keine Rolle; wenn es derart übermächtig wird, dass es der Kontrolle entgleitet, dann erlebt der Mensch das Heilige, auch dann wenn er den *Begriff* des Heiligen weder da noch später je im Sinn hatte.

Die Welt (kosmos) und das Heilige (hagios) stehen sich gegenüber, heißt es in einem aus der Feder eines unbekannten Verfassers stammenden, altgnostischen Werk.[251] Wenn der Mensch sich erkennen will, muss das Fremde, das Andere in ihm überhand nehmen, damit er sich der Wahrheit über sich bewusst werden kann. In den heiligen Momenten findet er auf dem Umweg des Andersseins, indem er sich von sich entfernt, zu sich. Nicht umsonst heißt es dann, der Mensch verliere sich: denn er entfremdet sich von allem einschließlich seines Selbst. Diese widersprüchliche Dynamik des Daseins erlebt der Mensch in den Augenblicken der Erschütterung: Er erlebt die Erfüllung, diese weckt aber auch ein unauflösliches Fremdheitsgefühl in ihm. Diese elementare Selbstentfremdung der Welt war zu allen Zeiten bekannt, aber nur wenige trugen der zerstörerischen Kraft, die darin verborgen ist, Rechnung. Zu erwähnen wären: die Gnostiker, die das Fremdsein als Synonym für das sogenannte Trans- oder Hyperkosmische deuteten und einen unüberbrückbaren Abgrund zwischen dem irdischen Dasein und dem fremden, nicht erkennbaren Gott, der für dieses Dasein verantwortlich war, sahen;[252] jene Frühchristen, denen das völlige Andersseins von Welt und Gott immer wieder dämmerte,[253] bis die Kirche die Einheit »wiederherstellte«, indem sie festlegte, dass Gott zwar unbekannt, nicht aber unerkennbar sei;[254] und die Mystiker, die die *individuelle* Erfahrung dem von der Kirche vorgegebenen, *gemeinsamen* Weg vorzogen und das Erlebnis des unaufhebbaren Fremdseins betonten.[255] Diesbezüglich gehört Nietzsche, der großen Wert auf die im Gegensatz zur menschlichen Welt »entmenschte, unmenschliche Welt, die ein himmlisches Nichts ist«[256], legte, genauso hierher wie E. M. Cioran, der vom wuchernden, unaufhebbaren Fremdsein in der Welt auf die Verfehltheit der Schöpfung schloss, oder Georges Bataille, der seine Gedankenwelt auf das von ihm auch begrifflich ausgearbeitete Konzept des *Andersseins*, der Heterologie, gründete (ἕτερος, heteros = der andere)[257] und damit die Tradition der Gnostiker erneuerte, für die der Begriff heteros ebenfalls von zentraler Bedeutung gewesen ist.

SACKGASSEN

Woher kommt dieses in der europäischen Geistestradition so beharrlich wiederkehrende Erlebnis des Fremdseins, Andersseins? In Lautréamonts »Les Chants de Maldoror« (Die Gesänge des Maldoror) ist folgende, leidenschaftliche Klage zu lesen: »Wenigstens hat es sich als wahr erwiesen, dass tagsüber jeder dem Großen Außen (wer kennt seinen Namen nicht?) einen nützlichen Widerstand entgegensetzen kann; denn dann wacht der Wille mit auffallender Erbitterung über seine eigene Verteidigung. Aber sobald sich der Schleier nächtlicher Dünste selbst über die Verurteilten, die man hängen wird, breitet, o! seinen Verstand in den ruchlosen Händen eines Fremden zu sehen. (...) Welche Schmach! Unsere Tür ist der wilden Neugier des himmlischen Räubers geöffnet. Ich habe diese schändliche Folter nicht verdient, du scheußlicher Spion meiner Kausalität! Wenn ich existiere, so bin ich kein anderer. Ich gebe diese zweideutige Pluralität in mir nicht zu. (...) Meine Subjektivität und der Schöpfer, das ist viel für ein Gehirn.«[258]

Die »schändlichste Folter« für den Menschen besteht nach Lautréamont darin, gerade darüber nicht frei verfügen zu können, was der alleinige Beweis seiner Existenz ist: sein eigenes Leben. Für ihn ist das »Andere« kein Begriff, kein Gegenstand theoretischer Untersuchungen, sondern ein Erlebnis von Fremdsein, das den Menschen mit der eigenen Vergänglichkeit konfrontiert. Das einzige, womit er sich identifizieren kann, sein eigenes Leben also, erhielt er ohne je gefragt zu werden, ob er es auch haben wolle, und es wird ihm auch wieder ohne sein Einverständnis genommen. Das »Andere« ist ein Ausdruck jener Unmöglichkeit, dass alles, was ist, einschließlich des Menschen, seine Entstehung etwas verdankt, das mit ihm nicht identisch ist. Jedes Dasein trägt seinen eigenen Mangel in sich; in allem, was ist, nistet etwas, etwas Anderes, das all das, was ist, früher oder später aufheben, vernichten wird, ohne dabei selbst vernichtet zu werden.

Wenn Ate, die Göttin der Zwietracht, im Menschen Gestalt annimmt, empfindet er sein Leben als etwas Unmögliches; es erscheint ihm wie ein Wunder, dass er überhaupt ist, obwohl er genausogut auch nicht sein könnte. Das Unmögliche, in dem er in den Momenten des Gotteserlebnisses zu sich findet, lässt sich nicht austricksen; der Mensch wird deshalb vom Gefühl des Fremdseins überwältigt, weil dieses Unmögliche in keiner Weise verwirklicht, mit keiner Möglichkeit »aufgeladen« werden kann, und auch das infolge dieses Unmöglichen in ihm aufkeimende Mangelgefühl durch keinen positiven Inhalt gestillt werden kann. Und doch findet der Mensch, wenn ihn das Unmögliche berührt, sich damit nicht ab, sondern fühlt sich vor allem von einer grenzenlosen Kraft erfüllt. Sein ganzes Wesen ist ein riesiges Ja — auch wenn dieses Ja sich als allumfassende Negation manifestiert. Im Unmöglichen deutet sich die Widersprüchlichkeit des Daseins an, die Tatsache, dass der Mensch Herr seines Selbst ist, aber als auch dessen Untertan, dass er durch sein Dasein ein Garant des jedes Dasein gewährenden »Seins« ist, als ein zur Vergänglichkeit verurteiltes Wesen aber auch die Unmöglichkeit dieses »Seins« erleiden muss. Das Unmögliche ist kein Nomen, es lässt sich weder mit dem Gott der Theologen noch dem Sein der Ontologen gleichsetzen. Es ist aber auch kein Attribut, denn dann wäre es etwas zugeordnet, das seine alles durchdringende Kraft hemmte. Schon der bloße Wortgebrauch ist irreführend, da es sich beim Unmöglichen um etwas handelt, das eigentlich nicht einmal als unmöglich bezeichnet werden dürfte. Selbst ein Auslassungszeichen (-), eine für sich stehende Klammer ( ) oder Punkte ... veranschaulichten es besser als Worte. Das Unmögliche verdrängt in den kathartischen Augenblicken alles aus dem Blickfeld des Menschen, veranlasst ihn, sein ganzes Leben als einen von allem losgelösten Bindestrich oder eine für sich stehende Klammer zu empfinden, das in keinen weiteren Sinnzusammenhang eingebettet werden kann.

Das Unmögliche: die verneinende Bejahung

Eines der wichtigsten Ziele der mit Platon beginnenden und im Christentum gipfelnden, europäischen Tradition bestand seit jeher darin, den Menschen gegen die Versuchung des Unmöglichen zu wappnen. Dieser Prozess ist grundsätzlich ideologischer Natur (der Begriff der Ideologie entspringt der Epoche der Aufklärung: Das Wort wurde von Destutt de Tracy am Ende das 18. Jahrhunderts geprägt). Ideologie ist die Lehre von der Idee, das heißt vom sinnlich Sichtbaren. Man kann nur das sehen, was einem gegenübersteht. Das, was mit einem selbst identisch ist, kann man ebensowenig sehen, wie der Augapfel sich selbst sehen kann. Wenn die Sünde darin besteht, sich von Gott zu entfernen, dann ist die Ideologie selbst ein Zeichen des »Scheiterns«: trotz bester Absichten verrät und vergisst der Ideologe gerade das, wofür er andere gewinnen will. »Seit der Auslegung des Seins als idea«, schreibt Heidegger, »ist das Denken auf das Sein des Seienden metaphysisch, und die Metaphysik ist theologisch. Theologie bedeutet hier die Auslegung der ›Ursache‹ des Seienden als Gott und die Verlegung des Seins in diese Ursache, die das Sein in sich enthält und aus sich entläßt, weil sie das Seiendste des Seienden ist«[259]. Die Idee eines gegenständlich gedachten, vermeintlich benennbaren Seins verschließt den Weg zum allem innewohnenden Unmöglichen in gleicher Weise wie die Vorstellung eines beim Namen genannten oder gedachten Gottes zum Gotteserlebnis.

Indem er für alles eine Erklärung sucht, ist der Ideologe unwillkürlich bestrebt, das Unmögliche, diesen Grundcharakter des Daseins, auszuklammern. Parallel dazu, gleichsam als Reaktion darauf, gab es in der europäischen Kulturtradition stets auch den Willen, Gott – und sei es durch einen Gottesmord (Nikolaus von Kues, Pascal, Nietzsche) – von den Institutionen wieder einzufordern. Im 9. Jahrhundert schreibt Scottus Eriugena: »Ist ja doch Alles, was gedacht und wahrgenommen wird, nichts Anders als die Erscheinung des Nicht-Erscheinenden, das Offenbarwerden des Verborgenen, die Bejahung des Verneinten, die Erfassung des Nicht-Erfaßbaren, der Ausdruck des Unsagbaren, die Nähe des Unnahbaren, das Verständnis des Unverständlichen, der Körper des Unkörperlichen, die überwesentliche Wesenheit, die formlose Form, die unmeßbare Masse, die unzählbare Zahl, das unwägbare Gewicht, die geistige Masse, die unsichtbare Sichtbarkeit, der unräumliche Raum, die zeitlose Zeit, die Begrenzung des Unbegrenzten, die Umschränkung des Unumschränkten«[260]. Das Zitat besagt, dass alles nur der Anschein von etwas — etwas dahinter Liegendem — sei. In den Augenblicken des Gotteserlebnisses zeigt sich aber, dass man dieses dahinter Liegende vergeblich suchte: Es ist der scheinbarste aller Anscheine. Scottus Eriugena behauptet nichts weniger als, *dass alles, was ist, das Sein offenbart, aber so, dass es dieses Sein gerade durch die Offenbarung auch wieder verhüllt.*

Jene, die das sogenannte Gotteserlebnis nicht der Kirche und dem Gottesglauben überlassen wollten, lehnten die Vorstellung eines das Dasein überragenden, despotischen, also ideologischen Gottes ab und versuchten den personalen Gott mittels der negativen Theologie zu retten. Die Anhänger Plotins[261] empfanden die Vorstellung eines vollendeten EINEN als unbefriedigend und gelangten durch die Errichtung komplexer Systeme zur Idee des EINEN ÜBER DEM EINEN (Iamblichos), das die Negation bereits in sich trägt. Die Gnostiker häuften Privative auf Privative, damit das UNNENNBARE sich ja nicht zu einem Namen, das UNGREIFBARE zu einem Gegenstand verfestige. Später schreibt Damaskios vom UNSAGBAREN, Dionysius Areopagita vom ÜBERSEIENDEN, Scottus Eriugena vom NICHTS, und Simon, der Neue Theologe, erweckt, wenn er vom UNSICHTBAREN LICHT schreibt, die NACHT der Orphiker zu neuem Leben. Das LAUTERE WESEN wird bei Meister Eckhart zu einem genauso geläufigen Ausdruck, wie es das EWIG UNGESCHAFFENE NICHTS und die UNAUSSPRECHLICHE VERBORGENHEIT bei Tauler sind. Unter dem Eindruck des kabbalistischen EN SEF schreibt Jakob Böhme vom UNGRUND und

Franz von Baader vom NICHTS UND ALLES. Im Geiste des brahmanisch-hinduistischen ATMAN spricht Schelling von der WELTSEELE, Schleiermacher vom UNENDLICHEN und der junge Hegel vom REINEN LEBEN. Das die Privative nährende Paradox schimmert sowohl in Hölderlins Gedanken über die Tragödie als URPARADOX als auch im rätselhaften Begriff des vom alten Goethe geprägten DÄMONISCHEN, das weder göttlich noch menschlich noch teuflisch noch engelhaft ist, durch: »Nur im Unmöglichen schien es sich zu gefallen und das Mögliche mit Verachtung von sich zu stoßen.«[262] Im 20. Jahrhundert arbeiten Jane Ellen Harrison, Rudolf Otto, Roger Caillois und Mircea Eliade den Begriff des paradoxen HEILIGEN auch unter Berücksichtigung der außereuropäischen Religionen heraus; Heidegger versucht das SEIN den Fesseln der theologischen Auslegung zu entziehen, wobei ihm im hohen Alter schon die Bezeichnung an sich unbefriedigend erscheint, und er sie durchgestrichen schreibt: SEIN; und geradezu besessen vom alles verzehrenden TOD ist Antonin Artaud, der im Schmerz den Grundstoff des Daseins erblickt.

Negation über Negation. Aber obwohl die allumfassende Negation im Grunde in Nicht-Wissen münden müsste, führen die Augenblicke der Erschütterung zu einer gewaltigen Bejahung. In den Augenblicken des Gotteserlebnisses entstellen Unmengen von Privativen die Sprache; und doch setzen sich die zahllosen *Nein* zu einem einzigen *Ja* zusammen. Nähert sich der Mensch seinem Selbst, findet er sich im Unmöglichen wieder. In solchen Momenten bejaht er nicht dieses oder jenes, sondern etwas, das ihn ganz durchdringt, ihn sich aber auch ungreifbar werden lässt. Nach Heidegger »erleuchtet« das Sein, und der Mensch wird, wenn er sich ihm nähert, ebenfalls erleuchtet. Wen aber die Leidenschaft hinreißt, und wen das in ihm aufgestaute Unmögliche verstummen lässt, dem sieht man im Gesicht an, dass sich in ihm etwas verdichtet hat, das einen auch der Hoffnung auf die »letzte« Erleuchtung beraubt. In solchen Momenten bejaht der Mensch das Unmögliche selbst.

Aber kann man irgendeine Aussage über das wagen, was alles unmöglich macht? Ist es wirklich der Mensch, der in den Momenten der Erschütterung das Unmögliche bejaht? Ist es nicht vielmehr umgekehrt? Wird in solchen Momenten nicht der Mensch zum Sprachrohr des Unmöglichen? Ist es nicht dieses Unmögliche, das sein Wesen bejaht, indem es duldet, dass er überhaupt sei?

Im Labyrinth

Der Mensch ist zwar ein *einmaliges* Wesen, dennoch manifestiert sich in jeder seiner Faser das Sein, das *alle Menschen* aufrechterhält; er verdankt sein Leben etwas, das ihm auch unermesslich fremd ist. Seine Gesichtszüge sind unverwechselbar, für die Einmaligkeit dieser Züge ist aber auch der ganze Kosmos verantwortlich; sein Körper gehört ihm allein, obwohl er ihm kein bisschen näher ist als Lichtjahre entfernten Planeten; das Wachsen seiner Haare, seiner Nägel ist genauso Ereignis wie die Explosion eines Sterns; die Exkremente, die sein Körper ausscheidet, sind der Rohstoff des Universums selbst; und der Klang seines Herzschlags nährt sich genauso von der Stille, die alles verschluckt und alles hervorbringt, wie die Dunkelheit, die seinen Körper ausfüllt, sich von der universellen Unsichtbarkeit nährt. Alles, was ist, ist ein Schicksalsgefährte von allem anderen: Sie alle sind Verkörperungen dessen, was in ihnen pulsiert, sie sind ihm aber auch untertan. Das ist es, was ihnen zu sein ermöglicht, darum überragt es das Dasein. Als Nicht-Seiendes bleibt es aber auch geringer als das Dasein. Georges Bataille, der eine Erzählung mit dem Titel »L'impossible« (Das Unmögliche) geschrieben hat, verwendet den bewusst vage gehaltenen Begriff »*das, was ist*« (ce qui est), wenn er jenes Nicht-Messbare, das den Menschen umgibt und auch selbst belebt, jene »grenzenlose Totalität, die wir nicht erkennen können«[263], fühlbar machen will. Aber nicht einmal der Begriff »grenzenlose Totalität« vermag das fühlbar zu machen, was er bezeichnen soll. Bataille selbst bemerkt an anderer Stelle, dass das, »was ist«, etwas ist, »von dem wir nichts wissen (außer in abgelösten Stücken), das nichts erklärt und für das die Ohnmacht oder der Tod des Menschen der einzige genügend erfüllte Ausdruck ist«[264]. Selbst der Ausdruck »das, was ist«, wird also durch das, worauf sich die Worte beziehen, unterminiert; richtiger wäre zu sagen: DAS, WAS NICHT DAS IST.

Beim Gotteserlebnis zeigt sich, dass der Mensch — als eingefleischter Gottsucher — vergeblich nach Gott sucht; der Weg, der zu ihm führt, ist endlos. Um Gott zu finden, müsste er zuvor sich selbst finden, müsste sich von außen, als Ganzes und Eines sehen, »von Angesicht zu Angesicht«. Dieser Weg ähnelt einer unendlichen Spirale, denn er müsste sich nicht nur auf einmal als Ganzes sehen, sondern auch sein sich von außen beobachtendes Ich einfangen, und müsste dann gleichzeitig auch das einfangende, »übergeordnete« — oder »untergeordnete«? — Ich als Eines begreifen, und so weiter. Und doch hat er, wenn er dieses Labyrinth betritt, zu Recht das Gefühl, dass er sich seinem Selbst nähert und endlich sein eigenes Leben zu führen beginnt. Dieses Leben ist genauso unmessbar und unbegreiflich wie die Allheit, wie »das, was ist«. Wenn es ihm zum Erlebnis wird, dass die Allheit kein neutraler Gegenstand ist, dem man gegenübertreten kann, wenn er deren wirkliche, fremdartige Natur vielmehr in sich selbst wiedererkennt, dann erlebt er das Unmögliche. Dann wird er zu einem Subjekt der Allheit. Dann begreift er, dass er von sich nicht mehr sagen kann, als dass »auch er nicht er ist«: er ist mit seinem Leben, seinem Körper und seiner Seele, ein Gefangener jenes Strudels, der ihn in einem außerordentlichen Augenblick von etwas Nicht-Seiendem zu etwas Seiendem kristallisiert hat, um ihn später wieder zu vernichten.

Die Dichtung

Im Augenblick des Gotteserlebnisses zeigt sich, dass der Gott, den die Theologie zum Gegenstand hat, im Grunde gar nicht existiert; damit der personale Gott auferstehen kann, muss dieser erst sterben. Über den Gott der Theologen lässt sich gar nichts sagen (da das Nichts unaussprechlich ist),[265] wollte man aber doch eine Aussage über ihn machen, müsste man ihn in eine »profane« (das heißt entweihende) verbal-prädikative Konstruktion einschließen.[266] Den *erlebten* Gott dagegen drängt es unbedingt aus dem Menschen heraus; im Moment des Gotteserlebnisses spricht der Mensch nicht von sich aus, er wird vielmehr von dem ihm innewohnenden Gott zum Reden gebracht. Dieser Gott sprengt die Sprache, um den Weg zum Unmöglichen freizumachen. »Über Göttliches kann (...) nur in Begeisterung gesprochen werden«[267], schrieb der junge Hegel, der sich zu jener Zeit noch dem Unmöglichen verpflichtet fühlte. Begeisterung bedeutet im ursprünglichen Sinn: von Seele (pneuma) erfüllt sein, Enthusiasmus, was wörtlich so viel heißt wie: von Gott erfüllt zu werden. In solchen Momenten beginnt der Mensch sich nicht nur von seinem bis dahin vermeintlich bekannten Ich, sondern auch von der ihm zur Verfügung stehenden Sprache zu entfernen. Statt Subjekt und Prädikat voneinander zu trennen, was an sich schon ein Hinweis für einen Zustand des Ausgeliefertseins ist (der Mensch als Subjekt unterscheidet sich von der Allheit und versucht das, was ihn überragt, zwanghaft zu einem Objekt zu machen), wird er selbst sowohl zum Objekt als auch zum Prädikat seines eigenen Subjekts. Die Unmöglichwerdung der Sprache zeigt, dass er zu sich gefunden hat in dem, »was ist« (beziehungsweise sich verliert in dem, was »nicht das ist«): Er hat durch seinen Sprachgebrauch teil an dessen Unmessbarkeit.

Dieses Hineinstülpen des Unmöglichen müsste eigentlich Stille zur Folge haben. Es bildet aber auch die Voraussetzung der Dichtung — obschon jede Dichtung, die sich vom Unmöglichen nährt, auch die Stille, die Hamlet mit seinen letzten Worten beschwört, in sich integriert hat. Im Dichter verwandelt sich die Allheit in etwas Subjektives. In solchen Momenten wächst zwar das Gefühl der Fremdheit des eigenen Wesens (denn er findet in dem zu sich, was nicht er selbst ist: in der kosmischen Ganzheit, dem Anderen), aber es nährt sich von der gleichen Fremdheit, die auch das ganze Dasein durchdringt. In der Entfremdung von sich findet der Dichter »nach Hause« zurück: Er richtet sich im Unmöglichen ein. Dieses Unmögliche entkleidet ihn seines Selbst; es bringt ihn aber auch dazu, in allem, was ist, seinen Schicksalsgefährten zu erkennen: in einem Stein oder einem Tier genauso wie in einem fernen Himmelskörper, ja selbst in der Luft. Diese unsichtbare Einheit deutet sich in der Dichtung, aber auch in der Musik und der Malerei an. Die Musik ist »der einzige unverkörperte Eingang in eine höhere Welt des Wissens (...), die wohl den Menschen umfaßt, daß er aber nicht *sie* zu fassen vermag«[268], sagt Beethoven. Auch die Dichtung wird dann authentisch, wenn der Dichter — der Komponist, der Maler — auf das Unmögliche nicht nur verweist, sondern sich ihm auch ausliefert.

Ein Kunstwerk gewinnt seine Kraft nicht aus dem, was der Dichter oder der Komponist aufzeichnet, was der Maler malt oder der Bildhauer modelliert, sondern aus dem, was diese Worte, diese Noten, diese Pinselstriche und diese Formen umgibt. Ein Werk wird dadurch ergreifend, dass es vom Unbeschreiblichen, Unsagbaren und Ungestaltbaren wie von einem Raubtier im Griff gehalten wird. Und nicht nur das Werk, sondern auch sein Rezipient; denn ein Werk übt auf den Menschen eine umso elementarere Wirkung aus, je mehr es auch in ihm das Unaussprechliche »zum Reden bringt«, wenn es ihn mit dem konfrontiert, was in ihm »nicht menschlich« ist. Jedes Werk will sich selbst übertreffen: Es will das fassen und in eine Form zwingen, was auch das Sein der Form selbst sichert. Dieser aussichtslose Kampf erklärt, warum es kein vollkommen befriedigendes Werk gibt; es ist umso größer (tiefer, aufrührender, verführerischer), je mehr man spürt, dass es auf dem Unmöglichen basiert.

Der Mangel an Frieden erweckt ein Kunstwerk zum Leben; ein Künstler verspürte keinen Schöpfungsdrang, wenn die Welt mit sich und er mit der Welt in eins wären. Die vermeintlich unauflösliche Harmonie (der Traum eines jeden Menschen) liegt jenseits des Daseins; die Sehnsucht danach, die das Werk beseelt, existiert dagegen sehr wohl. Man könnte sogar sagen, dass jedes große Werk ein Ausdruck der vergeblichen Suche nach Gott ist: Es verströmt einen Unglauben, und zwar umso spürbarer, je mehr es bestrebt ist, den Glauben zu finden. Im Gegensatz zum Evangelium sagt die Kunst nichts, sie fragt; und sie wird gerade dadurch authentisch, dass man spürt: Der Künstler erhofft sich keine Antwort. Seine Hoffnungslosigkeit geht dem Werk natürlich nicht voraus (dann wäre er ja nicht fähig zu schaffen) noch folgt sie ihm (dann handelte es sich ja um eine Art »positives« Wissen, also um eine Antwort, eine Lehre), sie durchdringt vielmehr dessen ganze Struktur, sie lässt sich von dem Werk weder trennen noch unterscheiden.

Paradoxerweise vermittelt einem ein großes Werk nicht dadurch ein Gefühl der Erfüllung, dass es das Unmögliche, das sich überall ausbreitet, aufhebt, sondern indem es es herausfordert, und obwohl keine Aussicht auf einen Sieg besteht, sich auf einen Kampf mit ihm einlässt. Das Unmögliche überwältigt einen so, wie der Anblick Gottes Saulus überwältigt. Nur der Künstler nimmt den Kampf auf — genauer gesagt: Jeder, der zu kämpfen beginnt, wird zu einem Künstler, auch dann, wenn sein Kampf nicht unbedingt einen künstlerischen Ausdruck findet. Der Künstler kämpft mit dem Unmöglichen wie Jakob mit dem unsichtbaren Gott; aber das, was er schafft — das Werk —, ist auch wieder nur eine Manifestation des Unmöglichen. Wie Jakob sich das Hüftgelenk ausrenkt, so renkt sich im Kunstwerk die Welt — der Stoff des Künstlers — aus. Als lauerte in jedem großen Werk ein alles aufrührendes, unerträgliches Ungeheuer — ein unsichtbarer Engel der Zerstörung: »Die Tiger des Zornes sind weiser als die Pferde des Wissens«[269], schreibt William Blake in den »Proverbs of Hell«. Wie ein blindes Minenpferd findet sich das Pferd des Wissens mit dem Unmöglichen ab und verliert sich ohne das Leben gelebt zu haben, das auch ihm beschieden war — im Gegensatz zum Tiger, der, obwohl auch seine Tage gezählt sind, dem Unmöglichen nicht nur untertan ist, sondern es mit seinem ganzen Schicksal auch ins Leben ruft. »Das Brüllen von Löwen, das Heulen von Wölfen, das Wüten der stürmischen See (...) sind Teile der Ewigkeit, zu groß für das Auge des Menschen«[270], schreibt wiederum Blake: Diese Ewigkeit, und mag sie nur einen Augenblick währen, wird jedem zuteil, der das Unmögliche gegen sich herausfordert. Das Unaussprechliche (Nicht-Hörbare, Nicht-Sichtbare) ist der eigentliche Grundstoff des Künstlers; existierte es nicht, gäbe es nichts, woran er das Wort (die Note, die Farbe, den Gips) festmachen könnte.

Blakes Wolfsgeheul hört man im Grunde auch in seinen sanftesten Gedichten; ein Löwe brüllt auch in der leisesten Musik; und auch in den stummen Gemälden und unbeweglichen Statuen spürt man noch den Strudel. Der Künstler genießt das Unmögliche, aber sein Genuss ist auch wieder nur ein Wirbel des Unmöglichen: Er ist von dem Schwindelgefühl, das sich infolge des Wankens einsetzt, nicht zu unterscheiden. »Aus der höchsten Lust heraus tönt der Schrei des Entsetzens, der sehnende Klagelaut eines unersetzlichen Verlustes. Die üppige Natur feiert ihre Saturnalien und ihre Todtenfeier zugleich«[271], schreibt Nietzsche. Diesen Schrei übt der Künstler, um sich der universellen, unpersönlichen Dichtung, dem überall durchsickernden Unmöglichen, zu nähern. Er will jenes Entsetzen fühlbar machen (mit Hilfe der Sinne »ausbreiten«), das er als Subjekt der Allheit in den Augenblicken des Gotteserlebnisses erlebt. Strahlte seine Schöpfung dieses Entsetzen nicht aus, wäre er kein Künstler.

Der Gott des Todes

Man kann den Gott, der in solchen Momenten — als Bindegewebe des Kunstwerks — zum Vorschein kommt, als den Gott des Todes bezeichnen. In der ersten Hälfte des 20. Jahrhunderts versuchte ein Zauberer in Haiti während einer Todeskultzeremonie den Tod selbst beim Namen zu nennen. Dieser Name unterscheidet sich kaum von den Gottesnamen der gnostischen Sekten fast zwei Jahrtausende zuvor. William Buehler Seabrook, der an einer solchen kultischen Zeremonie teilgenommen hat, berichtet Folgendes über das, was er hörte: »Dann begann das geschlechtslose Orakel des Todes zu sprechen, wenn man die grässlichen Laute, die aus seiner Kehle kamen, überhaupt als Sprechen bezeichnen kann. Es waren tiefe, krächzende Gutturallaute, die durch lang hingezogene, monotone und sinnlose Vokale verbunden wurden: ›Hgr-r-r-r-u-u-u-hgr-r-r-r-a-a-a-oh-h-h-h-hu-hu-hu-bl-bl-bl-bl-ghra-a-a-a-ghu-u-u-u-...‹ und so weiter. Es klang wie ein nicht enden wollendes Todesröcheln, das Röcheln einer mit Blut oder Schleim verstopften Luftröhre«[272].

Etwa zur gleichen Zeit sprengte fernab von Haiti, in Paris, inmitten einer radikal anderen Kultur auch Antonin Artaud die Sprache, um das Unmögliche, das sein Wesen besetzt hielt, und das die Ärzte als Wahnsinn deuteten, er selbst aber als Kreuz des Seins erlebte, fühlbar zu machen:

»main
de zolar
main
de zolan
almád
abal
main
de lupa
dabad

moioh
paiol
kirba
irba
a didol
a bigod

Was ich bin,
Ist nicht eingeschrieben,
Nicht repräsentiert im Menschen,
Der Mensch ist bloß ein opaker Block,
Der sich
Mit dem Unterdrückten,
Verdrängten
Und Unoffenbarten bewegt,
Wovon jede Geste eine spontane Offenbarung ist

poiol
elti
shenets
enetis
elsid
aste

Das Kreuz des Seins besteht darin, mich stets auf ein Wesen zurückführen zu wollen und einen Begriff zu fordern, während es in Wirklichkeit keinen gibt.«[273]

Mit solchen ekstatischen Manifestationen des Todes- und Gotteserlebnisses können wir mit unserem heutigen Denken wenig anfangen. Wir sprechen von Aberglauben, von fehlender Aufgeklärtheit, wir berufen uns auf die Primitivität andersartiger Kulturen, richten unsere Aufmerksamkeit ausschließlich auf die »gesellschaftlichen« oder »psychischen« Wurzeln der sogenannten Wahnvorstellungen, sprechen schlimmstenfalls von Krankheit oder gar von Geisteskrankheit. Seit Jahrtausenden bemüht sich unsere Kultur um die Unterdrückung dieses Erlebnisses. Wie zwei Chirurgen versuchen das *Christentum* und der *wissenschaftliche Geist* zielgerichtet alles aus dem Menschen herauszuschneiden, was ihn dem Unmöglichen ausliefern könnte. Stattdessen inthronisieren sie die Möglichkeit, die in der Sprache der Religion moralische Rechtsprechung (das Jüngste Gericht) und endgültige Erfüllung, in der Sprache der Wissenschaft immer umfassenderes Wissen und unaufhaltsamer Fortschritt heißt. Dem ordnet sich alles andere unter, und früher oder später neigt auch der Mensch zu glauben, dass seinem Dasein irgendein höheres Ziel innewohnt. Wer glaubte das nicht gern? Aber in den Augenblicken der Erschütterung, wenn man infolge eines außerordentlichen (»erhebenden« oder »niederschmetternden«) Erlebnisses den Boden unter den Füßen verliert und sich unvermittelt in etwas — dem Unmöglichen — wiederfindet, dessen Existenz die ganze Kultur abzustreiten versucht, dann stürzt man aus allen Gemeinschaften, die einen bis dahin am Leben erhielten, heraus, bleibt allein und verliert seine Sicherheit.

Diese Unsicherheit entbehrt aber nicht der Kraft. Diese Kraft verdankt der Mensch aber nicht sich selbst. Er wird in solchen Momenten vom Unmöglichen berührt, es kehrt in ihn etwas ein, das ihn genauso überragt wie alles Seiende. Dann beginnt er sich als ein Gefährter jener zu fühlen, die »ungebildet«, »primitiv«, »unaufgeklärt« sind. Dann erscheinen ihm auch die den Tod beschwörenden Eingeweihten des Voodookultes nicht mehr als Barbaren, sondern als Menschen, die sich nicht frei fühlen können, wenn sie nicht ins Unbekannte eindringen. Ist der Tod womöglich jenes Unbekannte, jenes Andere, das in bestimmten Momenten alles ungreifbar macht? Hölderlin ist kaum als ungebildet oder unaufgeklärt zu bezeichnen; und auch »Antigone« gehört zu den Gipfelleistungen der Zivilisation. Und doch unterscheidet sich das, was Hölderlin bezüglich dieses Stückes über das Wesen der tragischen Darstellung schreibt, nicht wesentlich von dem, was auch der Priester des Voodookultes erlebt haben mag, und es ist auch nicht schwer, Nietzsches Schrei des Entsetzens oder Blakes Wolfsgeheul daraus herauszuhören. Hölderlin schreibt: »Die tragische Darstellung beruhet (...) darauf, daß der unmittelbare Gott, ganz Eines mit dem Menschen (...), daß die *unendliche* Begeisterung *unendlich*, das heißt in Gegensätzen, im Bewußtseyn, welches das Bewußtseyn aufhebt, heilig sich scheidend, sich faßt, und der Gott, in der Gestalt des Todes, gegenwärtig ist.«[274]

Der Tod durchsetzt die Augenblicke der Begeisterung. Und auch wenn der Mensch in ihnen auf die Spur des Gottes stößt, so trägt dieser Gott nicht nur das Kostüm des Todes, sondern er ist wirklich gestorben. Nur durch seinen Tod kann er im Menschen wiederauferstehen.

Heißt das, dass der Mensch dann am »begeistertesten« ist, wenn er sein eigenes Vergehen erlebt? Dass ihm, wenn er sich in den zeitlosen Augenblick verliert, das Erlebnis der niederschmetternden Kürze seines Lebens zuteil wird? Dass er gerade dann, wenn er die lebendigsten Augenblicke seines Lebens erlebt, sich auf den Tod vorbereitet?

Der Strudel des Nichts

Das, was sonst unvorstellbar und mit gesundem Menschenverstand betrachtet unzulässig ist, wird in den Augenblicken des Gotteserlebnisses zur beklemmenden Wirklichkeit. Das Nichts selbst wird erlebbar. Charles de Bovelles hat zu Beginn des 16. Jahrhunderts in einer merkwürdigen, fast in Vergessenheit geratenen Erörterung umfassend über das Nichts geschrieben (De nichilo, 1510), dessen Erlebnis für ihn wohl am quälendsten gewesen sein muss, und das er vom Nicht-Sein, dieser logischen Unmöglichkeit, auch unterschied: »Alles Seiende (...) ist etwas. Alle Dinge sind mit dem Sein aufgeladen. Das Nichts ist leer, gleichgültig und seelenlos. Das Nichts ist außerhalb des ganzen Seins.

Folglich lässt sich die Aussage: ›Das Nichts ist kein Nichts‹ auf zweierlei Arten verstehen. Die eine ist negierend, die andere behauptend und bejahend. Beide enthüllen die gleiche Wirklichkeit, beide sind gleichwertig. Wenn wir sagen, das Nichts sei kein Nichts oder das Nichts sei kein Nicht-Sein, dann wollen wir damit eigentlich zum Ausdruck bringen, dass Nicht-Sein nicht bedeutet, dass etwas »nicht sei«[275]. Bovelles glaubt, dass ausschließlich dieses »seiende Nichts« als Grundlage des »seienden Seins« (nach seiner Deutung: der Materie) erachtet werden kann: »Die Materie ist ein unvollkommenes und unvollendetes Seiendes, ein potenzielles Seiendes (...), die Materie ist der Anfang und das Ende des Daseins. (...) Das Substrat der Materie ist aber das Nichts. Die Materie ist die Grundlage von allem, selbst verschmilzt sie aber mit dem Nichts und beruht auf ihm«[276]. Darum kann er auch behaupten, dass die Materie kein Sein, aber auch kein Nicht-Sein, sondern »leer und bar jeden Unterschieds«[277] sei. Da aber die Materie, wie er sagt, nicht nur der Anfang, sondern auch das Ende von allem ist, durchdringt das Nichts, das in ihr »Gestalt annimmt«, alles Seiende. »Das Sammelbecken aller Geschöpfe ist das Nichts, das stets gegenwärtig ist, und in dem sie sich alle befinden (...), das heißt, alles beruht auf dem Nichts: das Aufgeladene befindet sich im Leeren, das Sein gründet auf dem Nicht-Sein«[278]. Bovelles glaubt also, dass das Nichts das Dasein nicht umschließt und auch nicht jenseits davon »ist«, sondern — und damit nimmt er Heidegger vorweg — untrennbar damit verbunden, wenn auch nicht mit ihm identisch ist. Nach Bovelles' Ansicht lösen sich nicht die Seienden aus dem Nichts heraus und sondern sich davon ab, sondern das Nichts selbst durchdringt sie nach ihrem Entstehen. »Das Nichts verschwindet nicht vor den Geschöpfen, sondern existiert gemeinsam mit ihnen«[279]. Es geschieht »damit« das, was Hermann Broch am Ende seines Romans »Der Tod des Vergil« schreibt: »Das Nichts erfüllte die Leere und ward zum All«.

Das Erlebnis des Nichts verhilft dem Menschen zu der Einsicht, dass das Dasein, um überhaupt »sein« zu können, auch des

Unmöglichen bedarf, also dessen, was es nie geben kann, ohne das aber kein Werden und Vergehen möglich wäre.* Der späte Heidegger bezeichnet das, was im Vergleich zum Dasein »das schlechthin Andere« ist, als das Nicht-Seiende und setzt es mit dem Sein selbst gleich: »Das Sein (...) ist keine seiende Beschaffenheit an Seiendem. Das Sein lässt sich nicht gleich dem Seienden gegenständlich vor- und herstellen. Dies schlechthin Andere zu allen Seienden ist das Nicht-Seiende. Aber dieses Nichts west als das Sein (...). [Man muss bereit sein] im Nichts die Weiträumigkeit dessen zu erfahren, was jedem Seienden die Gewähr gibt, zu sein. Das ist das Sein selbst. Ohne das Sein, dessen abgründiges, aber noch unentfaltetes Wesen uns das Nichts in der wesenhaften Angst zuschickt, bliebe alles Seiende in der Seinslosigkeit«[281]. Wenn wir das Wort »Sein« im Zitat durch das Wort »Gott« ersetzen, kommt die platonische und theologische Struktur von Heideggers Gedankengang ebenso zum Vorschein wie seine enge Verbindung zur Mystik. Auch für den Mystiker ist die Begegnung mit Gott (dem

---

* »Siehst du also, wie ganz unmöglich es ist, richtig das Nichtseiende auszusprechen oder etwas davon zu sagen oder es auch nur an und für sich zu denken; sondern wie es etwas Ungedenkliches und Unbeschreibliches und Unaussprechliches und Unerklärliches?«, heißt es in Platons Dialog »Der Sophist« (238c). Und doch gelangt Platon später zu der Überlegung, dass das Nicht-Seiende, das anders (heteron) als das Seiende ist, in irgendeiner Weise doch existieren muss, da ohne es auch das Werden und Vergehen der Seienden unvorstellbar wäre: »da das Sein und das Verschiedene durch alles und auch durcheinander hindurchgehen: so wird nun das Verschiedene als an dem Seienden Anteil haben, freilich sein, vermöge dieses Anteils, nicht aber jenes, woran es Anteil hat, sondern ein Verschiedenes; verschieden aber von dem Seienden ist es ja offenbar ganz notwendig das Nichtseiende. Wiederum das Seiende am Verschiedenen Anteil habend ist ja verschieden von allen andern Gattungen, und als von ihnen insgesamt verschieden, ist es ja eine jede von ihnen nicht, noch auch alle andern insgesamt, sondern nur es selbst. So dass das Seiende wiederum ganz unbestritten tausend und zehntausenderlei nicht ist und so auch alles andere einzeln und zusammengenommen auf gar vielerlei Weise ist und auf gar vielerlei nicht ist.« (259a)

Sein) das Ziel, und der erste Schritt dahin ist die Einsicht in die eigene Nichtigkeit,[282] gefolgt von der Erkenntnis, dass die eigene Nichtigkeit gleichgeartet ist der Nichtigkeit des Schöpfers.* Auch die Mystik sagt, dass der Mensch im Augenblick der Berührung durch Gott (der Vergöttlichung) das Nichts erlebt. Aber obwohl es »nichts« ist, stellt es für die Mystiker dennoch eine eindeutig positive Erfüllung dar.

Dabei bietet das Erlebnis des Nichts kaum Erfüllung. Allerdings bedeutet es auch keine Entleerung, denn es ist eine Art »positiver« Zustand. Es taucht den Menschen vielmehr in einen Strudel ein, der beides in sich vereint; beim Erlebnis des Unmöglichen erlebt der Mensch auch seine eigene Situation als unmöglich.[284] Er könnte darüber nur mit Hilfe der Dichtung Rechenschaft ablegen. Franz von Baader wurde nicht müde zu betonen, dass das Nichts keine reine Zero, keine »indifferentia« sei, sondern »die höchste Differenz«, die überhaupt vorstellbar ist,[285] und dass es als solche dem Dasein nicht (als erste Ursache, Gott, Sein) vorausgeht

---

* Einige typische Beispiele: In seiner 45. Predigt schreibt Tauler: »Die wahre Verkleinerung versinkt in den göttlichen, inneren Abgrund. Kinder, da verlieren sie sich gänzlich in rechter, wahrer Verlorenheit ihrer selbst. (...) Der geschaffene Abgrund leitet wegen seiner Tiefe weiter hinein. Seine Tiefe und sein erkanntes Nichts zieht den ungeschaffenen, offenen Abgrund in sich, und da fließt der eine Abgrund in den anderen Abgrund und wird da ein einziges Eins, ein Nichts in anderen Nichts« (Tauler, Predigten, L, S. 211). Bei Seuse ist zu lesen: »Wesentlicher Lohn besteht in beschaulicher Vereinigung der Seele mit der bloßen Gottheit (...) und je abgeschiedener und lediger der Ausgang, desto freier der Aufgang, und desto näher der Eingang in die grenzenlose Einsamkeit und in den tiefen Abgrund der gestaltlosen Gottheit« (Seuse, Das Büchlein der ewigen Weisheit, Kap. 12). Ähnlich äußert sich viel später der romantische Theologe Schleiermacher:»Schaut Euch selbst an mit unverwandter Anstrengung, sondert alles ab, was nicht Euer Ich ist, fahrt so immer fort mit immer geschärfterem Sinn, und je mehr Ihr Euch selbst verschwindet, desto klarer wird das Universum vor Euch dastehn, desto herrlicher werdet Ihr belohnt werden für den Schreck der Selbstvernichtung durch das Gefühl des Unendlichen in Euch.« (Schleiermacher, Über die Religion, I, 2, S. 261).

noch folgt, aber auch nicht als Erfüllung über das Dasein hinauswächst, sondern es vollkommen durchdringt und dabei unaufhörlich außer sich geraten lässt. »Man sieht (...) gewöhnlich nicht ein: dass das Nichtgesehene, so wie das Nichtgehörte, Nichtbegreifliche, und eben darum Unbewegliche nicht nur nicht Nichts und nicht nur nicht Weniger ist, als das Sichtbare, Hörbare, Begreifliche, Bewegliche, sondern dass es mehr als letzteres ist, indem das Nichtgesehene eben das Sehende, das Nichtgehörte das Hörende, das Nichtbegreifliche das Begreifende und das Unbewegliche das Bewegende ist.«[286]

Das Nichts ist kein Sein, das das Dasein überragt, noch ist es der Mangel des Daseins, es ist vielmehr das ständige Über-sich-Hinausfließen des Daseins. Es ist kein Übergangszustand noch das Endziel, sondern eine Kraft, die sich — da es nichts ist — nur durch ihren »Mangel« manifestieren kann. Darum erlebt der Mensch das Nichts nicht nur im Zustand der Angst, sondern jedes Mal wenn er mit dem Unmöglichen aufgeladen ist. Die Augenblicke des Wunders, der Wonne, des Zaubers, der Freude oder der Liebe können ihn gleichermaßen erschüttern: Je selbstvergessener er sich ihnen überlässt, desto größer ist die Gefahr, dass ihm das Erlebnis der Fremdheit zuteil wird. Die Fremdheit des Seins wird dann zu seinem eigensten »Teil«: Aufgeladen mit dem »Anderen« fühlt er sich endlich identisch mit sich selbst. Wenn er über das Erlebnis des Nichts zu sprechen versucht, wird er früher oder später ein Opfer der irreführenden Worte, die stets von etwas berichten wollen. Um nicht unverständlich zu werden, spricht er lieber von Gott, den er im Augenblick der Vernichtung erblickt habe — obwohl dieser gerade durch seinen eigenen Tod in ihm zum Leben erwacht ist; dann wiederum spricht er davon, dass er vom Sein berührt worden sei — obwohl das, was er in solchen Momenten erlebt, ihn nicht nur entleert, sondern auch zu konzentrierter Sinnlichkeit verdichtet und in den Zustand der Erfüllung versetzt. Wie Gott oder das Sein ist auch das Nichts eine Maske des Unmöglichen. In den starken Augenblicken des sogenannten Gotteserlebnisses, wenn der Mensch vom Blitz berührt wird, seine Mitte entdeckt, die Grenze überschreitet oder in den Bannkreis des Chaos gerät, entdeckt er seine Mitte in etwas, das gänzlich außerhalb seines Wirkungsbereichs fällt. Dieser negative Abdruck seines Selbst wird zum alleinigen Ziel seiner Sehnsucht, zum ausschließlichen Gegenstand seines Gottesglaubens.

Abb. Caravaggio, Das Haupt der Medusa (spätes 16. Jh.).

Was wäre das Leben des Menschen anderes als ein einziger Augenblick, in dem das Unmögliche plötzlich einen Riss bekommt, und etwas möglich wird? Wie ein Blitz ist der Augenblick zwischen der Geburt und dem Tod; ein leuchtendes Wurzelwerk, das sich plötzlich in den Körper der Dunkelheit entlädt. Solange er dauert, überragt er alles andere und erscheint unzerstörbar, zeitlos, er selbst zerstört, er selbst erschafft die Zeit. Danach verschwindet er genauso plötzlich wie er gekommen ist. Die gleiche Unermesslichkeit vernichtet ihn, der er auch seine Geburt verdankte.

Es gäbe im Leben solche Augenblicke nicht, wäre nicht auch das Leben selbst ein einziger Blitz. Es kann sich jederzeit ereignen, denn es ist nicht an die Zeit gebunden; es wird von einer launischen Willkür gelenkt, die jeder Gesetzmäßigkeit entbehrt. Diese Launenhaftigkeit durchflutet den Menschen in den erschütternden Augenblicken; er hat deshalb das Gefühl, auf die Substanz seines Lebens gestoßen zu sein, weil auch dessen Substanz wohl die Launenhaftigkeit ist. Sollte die Grundlosigkeit des Lebens die tiefste Einsicht sein, derer der Mensch fähig ist? Stellt sie jenes besondere Wissen dar, das in den außerordentlichen Augenblicken in den Blicken aufleuchtet, um dann einem Gorgonenhaupt gleich alles um sich herum zu paralysieren?

7. Die Kraft des Augenblicks

»Time present and time past
Are both perhaps present in time future
And time future contained in time past.
If all time is eternally present
All time is unredeemable.
What might have been is an abstraction
Remaining a perpetual possibility
Only in a world of speculation.
What might have been and what has been
Point to one end, which is always present.«
T. S. Eliot, Burnt Norton

Der Augenblick der Inspiration

In den als inspiriert geltenden Augenblicken erlebt der Mensch sich als außerordentlich gesammelt. Er erlebt, dass er in solchen Momenten wirklich sein eigenes Leben zu führen beginnt. Während er sich seinem Selbst nähert, zeigt sich aber auch, dass er das nicht aus eigener Kraft tut. Eine fremde Kraft scheint ihn zu führen. Die Verliebtheit kommt diesem Zustand am nächsten, nicht umsonst spricht man dann von Augenblicken des Hingerissenseins: Während der Verliebte das Gefühl hat, dass seine Sehnsüchte sich erfüllen, erlebt er sich gleichzeitig auch als Opfer einer fremden Kraft, die natürlich nur zum Teil mit jenem Wesen identisch ist, in das er sich verliebt hat. Diese fremde Kraft reißt ihn fort — nicht nur von der Welt, sondern auch von sich selbst. Das macht die sogenannten Augenblicke der Inspiration so erschütternd. Als bestünde ihre letzte Bestimmung gar nicht darin, den

Menschen an der Inspiration (der Wonne, dem Hingerissensein, dem Leiden, dem Zweifel, der Liebe, dem Gotteserlebnis) teilhaben zu lassen, sondern darin, ihn dem Erlebnis dieses Fremdseins näherzubringen. Wie wenn man versucht, etwas aus immer größerer Nähe zu betrachten, und es sich dabei immer mehr ins Unkenntliche verzerrt — so wird es beim Nahen der Erfüllung auch immer unbegreiflicher, was sich eigentlich erfüllen soll.

DAS PLÖTZLICHE

Es ist schwer, sich auf solche Augenblicke vorzubereiten; sie beschleichen einen, ohne sich anzukündigen, und zerrinnen dann genauso unvermittelt wieder in nichts, lassen nichts als das Gefühl ihres Mangels zurück. Sie lassen sich in keine Art von *Ordnung* einfügen. Man sollte sie deshalb *außerordentlich* nennen.

Nach der christlich-europäischen Tradition reißen die außerordentlichen Augenblicke den Menschen nicht nur aus seinem gewohnten Lebensrhythmus heraus, sondern bringen ihn auch dem näher, dem er sein Leben und dessen Ordnung verdankt: Gott. In diesen Zusammenhang gehört auch die Geschichte der Bekehrung des Saulus, die sich ebenfalls in einem einzigen Augenblick vollzogen hat: »Als er aber hinzog, geschah es, dass er sich Damaskus näherte. Und plötzlich umstrahlte ihn ein Licht aus dem Himmel; und er fiel auf die Erde und hörte eine Stimme, die zu ihm sprach: Saul, Saul, was verfolgst du mich? Er aber sprach: Wer bist du, Herr? Er aber sagte: Ich bin Jesus, den du verfolgst. (...) Die Männer aber, die mit ihm des Weges zogen, standen sprachlos, da sie wohl die Stimme hörten, aber niemand sahen. Saulus aber richtete sich von der Erde auf. Als sich aber seine Augen öffneten, sah er nichts. (...) Und er konnte drei Tage nicht sehen und aß nicht und trank nicht.« (Apg 9,3–9)

Am Ende des Weges wartet angeblich Gott auf Saulus. Und doch hat diese Bekehrung nichts Friedliches an sich. Sein Sturz entkleidet Saulus seines Selbst, wie es auf Caravaggios Gemälde »Die Bekehrung des Paulus« gut zu sehen ist. Der Herr erklärt ihm übrigens auch, dass nicht einmal sein Instinkt, der vermeintlich persönlichste Teil seines Selbst, ihm gehöre: Auch darüber hielte Er seine Hand. Paulus wird den Augenblick der »großen Plötzlichkeit« später natürlich als eindeutige Erfüllung registrieren. Doch statt der Erfüllung gerät dann und dort erst einmal alles in Verwirrung: Höhe und Tiefe (der Sturz zu Boden) genauso wie Licht und Dunkel (die Erblindung). Es bricht infolge dieses Augenblicks etwas herein, das die Ordnung (dieses Hauptmerkmal Gottes) genauso überragt wie ihren Gegensatz, die Unordnung. Es erinnert an das Chaos, von dem sich der Mensch stets fernhalten will, und das er vor sich auch dadurch zu verhüllen versucht, dass er in jedem außerordentlichen Augenblick um jeden Preis das Siegel der göttlichen Gnade gewahren will.

Was ist diese »große Plötzlichkeit«? Schon der ursprüngliche griechische Ausdruck dafür ist verräterisch. Zur Kennzeichnung des »Plötzlichen« gebraucht der griechische Text das Wort eksaifnes. Diesem Wort kommt aber nicht an dieser Stelle zum ersten Mal eine wichtige Rolle zu. Es wird von Platon in einem anderen, ebenfalls bemerkenswerten Textzusammenhang gebraucht. Als Platon im Dialog »Parmenides« über das Verhältnis zwischen dem Einen und dem Sein schreibt, erläutert er, dass sich Ruhe und Bewegung, Werden und Vergehen nicht gleichzeitig ereignen könnten: »Eine Zeit aber gibt es (...) nicht, in der etwas zugleich weder bewegt sein noch ruhen könnte.«[288] Aber wo sollte eine Veränderung, bei der etwas seinen vorherigen Zustand schon verlassen, seinen kommenden Zustand aber noch nicht erreicht hat, sich sonst vollziehen? Die Antwort des Sokrates lautet: im Augenblicklichen, im Plötzlichen (to eksaifnes): »Dieses wunderbare Wesen [physis atopos = von ortloser Natur], der Augenblick, liegt zwischen der Bewegung und der Ruhe als außer aller Zeit seiend, und in ihm und aus ihm geht das Bewegte über zur Ruhe und das Ruhende zur Bewegung. (...) Geht es aber über, so geht es im Augenblick über, sodass indem es übergeht, *es in gar keiner Zeit ist*, und sich dann weder bewegt noch ruht. (...) Verhält es sich nun etwa ebenso auch mit den anderen Übergängen, wenn es aus dem Sein in das Vergehen übergeht oder aus dem Nicht-Sein in das Werden, dass es dann jedesmal auf gewisse Weise zwischen einer Bewegung und einer Ruhe ist und dann weder ist noch nicht ist, weder wird noch vergeht?«[289]

Kierkegaard wird das platonische »Augenblickliche« später als die »Übergangskategorie schlechthin« bezeichnen:[290] es ermöglicht zwar, dass das Jetzt an ein späteres Jetzt anknüpft, seine Rolle beschränkt sich dennoch nicht auf die bloße Vermittlung. Von der Zeit oder vom Raum her kann man sich ihm nicht nähern, denn es macht die Entstehung von Raum und Zeit überhaupt erst möglich. Es gleicht einem für sich stehenden Bindestrich. Wie die Ordnung ein winziges, abgeschlossenes Stück des Außerordentlichen ist, so ist auch die Zeit in etwas eingebettet, das zeitlich nicht messbar ist.* Das Augenblickliche ist ein Ruck, in dem sich plötzlich nichts ereignet — genauer gesagt das »Nichts« ereignet, denn es ermöglicht etwas, das sich weder zeitlich noch räumlich fassen lässt. In den außerordentlichen Augenblicken stellt sich heraus, dass Raum und Zeit kein letzter Anker, sondern ein Vorhang sind.

In diesen Momenten zeigt sich aber auch, dass gleich dem Schleier von Sais auch dieser Vorhang nichts verhüllt. Nichts verbirgt sich dahinter, genauer gesagt wieder »das Nichts«. In diesen außerordentlichen Augenblicken geht nicht der Vorhang von Raum und Zeit vor dem Nichts auf, damit wir es aus dem Zuschauerraum der Welt wie ein Bühnenschauspiel betrachten können, sondern das Nichts, das Unmögliche selbst, zieht den Vor-

---

* Gerade dieses immer wieder aufkeimende Paradox wollte Aristoteles aus der Welt schaffen, als er das »Augenblickliche«, also das Außerordentliche, der Zeit, der Ordnung unterwarf: »Der Ausdruck ›plötzlich‹ bezeichnet das, was in einer um ihrer Kürze willen unbemerklichen Zeit vor sich ging« (Physik, IV, 222b).

hang zur Seite und hebt damit den Unterschied zwischen der Bühne (der fernen Transzendenz) und dem Zuschauerraum (der Sinnenwelt) auf. Wir sind dann gleichzeitig Zuschauer und Verkörperung des Unmöglichen. Dieses überall lauernde Unmögliche bricht in den außerordentlichen Augenblicken hervor. Diese Augenblicke sind außerordentlich, denn durch sie wird das Bindegewebe des Lebens fühlbar. Nicht weniger außerordentlich ist aber auch, dass wir das nicht fortwährend, ohne Unterbrechung fühlen.

Die »Erleuchtung«

Platon bezeichnet das Plötzliche als etwas »Seltsames« und gebraucht dafür das Wort »atopos«, das ursprünglich so viel heißt wie: »nicht an seinem Ort«. Im »plötzlichen Augenblick« tritt das, was ohne Raum ist, in den Raum ein, und das, was außerhalb der Zeit ist, in die Zeit ein, ohne deshalb selbst räumlich oder zeitlich zu werden.* Dieses »Seltsame« lässt seine aufrührende Wirkung in den Augenblicken der Inspiration spüren. Solche Augenblicke sind unplanbar, unberechenbar. Institutionen, die für das Leben von Gemeinschaften unabdingbar sind, können sie nicht als Fundament dienen. Deshalb versucht man von innerhalb der Grenzen von Ordnung und Zeit zurückblickend die Bedeutung dieser

---

* Aristoteles wollte nicht nur das »Plötzliche« der Zeit unterwerfen, er leugnete auch die Möglichkeit der Raumlosigkeit: »Denn die Deckung von Ort und Körper ist schlechterdings unerläßlich. Weder kann der Weltort größer sein als die mögliche Größe des Weltkörpers — übrigens wäre dann auch der Weltkörper gar nicht mehr unendlich groß — noch kann der Weltkörper größer sein als der Weltort. Denn im ersteren Fall gäbe es ein Leeres, im letzteren einen Körper, der von Natur aus keinen Ort besäße« (Physik, III, 205a–b). Für Aristoteles stellt nicht das Unmögliche, das potenziell reicher als alles anderes ist, den letzten Grund dar, er hält vielmehr die Ordnung, also das Begreifbare und Beeinflussbare, für die letzte Ursache des Daseins.

Augenblicke herabzustufen. Es ist bezeichnend, dass das Attribut »atopos« im Neuen Testament nicht mehr für etwas Wunderbares, sondern für etwas moralisch Verwerfliches steht: etwas Unrechtes (Lk 23,41), Schlimmes (Apg 28,6), Falsches (2 Thess 3,2). Für Platon hing das Augenblickliche (eksaifnes) noch mit dem Wunderbaren (atopos), also mit dem Werden und Vergehen überragenden Unmöglichen zusammen. Für die Christen schließen sich beide gegenseitig aus. Das Plötzliche (der Augenblick der Bekehrung des Saulus) ist das Zeichen einer eindeutig positiv aufgefassten Gnade, das allerdings keinen Ort hat (atopos), aus der göttlichen Ordnung heraushängt und somit eine Funktion des Bösen ist. Was zuvor sowohl hinreißend als auch zerstörerisch, sowohl erhebend als auch lähmend war, teilte sich infolge der Ausbreitung des Christentums auf zwei Gegenpole auf. Diese Teilung suggeriert ein vermeintlich begreifbares, friedliches und zugängliches Gottesbild. Zwar beruht auch der Glaube an die »göttliche Gnade« auf der Überzeugung, dass der Mensch nie restlos über sich verfügen kann; aber statt sich diesem Paradox zu stellen und der Erkenntnis Rechnung zu tragen, dass der Mensch die »Erfüllung« gerade in jenem Unmöglichen finden kann, das die Erfüllung selbst in Frage stellt, zähmt dieser Glaube das Paradox zu einem auflösbaren Gegensatz und die Erfüllung zu einer Versöhnung der Gegensätze.

Man muss der Wahrheit halber natürlich hinzufügen, dass das Christentum auch Platon nicht ganz untreu geworden war. In »Parmenides« kann das Augenblickliche den Menschen den Fesseln der Zeit und der Gegebenheiten noch deshalb entreißen, weil es weder auf das Werden noch auf das Vergehen reduziert werden kann. In seinen Briefen stellt Platon den Begriff des »Augenblicklichen«, des »Plötzlichen« aber schon in einen anderen Zusammenhang. Die letzte Erkenntnis, schreibt er, »lässt sich keineswegs in Worte fassen, wie andere Lerngegenstände, sondern aus häufiger gemeinsamer Bemühung um die Sache selbst und aus dem gemeinsamen Leben entsteht es plötzlich [eksaifnes] —

wie ein Feuer, das von einem übergesprungenen Funken entfacht wurde — in der Seele und nährt sich dann schon aus sich heraus weiter«[293]. Das »Plötzliche« ordnet sich hier unbemerkt etwas anderem unter. Es handelt sich dabei nun nicht mehr um eine »wunderbare« (an keinen Ort zu bindende) Erkenntnis, sondern um ein »Letztes«, und dieses gemahnt nicht mehr an die Herrschaft des Unmöglichen, sondern an die »gemeinsame Bemühung« und das »gemeinsame Leben« — an die Gegebenheiten also, die wiederum ohne die Zeit unvorstellbar sind. Das Augenblickliche hat hier nicht mehr die Aufgabe, als für sich stehende »Übergangskategorie« jegliche Dauer in einen einzigen strudelnden Augenblick hineinzusprengen, sondern als Brücke in das hinüberzuführen, was man als die friedliche, göttliche Ewigkeit bezeichnen kann. Der Begriff des Augenblicklichen und Plötzlichen (eksaifnes) wird später auch von Plotin gebraucht, um die göttliche Erleuchtung fühlbar zu machen: Der Mensch, der sich erhebt, »erblickt (...) das Eine mit einem Schlage (eksaifnes)«[294], dann erfüllt das Licht selbst sein Auge und seine Sicht. Auch hier ordnet sich die Erschütterung, die Ekstase etwas anderem unter; sie soll in den Dienst des Verstandes, der Einsicht gestellt werden. Und wie ungehindert dieser Wunsch in die christliche Kultur und innerhalb ihrer in die Mystik übergehen konnte, zeigt unter anderem auch die Aussage Dionysius Areopagitas aus dem 5. Jahrhundert, der im Augenblick nicht das Wunder des aufrührenden Unmöglichen, sondern das Wunder der Leibwerdung Gottes erblickte: »Plötzlich (eksaifnes) — das heißt gegen die Hoffnung (unvermutet), das heißt, dass es aus dem bisher Verborgenen in das Offene herausgeführt wird. Bei der Liebe Christi zu den Menschen scheint mir die Theologie dadurch anzudeuten, dass der Überseiende, als er menschliches Sein annahm, aus dem Verborgenen in unsere Offenheit hervorgegangen ist. Indes ist er verborgen auch nach der Offenbarung; oder, um es Gott entsprechender zu sagen: auch *in* der Offenbarung. Dieses Mysterium Jesu nämlich bleibt verborgen und kann mit keinem Gedanken angemessen ausgedrückt werden, und selbst wenn man es ausspricht, bleibt es unsagbar, und wenn man es denkt, unerkennbar«[295].

Gott ist aber nicht deshalb unaussprechlich und unerkennbar, weil er so weit weg ist, dass der Mensch sich nicht zu ihm erheben kann, sondern weil er ihm — den er nach wie vor als »Gott« bezeichnet — so nah ist. Um sich eines Ausdrucks Meister Eckharts zu bedienen: »Gott ist mir nêher denn ich mir selber bin«[296]. Das hat jedoch zur Folge, dass der Mensch unter dem Einfluss der erschütternden Augenblicke nicht in erster Linie mit der Größe und Allmacht Gottes als vielmehr mit der Tatsache konfrontiert wird, dass er immer weniger mit sich selbst identisch ist. Noch nie hatte er das Gefühl, sich so nahe gekommen zu sein — aber seine Identität manifestiert sich als eine nicht weiter steigerbare Nicht-Identität. Diese Nicht-Identität ist aber so blendend (Saulus!), dass der Mensch in diesem Augenblick nicht einmal ermessen kann, wem er sich genähert und von wem er sich entfernt hat.

Der Mangel des Daseins

Jedes Wissen und jedes Sehen ist auf etwas gerichtet; das Wissen bedarf genauso eines Gegenstandes wie das Sehen. Um sich seinem Gegenstand nähern zu können, muss es sich mit ihm bewegen. Die Bewegung der Seele und des Gegenstandes ist aber nichts anderes als die Zeit selbst, sagt Aristoteles: Das Dasein erstreckt sich immer in der Zeit. *Bekommt die Zeit infolge des Augenblicks, des Plötzlichen einen Riss, entsteht im Dasein selbst eine unausfüllbare Leere.* Das erweckt im Menschen ein Gefühl von Zeitlosigkeit; es scheint ihm, als breitete sich um ihn herum das Nichts aus. Das Nichts ist nichts anderes als die Negation, der Mangel des Daseins. Da das Dasein aber lückenlos ist, ist der Mangel, den der Mensch in den Augenblicken der Erschütterung erlebt, nicht die Negation eines Seienden durch ein anderes (wie wenn ein Körper einen anderen verdrängt), sondern das Erscheinen von etwas, das für das Werden und Vergehen des Daseins verantwortlich ist, das somit weder wird noch vergeht, strenggenommen also gar nicht ist.

Wie die Dinge sind, lässt sich erforschen; warum sie überhaupt sind, lässt sich dagegen nicht entschlüsseln. Dazu wäre es nötig, gerade von ihrem Dasein zu abstrahieren und die Erklärung dort zu suchen, wo das am allerwenigsten möglich ist: in ihrem Mangel, ihrem Nicht-Sein. Alles, was ist, ist durchtränkt von dem, was »jenseits« des Daseins ist, und was daher nicht einmal als »etwas« bezeichnet werden dürfte. Etwas, was nicht war und nicht sein wird, sondern ist, obwohl es eigentlich nicht ist. Dieses IST beschreibt Parmenides mit den Worten: »Es war nie und wird nie sein, weil es im Jetzt zusammen vorhanden ist als Ganzes, Eines, Zusammenhängendes«[297]. Der Gebrauch dieses »ist« ist — wie Boethius später darauf aufmerksam machen wird — aber nur dann erlaubt, wenn wir darunter nicht eine Zeitform, sondern eine zeitlose Gegenwart verstehen, wie es höchstens die Gegenwart der Manifestation sein kann.* Aber auch der Gebrauch dieses außerhalb der Zeit befindlichen IST reicht nicht aus, um fühlbar zu machen, dass das IST mit dem IST NICHT schwanger ist. Es lässt sich im Grunde also weder sagen, dass es IST noch dass es NICHT IST; weder dass es das SEIN ist noch dass es das NICHTS ist; weder DAS noch NICHT DAS. Es ist nichts anderes als das ewige UNMÖGLICHE.

---

* Boethius schreibt: »Denn wir werden nicht erlauben, dass jemand behauptet, das Wissen um die Götter werde durch den Lauf der Dinge bestimmt oder dass irgendetwas, was sie betrifft, vergangen oder zukünftig sei. Noch werden wir erlauben, dass die Worte ›war‹ und ›wird‹, die, wie wir aus Platons ›Timaios‹ wissen, stets eine Veränderung anzeigen, im Zusammenhang mit ihnen gebraucht werden. Zu gebrauchen ist allein das ›ist‹ und zwar nicht jenes ›ist‹, das zum ›war‹ und zum ›wird‹ gehört und diesen gegenübergestellt wird, sondern jenes ›ist‹, das noch vor den zeitlichen Vorstellungen gedacht wird, und das die unbeirrbare Unveränderlichkeit der Götter kennzeichnet. Das ist jenes ›ist‹, das nach dem großen Parmenides zu allem gehört, was denkbar ist, wenn er sagt: ›es war nie und wird nicht sein, sondern ist, als ein zusammenhängendes Ganzes‹« (zit. nach: Sorabji, Time, Creation and the Continuum, S. 102).

Der Zwist von Zeit und Ewigkeit

Die Zeit ist ein Gefängnis, verkündeten die Gnostiker: ein Zeichen der Verbannung aus der Ganzheit, der Vollkommenheit des Pleroma.[299] Sie glaubten, dass das Böse durch die Zeit herrschte (Kosmokrator = Chronokrator) und sahen daher in der Flucht aus der Zeit die Voraussetzung der Befreiung vom Bösen. Hier lassen sich die Spuren einer noch früheren Vorstellung entdecken, der persischen Unterscheidung zwischen Zeit und Ewigkeit, zrvan dareghō chvadhātā und zrvam akarná; demnach stehen sich die Zeit der Welt, also die Zeit zwischen der Schöpfung und dem Weltende, und die Ewigkeit, die grenzenlose Zeit, gegenüber. Dieser Gedanke lebt in Platons Schöpfungsgeschichte wieder auf. In »Timaios« heißt es: Der Vater erschuf die Welt, und als er sah, dass sie lebte und sich bewegte, kam ihm in seiner Freude der Gedanke, sie der Welt der ewigen Götter noch ähnlicher werden zu lassen. Da die Natur des ewigen Lebewesens aber ewig ist, das jedoch nicht vollständig auf die gewordene Welt übertragen werden kann, »sann er darauf, ein bewegliches Bild der Unvergänglichkeit zu gestalten, und machte, dabei zugleich den Himmel ordnend, dasjenige, dem wir den Namen Zeit beigelegt haben, zu einem in Zahlen fortschreitenden, unvergänglichen Bilde der in dem Einen verharrenden Unendlichkeit. Da es nämlich, bevor der Himmel entstand, keine Tage und Nächte, keine Monate und Jahre gab, so ließ er damals, in dem er jenen zusammenfügte, diese mit entstehen; diese aber sind insgesamt Teile der Zeit, und das ›war‹ und ›wird sein‹ sind gewordene Formen der Zeit, die wir, uns selbst unbewusst, unrichtig auf das unvergängliche Sein übertragen. Denn wir sagen doch: Es war, ist und wird sein; der richtigen Ausdrucksweise zufolge kommt aber jenem nur das ›ist‹ zu, das ›war‹ und ›wird sein‹ ziemt sich dagegen nur von dem in der Zeit fortschreitenden Werden zu sagen, sind es doch Bewegungen.«[300]

Obwohl diese Unterscheidung von Zeit und Überzeitlichkeit an sich richtig ist, lassen sich beide nicht als friedliche, himmlische

Ruhe und irdischer Konflikt gegenüberstellen. Alles, was ist, befindet sich in einem ständig sich verändernden Zustand von Werden und Vergehen; und doch, das Dasein weckt nicht nur die Vorstellung ewiger Veränderung, sondern auch von Unvergänglichkeit. Hierher gehört der treffende Vergleich des Neuplatonikers Damaskios: Jeder Punkt eines Flusses ist in ständiger Veränderung begriffen — und dennoch ist jeder Fluss zwischen seiner Quelle und seiner Mündung ein einziges, unvergängliches Ganzes.[301] Das gilt auch für werdende und vergehende Dinge: Sie waren und werden sein, das heißt, sie unterliegen der Zeit, gleichzeitig überragen sie die Zeit aber auch durch ihre bloße Existenz, dadurch dass sie sind. *Das vermeintlich Überzeitliche ist nicht fern und göttlich, sondern der sich selbst ständig aufhebende Grundstoff des Daseins; und die irdische Zeit ist keine Bewegung fern der Ewigkeit, sondern deren ständiges Über-sich-Hinausfließen.* Wenn der auf die Ewigkeit hoffende Mensch aus der Zeit herausgerissen wird, tritt er nicht einfach in die Ewigkeit über, er erlebt vielmehr, dass das Ewige nicht »jenseits« der Zeit, sondern »innerhalb« ihrer ist, und die Zeit nicht »unterhalb« des Ewigen bleibt, sondern das Ewige — als ein Seiendes das Nicht-Seiende — auch überragt. Beide sind dem jeweils anderen sowohl ausgeliefert als auch übergeordnet, bilden sowohl den Mangel als auch die Erfüllung des jeweils anderen.

Seit den Neuplatonikern und dem Frühchristentum pflegt man das Ewige (das Eine, Gott) mit dem ausdehnungslosen Jetzt gleichzusetzen und der Zeit gegenüberzustellen.* Parallel dazu wird aber

---

* Eine der Voraussetzungen dessen war die Unterscheidung zwischen der unendlichen Zeit, der Zeitlosigkeit (sempiternitas), und der Ewigkeit, die die Zeit von vornherein ausschließt. So schreibt Boethius: »Das ›ist immer‹, das stets im Zusammenhang mit Gott gebraucht wird, suggeriert (...), dass er in der Vergangenheit immer schon gewesen ist, in der ganzen Gegenwart irgendwie ist und in aller Zukunft sein werde. Das gleiche gilt nach Ansicht der Philosophen auch für die Himmel und die anderen unsterblichen Körper; es gilt aber nicht im gleichen Sinn für Gott. Dieser ist deshalb ›immer‹ seiend, weil das ›immer‹ in Ihm zu unserer Gegenwart gehört, zwischen der

auch der Gedanke des unauflöslichen Konflikts in den Hintergrund gedrängt, was verständlich ist, da diejenigen, die »auf der Seite« des Konflikts stehen, im Ewigen keine Erfüllung, sondern den zerstörerischen und aufrührenden Grundstoff des zeitlichen Lebens erblicken, der einen seines eigentlichen Selbst entkleidet und keine Hoffnung aufkeimen lässt. An den unauflöslichen Konflikt gemahnen die frühen Gnostiker, die keine Möglichkeit sehen, das zeitliche Leben und das Ewige miteinander zu versöhnen; die Mystiker, die zwar stets den endgültigen, ewigen Frieden vor Augen haben, aber immer wieder in die Abgründe des Paradoxen geraten, bis sie statt eine Auflösung zu finden durch das endgültige Nein zum Verstummen gebracht werden; Franz von Baader, für den die Zeit die Aussetzung des Ewigen ist: »Nicht (...) durchs Wegsehen vom Zeitlichen oder Abstrahieren von ihm, sondern durch das Durchschauen und Durchdringen desselben gelangt man zum Erkennen des Ewigen inner ihm«[303]; William Blake, der in den »Proverbs of Hell« schreibt: »Die Ewigkeit ist verliebt in die Hervorbringungen der Zeit«[304]; Kierkegaard, der den Begriff des Augenblicks, dieser paradoxen Manifestation des Ewigen, mit Vorliebe gebrauchte: »Der Augenblick ist jenes Zweideutige, darin Zeit und Ewigkeit einander berühren, und damit ist der Begriff *Zeitlichkeit* gesetzt, allwo die Zeit fort und fort die Ewigkeit abrie-

---

Gegenwart der göttlichen Dinge und der Gegenwart unserer Dinge aber ein großer Unterschied besteht. (...) Denn unser ›Jetzt‹ erschafft die Zeit und die sempiternitas, indem es gleichsam vorwärts läuft, wogegen das göttliche Jetzt sich nicht bewegt, sondern bewegungslos steht und Ewigkeit (aeternitas) erschafft« (zit. nach: Sorabji, Time, Creation and the Continuum, S. 116).

Über ein Jahrtausend später gliedert Charles de Bovelles in seiner »Abhandlung über das Nichts« (De nihilo) die Zeit folgendermaßen: aeternitas (grenzenlose Dauer ohne Anfang und Ende), aevum (mit einem Anfang, aber ohne Ende — diese erschaffene Ewigkeit (aeviternitas) kennzeichnet nach Bonaventura alle Stoffe — vgl. Jehl, S. 23), tempus (die Dauer mit Anfang und Ende — die eigentliche Zeit) und instans (das einem Punkt vergleichbare, ausdehnungslose Moment — momentum) (Bovelles, De nichilo, Cap. II).

gelt und die Ewigkeit fort und fort die Zeit durchdringt«[305]; Nietzsche, für den die Versunkenheit in den Augenblick die Voraussetzung des wahren Lebens ist, auch wenn diese »göttlichen Augenblicke« für ihn persönlich keine Boten des Glückes waren: »Nicht schüchternen Vögeln gleich kamt ihr zu mir und meiner Begierde — nein, als Trauende zu dem Trauenden«[306]; aber auch Georges Bataille, für den die einzige Möglichkeit von Ewigkeit nicht darin besteht, sich auf die »Dauer« einzurichten, sondern darin, in die souveränen Augenblicke zu versinken, die in einem auch eine leidenschaftliche Zuneigung zum Tod wecken.[307] Nicht nur die Gegenwart eines vermeintlichen Gottes, sondern auch das gesteigerte Erleben der Vergänglichkeit macht den Augenblick der Erschütterung bedrückend. Die Ewigkeit des Unmöglichen, sein zeitloses Jetzt steht einem anderen, ebenfalls zeitlosen Augenblick gegenüber, in dem der Mensch das Gefühl hat, dass er, dadurch dass ihm das Leben geschenkt wurde, um etwas anderes geprellt wurde, ein Gefühl, dessen schönster Beweis seine Vergänglichkeit ist.

Die Gegenwart

In den außerordentlichen Augenblicken intensiviert sich nicht das Erlebnis dieses oder jenes konkretes Dinges, sondern die zerstörerische Intensität selbst beginnt das Wesen des Menschen auszufüllen. John Keats untersucht in seinen berühmten Oden das Verhältnis von Augenblick und Ewigkeit sowie die Frage, ob es für den Menschen, der in der Zeit eingesperrt ist, möglich ist, die Ganzheit zu leben. Seine Antwort ist eindeutig bejahend: Für ihn sind die Augenblicke, die man der Ganzheit gelebt hat, die größten Errungenschaften im Leben. Keats hegt allerdings keine Illusionen: Diese Augenblicke sind zwar die intensivsten des Lebens — die Intensität steht aber nicht nur im Zeichen der Ganzheit, sondern auch des Todes.* In seinem Gedicht »Endymion« stellt er die Erlangung der Ganzheit als einen »selbstzerstörerischen«

(self-destroying) Prozess dar, der allerdings zur »höchsten Intensität« (chief intensity) führt.[309] In »Why did I laugh tonight?«, einem seiner rätselhaftesten Sonette, stellt der Tod den Zustand der höchsten Intensität dar, der das Leben aber nicht ausschließt, sondern im Gegenteil dessen höchstes Geschenk ist: »Verse, Fame, and Beauty are intense indeed, / But Death intenser — Death is Life's high meed.«[310]

In diesem Zusammenhang lässt sich die Intensität am ehesten als Gegenwart bezeichnen. Es gibt keine Intensität ohne Kraft und keine Kraft ohne Wirksamkeit. Was aber wirksam ist, muss auch gegenwärtig sein. Das lateinische Wort praesens (Gegenwart) bezog sich nicht nur auf die Gegenwart als Zeitform, sondern auch auf die Macht der Götter. Das Wort, das außerdem auch noch Gift bedeutete (einer der überzeugendsten Beweise für eine wirksame Gegenwart!), leitete sich ursprünglich von der Bedeutung »rundherum« ab, bevor es dann auf die Macht und Gegenwart der Göt-

---

*   Seit der Romantik, als der Gedanke des Todes Gottes erstmals auftaucht, ist Intensität auch ein Synonym für die Verlassenheit des Menschen — bezieht sie sich aber nicht auf einen vermeintlichen Gott, bedeutet sie auch keinen Verlust, sondern im Gegenteil positive Ganzheit. Deshalb bezeichnet Georges Bataille die Intensität später als den höchsten Wert: »Die Intensität kann als Wert definiert werden (d.h. als der einzige positive Wert), die Dauer als das Gute (d.h. als das allgemeine Ziel der Tüchtigkeit). Der Begriff der Intensität ist nicht auf den der Lust zurückzuführen, denn (...) das Streben nach Intensität [verlangt], dass wir zuerst dem Unbehagen entgegengehen, harrt am Rande der Ohnmacht. Was ich Wert nenne, unterscheidet sich also zugleich vom Guten und von der Lust. Der Wert kongruiert bald mit dem Guten, bald tut er nicht; er kongruiert aber manchmal mit dem Bösen. Der Wert ist jenseits von Gut und Böse angesiedelt, aber in zwei einander entgegengesetzten Formen, von denen die eine mit dem Prinzip des Guten verbunden ist, die andere mit dem Prinzip des Bösen. Das Verlangen nach dem Guten begrenzt die Bewegung, die uns veranlaßt, nach dem Wert zu streben. Wohingegen die Freiheit zum Bösen einen Zugang zu den exzessiven Formen des Werts eröffnet. Dennoch kann man aus diesen Angaben nicht schließen, dass der authentische Wert auf der Seite des Bösen angesiedelt wäre« (zit. nach: Matthes/Mattheus (Hg.), Ich gestatte mir die Revolte, S. 369).

ter »eingeschränkt« wurde.[311] In der Antike sprach man nur bei Göttern und Heroen von einer Gegenwart. Die Gegenwart ist übermenschlich. Sie bereitet dem Menschen ein göttliches Gefühl: Sobald er seine eigene einmalige Gegenwart erlebt, wird er auch aus der Umklammerung der Gegebenheiten herausgerissen. Landkarten, Kompasse und Kilometersteine verraten lediglich, wo er sich befindet; ob er auch wirklich gegenwärtig ist, teilen sie nicht mit. Denn die Gegenwart ist kein physisch bestimmbarer Zustand. Sie ist vielmehr eine Ausstrahlung, die gleich einem ins Ziel treffenden Lächeln oder Blick, eine kugelförmig geschlossene Welt schaffen kann.

Verliert der Mensch sich in die Zeit, ist er selten in der Gegenwart; er setzt auf die Zukunft und zehrt von der Vergangenheit, dem augenblicklichen »Jetzt« misst er keine Bedeutung bei. Das »Jetzt« ist für ihn etwas Ungreifbares, eine logische Unmöglichkeit, er hält es für ausgeschlossen, dass es existiert, denn kaum ausgesprochen, ist es schon Vergangenheit.* In den außerordentlichen Augenblicken hingegen zeigt sich, dass das, was er früher für unmöglich hielt, sehr wohl möglich ist: Das »Jetzt« verselbständigt sich. Das sind die intensivsten Momente des Lebens. Die

---

* Das Jetzt, von dem Parmenides im Zusammenhang mit dem IST spricht, ist nicht Teil der Zeit, darum kann man auch nicht sagen, es habe einen Inhalt: Es überragt die Zeit als Ganzes. Es ist nicht identisch mit dem Jetzt, von dem man als der kleinsten Zeiteinheit spricht, und in dem manche ein »Zeitatom« [von nicht weiter teilbaren Zeitatomen schreiben Epikur (Brief an Herodot, in: Lehrbriefe 47, 62) und Lukrez (Von der Natur der Dinge, IV, 794–796)], andere eine Zeitgrenze [für Charles Bovelles gilt: der Augenblick = temporis extremum (Bovelles, De nichilo, II)] und wieder andere das Nicht-Greifbare [die Nichtigkeit des ›Jetzt‹ betonen Aristoteles (Physik, IV, 218a), der heilige Augustinus (Bekenntnisse, XI, 16, 27) und Hegel (Phänomenologie des Geistes, S. 88)] erblicken. Wie man an das IST keine Zeitform anknüpfen kann – weder die Gegenwart noch die Zukunft noch die Vergangenheit, da es diese überhaupt erst möglich macht –, so ist auch das in Verbindung damit gebrauchte »Jetzt« nur eine metaphorische Umschreibung dessen, was in Wirklichkeit nicht umschrieben werden kann.

Gegenwart wird zu einer inneren Kraft, die den Menschen außer sich geraten lässt, indem sie Raum und Zeit jäh eins werden lässt. Die Augenblicke der Gegenwart machen klar, dass der Mensch sein Leben zwar in der Zeit lebt, das Leben aber dennoch nicht nur zeitlich ist: Es wird von der Ewigkeit des »Jetzt-und-nie-wieder« aufrechterhalten. Dem Menschen wird nun klar, dass jeder Augenblick »Gott« gleich nah ist; jeder ist einmalig, jeder besonders. In den außerordentlichen Augenblicken kommt der Mensch mit dem in Berührung, was in jedem Augenblick der Vergangenheit und der Zukunft identisch bleibt und beide darum auch überragt: die zeitlich nicht begrenzbare Gegenwart.

Die Angst vor dem Maßlosen

In der Zeit zu leben, wirkt sich instinktiv beruhigend auf den Menschen aus; er überlässt sich der Dauer, die nicht einmal ihrer Länge wegen beruhigend wirkt, sondern weil sie überhaupt dauert. In den außerordentlichen Augenblicken stellt sich jedoch heraus, dass die Dauer, die man stets für das natürliche Flussbett seines Lebens hielt, auch eine Mauer ist. Eine Mauer, die einen von dem trennt, was man oft tatsächlich besser nicht zur Kenntnis nimmt.

Wenn Zeit und Dauer Maße sind, so ist der entblößende Augenblick das Maßlose selbst. Da zeigt sich, dass nicht die Zeit den Augenblick hervorbringt,[*] sondern im Gegenteil, dass die Zeit eine der Erscheinungsformen jener Kraft ist, die allem innewohnt und

---

[*] Wie das in der ersten Hälfte des 12. Jahrhunderts von Abelard von Bath und vielen seiner Vorgänger und Nachfolger vermutet wurde: »Die Teile der Zeit sind folgende: Jahre, Monate und Tage, Stunden, Minuten, Punkte, Momente und Augenblicke (...) Augenblick (instans) ist ein Teil der Zeit, der selbst keinen Teil hat, Moment aber ist ein Teil der Zeit, der aus 574 Augenblicken besteht« (zit. nach: Ritter / Gründer (Hg.), Historisches Wörterbuch der Philosophie, Bd. 6, Sp. 100).

im Augenblick ihren offenkundigsten Ausdruck hat. Alles, was ist, ist auch messbar, wenn nicht anders, dann indem man es mit einem Namen versieht. Aber das, was den seienden Dingen ihr Sein verleiht, ist unnennbar, da auch die Sprache nur eines dieser Seienden ist. Wie der Augenblick die Zeit hervorbringt, so bringt dieses Unnennbare das Seiende hervor und so vernichtet es es auch.

Dieser Gedanke ist auch manchen Mystikern wie Dionysius Areopagita oder seinem begeisterten Exegeten aus dem 9. Jahrhundert Scottus Eriugena nicht fremd. Und doch, im letzten Moment scheinen auch sie vor dem endgültigen Maßlosen, dem Unmöglichen, zurückzuschrecken und versehen das Unnennbare mit dem Namen »Gott«. Die Achtung vor dem Maß — oder vielmehr die Angst vor dem Maßlosen — gewinnt in ihnen die Oberhand. Diese uneingestandene Angst erklärt auch, warum sie den außerordentlichen Augenblick so oft brandmarken, ja bisweilen sogar seine Existenz abstreiten. Eine Gesellschaft und jedwede Form von Gemeinschaft muss auf dem Fundament der Maße stehen und könnte nicht funktionieren, wäre sie nicht auf Dauer eingerichtet. Das macht die Herrschaft des Augenblicks gefährlich: Dann erweist sich nämlich, dass nicht das gemeinschaftliche Sein das letzte Kriterium des Lebens ist, und dass jede Dauer endlich, ja verschwindend kurz ist, wenn sie in die tödliche Perspektive des zeitlosen Augenblicks gerät. Im außerordentlichen Augenblick enthüllt sich, dass es keine Gemeinschaft gibt, die dem Menschen die Bürde der Vergänglichkeit abnehmen könnte, und dass man letztlich auf niemanden zählen kann. Die Welt des Maßes und der Dauer hilft dem Menschen, auf den Beinen zu bleiben; aber was bewiese sein letztendliches Scheitern anderes, als dass das Maßlose, das Dauerlose seine Schritte stets raubtierhaft verfolgt hat. Das ist es, was alle Kulturen zu verbergen, alle Religionen zu verschleiern bestrebt sind — schon indem sie es mit einem Namen versehen.

Die Bürde der Vergänglichkeit

Was wäre das Leben des Menschen anderes als ein einziger Augenblick, in dem das Unmögliche plötzlich einen Riss bekommt, und etwas möglich wird? Wie ein Blitz ist der Augenblick zwischen der Geburt und dem Tod; ein leuchtendes Wurzelwerk, das sich plötzlich in den Körper der Dunkelheit entlädt. Solange er dauert, überragt er alles andere und erscheint unzerstörbar, zeitlos, er selbst zerstört, er selbst erschafft die Zeit. Danach verschwindet er genauso plötzlich wie er gekommen ist. Die gleiche Unermesslichkeit vernichtet ihn, der er auch seine Geburt verdankte.

Es gäbe im Leben keine außerordentlichen Augenblicke, wäre nicht das Leben selbst ein einziger außerordentlicher, einen einzigen Augenblick während Blitz. Es kann sich jederzeit ereignen, denn es ist nicht an die Zeit gebunden; es wird von einer launischen Willkür geführt, die jeder Gesetzmäßigkeit entbehrt. Diese Launenhaftigkeit durchflutet den Menschen in den erschütternden Augenblicken; er hat deshalb das Gefühl, auf die Substanz seines Lebens gestoßen zu sein, weil auch dessen Substanz wohl die Launenhaftigkeit ist. Sollte die Grundlosigkeit des Lebens die tiefste Einsicht sein, derer der Mensch fähig ist? Es wird ihm unbegreiflich, warum er gerade dann lebt, nicht früher und nicht später, und warum er überhaupt auf die Welt gekommen ist. Er hat ein Leben bekommen, um das er nicht gebeten hat, und es wird ihm auch wieder genommen, ohne dass er gefragt wird. Die Zufälligkeit des Lebens wird in den außerordentlichen Augenblicken genauso offenkundig, wie die Abwesenheit jener unzähligen Wesen, die es nie geschafft haben, gezeugt zu werden, beneidenswert wird. Der Mensch sehnt sich dann nach der Gemeinschaft der nie Geborenen; das scheint ihm die einzige Möglichkeit zu sein, dem Tod, dieser perversen Ewigkeit, auszuweichen.

In den Fesseln des Augenblicks

Die Ewigkeit der Zeiten, ist sie nicht im unendlich kurzen Leben des Menschen eingeschlossen? Und die Unermesslichkeit der Räume, wird sie nicht in seinem Körper wirklich unendlich? Erlebt der Mensch die Erfüllung nicht gerade im Verlust seines Selbst, wenn er auf das alles verzehrende Unmögliche stößt? Hat er nicht gerade in den Augenblicken der Erschütterung das Gefühl, am höchsten emporgekommen zu sein? Erlebt er nicht gerade dann, dass es keinen größeren Schatz als die Intensität des ausdehnungslosen Augenblicks gibt?

Beginnt er nicht gerade angesichts der Bedrohung durch den Tod und seiner Bestürzung über das Vergehen wirklich zu leben? Ist seine Sehnsucht nach dem Leben nicht dann am größten, wenn die Gefahr, es zu verlieren, am akutesten ist?

Und überhaupt: Will er in solchen Augenblicken überhaupt noch etwas? Lauscht er nicht vielmehr dem immer schneller werdenden Rhythmus seines Herzschlags?

Anhang

Anmerkungen

1. Grabbe, Don Juan und Faust, I. 2.
2. Kleist, Sämtliche Werke und Briefe, Bd. II, S. 345.
3. Heidegger, Platons Lehre von der Wahrheit, S. 235 f.
4. Miłosz, Das Land Ulro, S. 316.
5. Rorty, Freud and Moral Reflection, in: Essays on Heidegger and Others, S. 155. »Freud, by helping us see ourselves as centerless, as random assemblages of contingent and idiosyncratic needs rather than as more or less adequate exemplifications of a common human essence, opened up new possibilities for the aesthetic life. (...) This has been an important factor in our ability to slough off the idea that we have a true self, one shared with all other humans.«
6. Jarry, Ubu Knecht, in: Jarry, Ubu Rex. Ubu Knecht, etc., S. 95.
7. Hegel, Geist des Christentums, S. 305.
8. Nietzsche, Also sprach Zarathustra, IV, S. 93 f.
9. Schultz, Dokumente der Gnosis, S. 202.
10. Schultz, ebenda, S. 209.
11. Lacan, Les quatre concepts fondamentaux de la psychoanalyse, S. 86.
12. Schultz, Dokumente der Gnosis, S. 139 f.
13. vgl. Macho, Umsturz nach innen, S. 491.
14. Heidegger, Was ist Metaphysik?, S. 121.
15. Apollonios von Tyana, zit. nach: Philostratos, Das Leben des Apollonios von Tyana, VI, 11.
16. Apollonios von Tyana, zit. nach: Norden, Agnostos theos, S. 40.
17. vgl. Apollonios von Tyana, zit. nach: Philostratos, Das Leben des Apollonios von Tyana, VIII, 7.
18. vgl. Schmitt, Die Gnosis, Bd. 2, S. 96.
19. Tacitus, Germania, 9.
20. vgl. Harrison, Prolegomena to the Study of Greek Religion, S. 59, und Eliade, Die Religionen und das Heilige, S. 37.
21. vgl. Albright, From the Stone Age to Christianity, S. 176.
22. Unbekanntes altgnostisches Werk (Codex Brucianus), Cap. 7, in: Schmidt (Hg.), Koptisch-gnostische Schriften, Bd. 1, S. 343.
23. Irenäus, zit. nach: Norden, Agnostos theos, S. 75)
24. Damaskios, Phaedo, I., 416. Übersetzung von Akos Doma.
25. vgl. Plotin, Enneaden V, 8, 11.
26. vgl. Clemens von Alexandria, in: Klauser (Hg.), Reallexikon für Antike und Christentum, Bd. 11, Sp. 964.

27　Sloterdijk, Weltfremdheit, S. 54.
28　Sloterdijk, ebenda.
29　Sokrates habe Erde und Himmel erforscht, sagt Platon in der »Apologie des Sokrates« und verwendet dabei das Verb περιεργάζομαι (periergazomai, 16b).
30　vgl. Sloterdijk, Weltfremdheit, S. 123.
30a　Die beiden Bücher des Jeû (Codex Brucianus), in: Schmidt (Hg.), Koptisch-gnostische Schriften, Bd. 1, S. 295.
31　Schultz, Dokumente der Gnosis, S. 8.
32　Wackenroder, Ein wunderbares morgenländisches Märchen von einem nackten Heiligen, in: Dichtung, Schriften, Briefe, S. 304 f.
33　Platon, Timaios, 36b.
34　vgl. Balthasar, Mysterium Paschale, S. 215.
35　Sloterdijk, Weltfremdheit, S. 17.
36　Diels / Kranz (Hg.), Die Fragmente der Vorsokratiker, 22 B 15.
37　Euripides, Bacchantinnen, 6, in: Sämtliche Tragödien und Fragmente.
38　Apollodor's Mythologische Bibliothek, III, 4, 3.
39　Euripides, Bacchantinnen, 52, in: Sämtliche Tragödien und Fragmente.
40　vgl. Harrison, Epilegomena to the Study of Greek Religion and Themis, S. 173.
41　Apollodor's Mythologische Bibliothek, III, 5, 3.
42　vgl. Pausanias, Description of Greece, IX, 12, 3.
43　Euripides, Bacchantinnen, 28–31, in: Sämtliche Tragödien und Fragmente.
45　Hölderlin, Patmos, II 171, v 203 f.
46　Diels / Kranz (Hg.), Die Fragmente der Vorsokratiker, 22 B 124.
47　Euripides, Bacchantinnen, 1082–85, in: Sämtliche Tragödien und Fragmente,
48　Diels / Kranz (Hg.), Die Fragmente der Vorsokratiker, 22 B 64.
49　Böhme, Mysterium Magnum, Cap. 3, § 25.
51　vgl. Walker, The Woman's Encyclopedia of Myths and Secrets, S. 539.
52　Harrison, Epilegomena to the Study of Greek Religion and Themis, S. 77.
53　Eliade, Yoga. Unsterblichkeit und Freiheit, S. 261. In der »Brihadaranyaka-Upanishad« spricht der Gatte zu seiner Gattin: »Ich bin der Himmel, du bist die Erde« (Eliade, ebenda, S. 263).
54　Neumann, The Great Mother, S. 311 f.
55　Hesiod, Theogonia (Geburten der Götter), 689–694.
56　Hesiod, ebenda, 700.
57　vgl. Porphyrios, Vie de Pythagore, S. 17.
58　vgl. Pausanias, Description of Greece, VIII, 38, 6.
59　vgl. Diels / Kranz (Hg.), Die Fragmente der Vorsokratiker, 44 A 16.
60　vgl. Baader, Vom Segen und Fluch der Creatur, in: Sämmtliche Werke, Bd. 7, S. 142.
61　vgl. Baader, Über den inneren Sinn, in: ebenda, Bd. 4, S. 99.

62 Eckhart, Die deutschen und lateinischen Werke, Bd. 1, S. 161f.
63 vgl. Nilsson, Geschichte der griechischen Religion, Bd. 2, S. 480.
64 Platon, Siebter Brief, 341c–d.
65 Mechthild von Magdeburg, zit nach: Ritter / Gründer (Hg.), Historisches Wörterbuch der Philosophie, Bd. 2, Sp. 1137.
66 Böhme, Mysterium Magnum, Cap. 66, § 64.
67 Böhme, De tribus principiis, Cap. 16, §7.
70 »God so long worshipped departs as a lamp without oil.« (William Blake, The French Revolution).
71 Unamuno, Der Nebel, S. 160.
72 vgl. Mauss, Die Gabe, S. 28.
73 Kafka, Der Prozeß, S. 243f.
76 Hesiod, Theogonia, 141.
77 Hesiod, ebenda, 707.
78 Pokorny, Indogermanisches Etymologisches Wörterbuch, Bd. 1, S. 183–185.
79 Hesiod, Theogonia, 689f.
80 Homer, Odyssee, IV, 42–45.
81 Homer, Ilias, XXIV, 558. Vgl. Heidegger, Metheia (Heraklit, Fragment 16), S. 274.
82 Pindar, Paiane, VI, 5.
83 Pindar, 105. Fragment.
84 Eriugena, Über die Eintheilung der Natur, II, 28.
85 Pindar, Pythische Siegsgesänge, I, 5.
86 Homer bezeichnet den unterirdisch hausenden Pluto als »unterirdischen Zeus«, was sich auch als ein Strahlen im ewigen Dunkel übersetzen ließe (Ilias, IX, 457).
87 Artaud, Das Theater und die Wissenschaft, S. 75.
88 Hier kehrte später auch Pythagoras ein, um gereinigt und erleuchtet wieder aus ihr hervorzukommen.
89 Euripides, Ion, 6f.
90 Plutarch, De defectu, 409.
91 Diels / Kranz (Hg.), Die Fragmente der Vorsokratiker, 3 B 11.
93 Apollodor's Mythologische Bibliothek, I, 4, 1.
94 Strabon, Erdbeschreibung, IX, 3, 12.
95 Strabon, ebenda, 5, 6.
96 Strabon leitet ihren Namen — übrigens zu Unrecht — vom Verb πυϑέσϑαι (pythesthai, befragen) ab (vgl. Strabon, ebenda, 3, 5).
98 vgl. Schmitt, Pythia, S. 517f.
100 Homer, Odyssee, I, 51.
101 vgl. Roscher, Omphalos, S. 39.
103 vgl. Diels / Kranz (Hg.), Die Fragmente der Vorsokratiker, 44 B 13.

104 Diels / Kranz (Hg.), ebenda, 68 B 148.
106 vgl. Roscher, Omphalos, S. 13.
107 vgl. Frazer, The Golden Bough, 2, S. 147.
108 Kallimachos, Hymnos auf Zeus, 45 f. Bei den Hindus herrschte die weit verbreitete Sitte, vor dem Bau eines Hauses eine Schlangenhaut unter den Grundstein zu legen, der auf diese Weise zur »Mitte der Welt« zeigte (vgl. Mundkur, The Cult of the Serpent, S. 276).
109 Pistis Sophia, Cap. 126, in: Schmidt (Hg.), Koptisch-gnostische Schriften, Bd. 1, S. 207.
110 vgl. Leisegang, Die Gnosis, S. 111. Deshalb ist die Schlange das bevorzugte Tier der Orakel; auch Pythia wird nicht selten mit eine Schlange auf den Knien dargestellt. Im übrigen gehört der Schlangenkult überall auf der Welt zu den ältesten Zeremonien (vgl. Mundkur, The Cult of the Serpent, S. 6, und Raulff, Nachwort, S. 78 f.).
114 vgl. Jung, Aion. Beiträge zur Symbolik des Selbst, S. 263.
116 Nach der Lehre der indischen Mythologie wurde Purusha, der erste Mensch, rituell zerstückelt, sein Kopf bildete den Himmel, sein Fuß die Erde, sein Nabel die Atmosphäre. Und es gibt auch eine, im übrigen unbegründete Deutung des Wortes Omphalos, die ihn mit dem Phallus in Verbindung bringt — zum Teil auch wegen der phallischen Form des Nabelsteins.
117 vgl. Liddell / Scott, A Greek-English lexicon: Stichwort Stoma.
118 vgl. Delcourte, L'Oracle de Delphes, S. 141.
119 Aischylos, Die Orestie: Die Grabesspenderinnen, 806.
120 Das Erdinnere verlockte auch anderenorts zum Orakeln: So wohnte zum Beispiel das Orakel Ramáhavály (der, der antworten kann) auf Madagaskar in einer geheimen Höhle und betätigte sich nicht nur als Weissager, sondern war auch der Schutzheilige der Schlangen (!) (vgl. Pennick, The Ancient Science of Geomancy, S. 46).
121 Strabon, Erdbeschreibung, IX, 3, 5.
122 Plutarch, De defectu, 438b–c.
123 Plutarch, Isis und Osiris, 35.
124 Die frühen Kirchenväter hielten den Schnittpunkt von Jesu Kreuz für die Mitte — den Nabel — der Welt.
125 Laut Plutarch wechselten sich in Delphi Apoll und Dionysos ab, geradezu planmäßig. Je nachdem, ob der Gott sich zu dem Einen, also zum Feuer verdichtete, oder ob er sich auflöste und sinnlich wahrnehmbar in den Seienden Gestalt annahm, trat der eine oder der andere Gott in den Vordergrund. Wenn er sich in Feuer verwandelte: »Um dies nun vor dem grossen Haufen geheim zu halten, nennen die Weisen die Verwandlung in Feuer Apollo, wegen des Alleinseyns, und Phöbus wegen der Reinheit und Unbefleckheit. Hingegen die Verwandlung in Winde, Wasser, Erde und Gestirne, in die Ge-

schlechter der Thiere und Pflanzen, so wie die Einrichtung und Anordnung alles dessen, stellen sie unter einer Zerreissung und Zerstückung vor, nennen dieselbe Bakchus (Dionysos), Zagreus, Niktelius und Isodaetes.« (Περί τού Εί τού έν Δελφοίς, De E apud Delphos, 388f–389a).

126 Aus dem Nabel der Welt wächst in der altaischen Mythologie der höchste Baum, eine Tanne, deren Krone bis zur Heimstätte des Himmelsgottes hinaufreicht; die Tiefe der Erde und den Himmel verbindet Mesu, der heilige Baum der Sumerer; im Reich der bösen Halbgötter wurzelt Jambutri-shring, der tibetisch-buddhistische Baum des Wissens, seine Früchte trägt er jedoch im Himmelreich; und auch die sächsische Irminsul, die alle Dinge stützende, das ganze Weltall durchdringende, heilige Säule, verschwindet im Nabel der Welt. Und Yggdrasil, der heilige Baum der skandinavischen Mythologie, auf den Odin als Opfer aufgehängt wurde (Kreuzigung und Auferstehung, wie bei Dionysos und Christus), hält Raum und Zeit zusammen: er verbindet Himmel, Erde und Hölle miteinander, er wurzelt in der Vergangenheit, lebt in der Gegenwart und reicht in die Zukunft hinauf. Wie andere heilige Bäume ist auch Yggdrasil eine Weltachse (axis mundi): er durchdringt alles, und das ganze Weltall dreht sich um ihn, wie um eine riesige Spindel.

127 vgl. Usener, Bildung weiblicher Göttenamen, in: Götternamen, S. 29–48.
128 Platon, Staat, 616b–c.
129 Platon, ebenso, 616c–617b.
130 Platon, Theaitetos, 160b.
131 Diels / Kranz (Hg.), Die Fragmente der Vorsokratiker, 28 B 8.
132 Sloterdijk, Weltfremdheit, S. 343.
133 Philolaos identifizierte die Mitte der Kugel also der Allheit, nicht nur mit dem Hort des alles verzehrenden, ewigen Feuers, sondern darüber hinaus auch mit dem Haus des Zeus (vgl. Diels / Kranz (Hg.), Die Fragmente der Vorsokratiker, 44 A 16).
134 Diels / Kranz (Hg.), ebenda, 31 B 29.
135 Eine mögliche Bedeutung seines Namens lautet: ›der, der den Pythoer erklärt‹ (vgl. Delcourte, L'Oracle de Delphes, S. 236).
136 Diels / Kranz (Hg.), Die Fragmente der Vorsokratiker, 58 C 4. Übersetzung von Jaap Mansfeld.
137 Diels / Kranz (Hg.), ebenda, 58 B 15. Übersetzung von Jaap Mansfeld.
138 Platon, Der Staat, 617b.
139 Homer, Odyssee, XII, 43–46.
140 Bataille, Le Coupable, S. 350.
141 Pindar, Pythische Siegsgesänge, II, 26.
142 Es gibt eine Theorie, wonach Zeus, indem er mit dem christusgleich gekreuzigten Ixion abrechnet, einen älteren, wilden Sonnengott bändigt (Kerényi, Görög mitológia (Die Mythologie der Griechen), S. 108).

143 Pindar, Pythische Siegsgesänge, II, 34 f.
144 Lukian, Göttergespräche, 6.
145 vgl. Reinhardt, Parmenides, S. 174.
148 Homer, Ilias, V, 751.
149 Platon, Kratylos, 410d.
150 Hesiod, Theogonia, 901 f.
151 Platon, Gesetze, 715e–716d.
152 Diels / Kranz (Hg.), Die Fragmente der Vorsokratiker, 44 B 15.
153 Diels / Kranz (Hg.), ebenda.
154 Diels / Kranz (Hg.), ebenda, 28 B 1.
155 Diels / Kranz (Hg.), ebenda.
156 Diels / Kranz (Hg.), ebenda.
157 Diels / Kranz (Hg.), ebenda.
158 vgl. Schreckenberg, Ananke, S. 161.
159 Platon, Theaitetos, 160b.
160 Heraklit, in: Diels / Kranz (Hg.), Die Fragmente der Vorsokratiker, 22 B 45.
161 Heraklit, ebenda, 22 B 115.
162 Heraklit, ebenda, 22 B 72.
163 Heraklit, ebenda, 22 B 50.
164 Sloterdijk, Weltfremdheit, S. 174 f.
165 vgl. Heidegger, Vom Wesen und Begriff der Physis, S. 258.
166 Diels / Kranz (Hg.), Die Fragmente der Vorsokratiker, 13 A 10.
167 Nietzsche, Die Philosophie im tragischen Zeitalter der Griechen, I, S. 817.
168 Nietzsche, ebenda, XIV, S. 110.
169 »Gesundes Denken ist die größte Vollkommenheit, und die Weisheit besteht darin, die Wahrheit zu sagen und zu handeln nach der Natur, auf sie hinhörend.« (Diels / Kranz (Hg.), Die Fragmente der Vorsokratiker, 22 B 112).
171 Diels / Kranz (Hg.), Die Fragmente der Vorsokratiker, 12 B 1.
172 Dem widerspricht auch die spätere Deutung Hippolyts nicht, wonach das Apeiron ein physisches Seiendes sei (physis — vgl. Diels / Kranz (Hg.), ebenda, 12 B 10), so lange wir uns die ursprüngliche, umfassende Bedeutung von physis vor Augen halten.
173 Kerényi, Hérakleitos és a görög filozófia eredete (Heraklit und die Ursprünge der griechischen Philosophie), S. 65.
174 Aristoteles, Metaphysik, V, 1022.
175 Parmenides, in: Diels / Kranz (Hg.), Die Fragmente der Vorsokratiker, 28 B 1.
177 Diels / Kranz (Hg.), ebenda, 11 A 1.
178 Philon, De migratione, 20.
179 Aus der in allen semitischen Sprachen zu findenden Wurzel br- stammen das »Durchschreiten« (Gen 32,23; 1 Sam 13,23), das »Übertreten des Befehls« (Est 3,3), das »Vorübergehen« (Gen 50,4; 2 Sam 11,27), das »Sterben« im über-

tragenen Sinn (Hiob 34,20), das »Vorüberziehen« des Herren (1 Kön 19,11), Gottes »strafende Einschreiten« (Ex 12,12 f.) (vgl. Jenni / Westermann (Hg.), Theologisches Handwörterbuch zum Alten Testament, II, Sp. 200–202).

180 Browne, Religio Medici, 22. »Dass es einst eine solche [Sint]flut gegeben hat, scheint mir ein geringeres Mirakel, als dass es nicht immerzu eine gibt.«
181 Oppian, Cynegetica, III, 414.
182 Pokorny, Indogermanisches Etymologisches Wörterbuch, 1, S. 419.
183 Plutarch, Isis und Osiris, 75.
184 vgl. Aelianus, On the characteristics of animals, X, 211.
185 Wenn ein Hahn nach Hundeart zu bellen beginnt und ein Ei legt, wird dem Ei nach manchen Vorstellungen ein Krokodil entschlüpfen (Ipolyi, Magyar mythologia, S. 585).
186 Plutarch, Isis und Osiris, 75.
187 Plinius, Naturalis historia, 34, 33. [»Fuisse autem statuariam artem familiarem Italiae quoque et vetustam, indicant Hercules ab Euandro sacratus, ut produnt, in foro boario, qui triumphalis vocatur atque per triumphos vestitur habitu triumphali, praeterea Ianus geminus a Numa rege dicatus, qui pacis bellique argumento colitur digitis ita figuratis, ut CCCLXV dierum nota [aut per significationem anni temporis] et aevi esse deum indicent.«]
188 Ovid, Fasti, 1, 103.
189 Herodot, Historien, II, 69.
190 Aelianus, On the characteristics of animals, X, 21. Laut ägyptischen Totenbuch werden die Toten zur Nahrung der Krokodile (The Book of the Dead, S. 42).
191 Simonne Rihouët-Coroze notiert in seinem Vorwort zu einem Werk Louis-Claude de Saint-Martins (eines Lieblingsautors Franz von Baaders!), dass im Jahr 1776 in Frankreich Dutoit-Mambrini der Teufel in Gestalt eines Krokodils erschienen sei. Schon der Titel dieses 1792 entstandenen und 1798 veröffentlichten, politischen Buches ist vielsagend: Le Crocodile ou la guerre du bien et du mal arrivée sous le règne de Louis XV. Poème epico-magique (en prose) (Neuauflage: Paris 1979. Rihouet-Corozes Angabe: S. 19).
192 Plutarch, Isis und Osiris, 2. Auf der Insel La Gonave bei Haiti fürchtete man sich noch im 20. Jahrhundert vor einem Krokodil, das in einem bodenlosen See wohnte, und das niemand umzubringen wagte: »Die Eingeborenen fürchten sich vor dem Krokodil, wollen es aber unter keinen Umständen totschießen lassen und füttern es sogar zuweilen. Es ist seit Menschengedenken dagewesen und wird wahrscheinlich als die Inkarnation irgendeines bösen Geistes betrachtet.« (Seabrook, Geheimnisvolles Haiti, S. 172)
193 Seabrook, ebenda, S. 27.
194 Seabrook, ebenda, S. 49. Die späthellenistischen Griechen setzten Typhon (Τυφῶν) mit dem ägyptischen Gott Seth gleich.

195 Seabrook, ebenda, S. 50.
196 Pokorny, Indogermanisches Etymologisches Wörterbuch, 1, S. 261.
197 Der heilige Augustinus bezeichnet, die mittelalterlichen Mystiker vorwegnehmend, das Chaos als ein »Formloses«, das »nahe dem Nichts ist«, und fügt — die Vorstellung des Abgrundes und des Strudels heranziehend — hinzu: »Wahr ist, dass von allem Geformten nichts dem Ungeformten so nahe ist wie ›Erde‹ und ›Abgrund‹« (Bekenntnisse, XII, 19).
198 Hesiod, Theogonia, 116–124.
199 Ansätze ähnlicher Vorstellungen finden sich auch im Alten Testament mit dem Unterschied, dass dort der Herr (Jahwe) beziehungsweise der Gott (Elohim) an die Stelle des Chaos tritt; aber man findet auch die Seele und die Gewässer: »Am Anfang schuf Gott Himmel und Erde. Und die Erde war wüst und leer, und es war finster aus der Tiefe; und der Geist Gottes schwebte auf dem Wasser« (Gen 1,1-2).
200 Aristoteles, Physik, IV, 6, 233b.
201 Diels / Kranz (Hg.), Die Fragmente der Vorsokratiker, 23 B 1.
202 Heidegger, Vom Wesen und Begriff der Physis, S. 245.
204 Das ugaritische Epos »Baal und Anat« aus dem 2. Jahrtausend v.Chr. stellt Mot, den chaotischen Gott des Todes, der bei den Phöniziern der Selbstbefruchtung des Chaos unmittelbar entsprang, folgendermaßen vor:
»Seine Lippe auf der Erde, seine Lippe im Himmel,
seine Zunge reicht zu den Sternen hinauf« (Baal és Anat, S. 36).
Mot wird später von Anat getötet, zerstückelt, am Feuer versengt und zwischen Mahlsteinen zermalmt, seine Asche wird von ihr auf den Feldern ausgestreut, damit sie von neuem sprieße. Der Gott des Todes ist der »Samen der Allheit«: Ohne ihn gäbe es kein Leben, obwohl alles, was ist, in seinem Rachen, diesem Zugang zur Unterwelt, auf seine Vernichtung wartet.
Von einer ähnlichen Sichtweise berichtet auch Hesiod: die Wurzeln, Quellen und Grenzen des Daseins befinden sich im leeren Rachen des Tartaros. Der Zugang zur Unterwelt ist eine rachenartige Öffnung, die alles Leben nicht nur ausstößt, sondern auch einsaugt:
»Da sind der schwarzen Erde, des nebligen Tartarosschlundes
Und des wogenden Meeres und auch des sternigen Himmels.
Aller Dinge Quell der Reihe nach und auch ihr Ende« (Hesiod, Theogonia, 807–810).
Und auch Krishna erscheint in der Bhagavad-Gîtâ als riesiger Rachen, als ihn Arjuna bittet, dass er sich ihm in seiner göttlichen Gestalt zeigt: er füllt den ganzen Raum zwischen Himmel und Erde aus, mit Grauen erkennt der sterbliche Krieger in seinem abgrundartigen Rachen die strudelnde-flammende »Höllengrube« und den Krokodilsrachen der Allheit:
»Schau deine Rachen ich mit dräunden Zähnen,

Dem Feuer ähnlich bei der Zeiten Ende,
Dann weiß ich nichts und finde nirgends Zuflucht, –
Sei gnädig, Götterherr, du Weltenwohnstatt! (...)
Sie [die besten Kämpfer] nahen eilend sich zu deinen Rachen,
Den schrecklichen, klaffend mit dräunden Zähnen;
Es stecken manche schon zwischen den Zähnen,
Man kann sie sehen mit zermalmten Köpfen! (...)
Du leckst und züngelst rings umher, verschlingend
Die Menschen alle mit den Flammenrachen;
Die ganze Welt mit ihrem Glanz erfüllend;
Glüh deine fürchterlichen Strahlen, Vishnu!« (Bhagavad-Gîtâ, XI)

205 Hölscher, Anaximander und die Anfänge der Philosophie, S. 147.
206 Euripides, Kadmos, 448.
207 Vergil, Eklogen, VI, 265 – Hervorhebung des Autors.
208 Ovid, Metamorphosen, X, 29 f. – Hervorhebung des Autors.
209 Vergil, Eklogen, VI, 31 f.
210 Ovid, Metamorphosen, I, 5–10.
211 Ovid, ebenda, I, 22.
212 Pistis Sophia, Cap. 60, in: Schmidt (Hg.), Koptisch-gnostische Schriften, Bd. 1, S. 76 f.
213 Bonaventura, Commentaria, 300a.
214 Thomas von Aquin, Summa theologica, I. 66. 1. Hervorhebung des Autors.
215 Paracelsus, Magia naturalis 5, S. 91.
216 Kant, Theorie des Himmels, A, 27.
217 Schelling, Philosophie der Mythologie, II, 2, S. 597.
218 Schelling, ebenda, S. 596.
219 Schelling, ebenda, S. 600.
220 Schelling, ebenda.
221 Schelling, ebenda, S. 597.
222 Brief Baader an Jacobi, 3. Januar 1798, in: Baader, Briefe, Bd. 15, S. 177.
223 Nietzsche, Die fröhliche Wissenschaft, III, S. 468.
224 Nietzsche, Also sprach Zarathustra, IV, S. 19.
225 Böhme, Mysterium Magnum, Cap. 9, § 84.
226 Böhme, ebenda, Cap. 12, § 6.
227 Johannes Reuchlin, zit. nach: Mahnke, Unendliche Sphäre und Allmittelpunkt, S. 119.
228 Gershom Scholem, Judaica 3, S. 267.
229 Demokrit, in: Diels / Kranz (Hg.), Die Fragmente der Vorsokratiker, 68 B 117.
230 Dieses aus dem indogermanischen Stamm ›dheu-b‹ abgeleitete Wort verwendet Pindar, wenn er von der Tiefe des alles verschlingenden, mit einem

Krokodilsrachen versehenen Tartaros spricht (Paean IV, 44); auf den gleichen Stamm gehen aber auch das altwalisische Wort ›annwf(y)n‹, das das Reich der Toten und der Götter bezeichnet, ja selbst das gallische Wort ›dubno‹, das Welt bedeutet, zurück. Die Tiefe, der Rachen des Chaos ist nicht weit weg: Er durchdringt die Welt, er ist die Welt selbst.

231 Valentinos, in: Schultz, Dokumente der Gnosis, S. 164.
232 Plotin, Enneaden VI, 8, 18.
233 Eriugena, Über die Eintheilung der Natur, II, 17.
234 Irenäus, zit. nach: Norden, Agnostos theos, S. 75.
235 Diogenes Laertios, Leben und Meinungen berühmter Philosophen, IV, 5, 27.
236 Tauler, Predigten, 61. Predigt, 2, S. 137.
237 »Was aber zu Grunde geht, das geht nicht zu oder in Gott, sondern (...) zum Teufel«, schreibt Franz von Baader (Vorlesungen über Philosophie der Societal, Bd. 14, S. 117). Der Teufel in diesem Fall: der unausfüllbare Mangel des Daseins.
238 Heidegger, Der Satz vom Grund, S. 93. Das Wort Grund kann mit zweierlei privativen Präfixen versehen werden: Abgrund beziehungsweise Ungrund. Nach Baaders Bestimmung bezeichnet Abgrund in Bezug auf Gott den äußersten, Ungrund den innersten Punkt (Vom Segen und Fluch der Creatur, Bd. 7, S. 303).
239 »Wo stünde der Mensch nicht an Abgründen! Ist Sehen selbst — Abgründe sehen?«, schreibt Nietzsche (Also sprach Zarathustra, IV, S. 199).
240 Levinas, Maurice Blanchot — Der Blick des Dichters, S. 31f.
241 vgl. Homer, Ilias, XIX, 95–103.
242 vgl. Platon, Das Gastmahl, 195d.
243 Plutarch, Lebensbeschreibungen, 3, 7.
244 [Nicht von ungefähr wurde Altdorfers Gemälde der Schlacht von Issos (Alexanderschlacht (1529), München, Alte Pinakothek), auf dem die Heere Alexanders und Darius' einen einzigen brodelnden, auch den fernen Horizont und den flammenden Himmel in sich aufsaugenden Strudel bilden, zum Lieblingsgemälde Napoleons: Im Jahre 1800 konfiszierte er es und hängte es in St. Cloud in seinem Badezimmer auf.]
245 Diels / Kranz (Hg.), Die Fragmente der Vorsokratiker, 31 B 122f.
246 Diels / Kranz (Hg.), ebenda, 31 B 124.
247 Diels / Kranz (Hg.), ebenda, 88 B 49.
248 »Glückselige solcher Zeit, da man nicht schmecket das Übel;
Denn, wenn sich reget von Himmlischen
Einmal ein Haus, fehlt's dem an Wahnsinn nicht,
In der Folge, wenn es
Sich mehrt« (Sophokles, Antigone, 604–608. Übersetzung von Friedrich Hölderlin, 1804).

249 Hölderlin, Sämtliche Werke, Bd. 5, S. 267. Vgl. zwei Zeilen des Gedichts »Brot und Wein«, aus denen auch die Verwandtschaft zwischen Wahnsinn und platonische Manie ersichtlich wird:
»(...) spotten des Spotts mag gern frohlockender Wahnsinn,
Wenn er in heiliger Nacht plötzlich die Sänger ergreift.«
250 Sloterdijk, Weltfremdheit S. 221.
251 Unbekanntes altgnostisches Werk (Codex Brucianus), Cap. 18, in: Schmidt (Hg.), Koptisch-gnostische Schriften, Bd. 1, S. 359.
252 Schultz, Dokumente der Gnosis, S. 51. Denn »wir sind nicht von dieser Welt und die Welt ist nicht von uns«, heißt es in einem katharischen Gebet (Schultz, ebenda, S. 53).
253 Otto, Das Heilige, S. 31.
254 »Gott sei unbekannt freilich in seiner Größe, aber wurde in seiner Güte erkannt durch den menschengewordenen Logos; er sei zwar unsehbar und unerklärbar, aber keineswegs unerkennbar, denn er habe sich durch seinen Sohn bekannt gegeben.« (Irenäus, zit. nach: Norden, Agnostos theos, S. 75).
255 »Sag zwischen mir und Gott den einzigen Unterschied? Es ist mit einem Wort nichts als die Anderheit«, schreibt Angelus Silesius (Der Cherubinische Wandersmann, II, 201).
256 Nietzsche, Also sprach Zarathustra, IV, S. 36.
257 »Gewalt, Maßlosigkeit, Delirium und Wahnsinn charakterisieren verschiedene Grade der heterogenen Elemente: aktiv, sofern es sich um Personen oder Massen handelt, brechen sie, wo sie ausbrechen, die Gesetze der sozialen Homogenität. (...) Die heterogene Existenz kann also in bezug auf das gewöhnliche (Alltags-)Leben als das ganz andere bezeichnet werden; als inkommensurabel, wenn man diese Welt mit dem positiven Wert auflädt, den sie in der affektiven Lebenserfahrung haben.« (Bataille, Die psychologische Struktur des Faschismus, S. 17f.)
258 Lautréamont, Die Gesänge des Maldoror, V, 3.
259 Heidegger, Platons Lehre von der Wahrheit, S. 233.
260 Eriugena, Über die Eintheilung der Natur, III, 4.
261 Laut Porphyrios' Aufzeichnungen wurde Plotin mindestens viermal in seinem Leben ein Gotteserlebnis — sprich: ekstatische Verzückung — zuteil (Porphyrios, Über Plotins Leben und über die Ordnung seiner Schriften, S. 131).
262 Goethe, Aus meinem Leben. Wahrheit und Dichtung, IV, 20.
263 Bataille, Die Literatur und das Böse, S. 111.
264 Bataille, Briefe an René Char, S. 199f.
265 »Gott darf nicht einmal das Unaussprechliche genannt werden — so Augustinus. — Denn hierin eben liegt schon eine Aussage über ihn.« (zit. nach: Otto, Das Heilige, S. 218).

266 »Als Objekt kann das Seiende erst dort erfahren werden, wo der Mensch zum Subjekt geworden ist, das in der Vergegenständlichung des Begrenzenden als der Meisterung desselben das Grundverhältnis zum Seienden erfähret.« (Heidegger, Vom Wesen und Begriff der Physis, S. 244).
267 Hegel, Geist des Christentums, S. 305.
268 Beethoven, zit in: Bettina von Arnim, Goethes Briefwechsel mit einem Kinde, Kap. 34 (auch in: Bergfleth, Beethoven-Dionysos, S. 61).
269 Blake, Proverbs of Hell (Sprüche der Hölle), in: The Complete Poetry and Prose. »The tygers of wrath are wiser than the horses of instruction.«
270 Blake, ebenda. »The roaring of lions, the howling of wolves, the raging of the stormy sea, and the destructive sword, are portions of eternity too great for the eye of man.«
271 Nietzsche, Die Geburt des tragischen Gedankens, I, S. 586.
272 Seabrook, Geheimnisvolles Haiti, S. 91.
273 Artaud, Notes pour une »Lettre aux Balmais«, S. 16.
274 Hölderlin, Anmerkungen zur Antigonä, Bd. 5, S. 269.
275 Bovelles, De nichilo, I, 1.
276 Bovelles, ebenda, I, 6–8.
277 Bovelles, ebenda, I, 9.
278 Bovelles, ebenda, VI, 57.
279 Bovelles, ebenda.
281 Heidegger, Nachwort zu »Was ist Metaphysik?«, S. 306.
282 »Denn dann ist die rechte Zeit für das Geschöpf zu seinem Schöpfer hinzutreten, wenn es seine eigene Nichtigkeit erkannt hat«, schreibt Philon von Alexandria (Quis rerum divinarum heres sit, §30).
284 »Es existiert nichts als das Nichts (...) und alle einzelne Existenz ist eine Trugexistenz«, schreibt Baaders Zeitgenosse Lorenz Oken, ein Romantiker und Naturwissenschaftler (Oken, Lehrbuch des Systems der Naturphilosophie, S. 11), und obwohl er das Nichts mit Gott identifiziert: »Gott ist das selbstbewußte Nichts, oder das seiende (selbstbewußte) Nichts ist Gott« (S. 14), spricht er ihm die Möglichkeit ab, als letzten Halt zu dienen.
285 Baader, Sätze aus der Begründungslehre des Lebens, Bd. 2, S. 102.
286 Baader, Über den Begriff der Ekstasis als Metastasis, Bd. 4, S. 159f.
288 Platon, Parmenides, 156c.
289 Platon, ebenda, 156d–157a — Hervorhebung des Autors.
290 Kierkegaard, Der Begriff Angst, S. 84.
293 Platon, Briefe, Bd. 7, 341c–d.
294 Plotin, Enneaden VI, 7, 36.
295 Dionysius Areopagitas, zit. nach: Beiwaltes, Exaiphnes oder: Die Paradoxie des Augenblicks, S. 277.

296 Meister Eckhart, Predikt 15: Von der Erkenntnis Gottes (zit. nach: Mahnke, Unendliche Sphäre und Allmittelpunkt, S. 72).
297 Parmenides, in: Diels / Kranz (Hg.), Die Fragmente der Vorsokratiker, 28 B 8, 5f.
299 vgl. Schultz, Dokumente der Gnosis, S. 35.
300 Platon, Timaios, 37d–e.
301 Damaskios, zit. nach: Simplicius, Physik, 774, 35.
303 Baader, Vorlesungen über eine künftige Theorie des Opfers oder des Cultus, Bd. 7, S. 372.
304 Blake, Proverbs of Hell, in: The Complete Poetry and Prose. »Eternity is in love with the productions of time.«
305 Kierkegaard, Der Begriff Angst, S. 90.
306 Nietzsche, Also sprach Zarathustra, IV, S. 142.
307 Bataille, 1979, S. 295.
309 Keats, Endymion, I, 799f.
310 Keats, Why did I laugh to-night? No voice will tell.
311 »Beistand heischt der Chor und spürt die gnadenreiche Nähe der Allmacht (Praesentia numina sentit)«, schreibt Horaz (Epistulae, II, 1, 134).

Literaturverzeichnis

Aelianus, On the characteristics of animals, Cambridge, Mass.: Harvard Univ. Pr. / London: Heinemann, 1958 f.

Aischylos, Die Orestie, in: Die Tragödien und Fragmente, dt. von Johann Gustav Droysen, Stuttgart: Kröner, 1939.

William Foxwell Albright, From the Stone Age to Christianity, New York: Doubleday, 1957.

Des Angelus Silesius Cherubinischer Wandersmann. Nach der Ausgabe letzter Hand von 1675 vollständig hrsg. von Wilhelm Bölsche, Jena: Dietrich, 1921.

Apollodor's Mythologische Bibliothek, dt. von Christian Gottlob Moser, Stuttgart: Metzler'sche Buchhandlung, 1828.

Aristoteles, Peri Uranu biblia 4 – Vier Bücher über das Himmelgebäude, in: Werke, griechisch und deutsch, Leipzig, Engelmann, 1857.
— Nikomachische Ethik, dt. von Franz Dirlmeier, in: Werke in deutscher Übersetzung, hrsg. von Ernst Grunach, Bd. 6, Berlin: Akademie, 1956.
— Physikvorlesung, dt. von Hans Wagner, ebenda, Bd. 11, 1967.
— Metaphysik, dt. von Hermann Bonitz, Hamburg: Meiner, 1978.
— Über den Himmel (De Caelo) ?

Antonin Artaud, L'Ombilic des Limbes, in: Œuvres complétes, I, Paris: Gallimard, 1956.
— Notes pour une »Lettre aux Balmais«, in: TEL QUEL, 46 (Été 1971), 34.
— Das Theater und die Wissenschaft, in: Schluß mit dem Gottesgericht. Letzte Schriften zum Theater, München: Matthes & Seitz, 1988.

Aurelius Augustinus, Confessiones. Bekenntnisse, dt. von Joseph Bernhart, lateinisch-deutsch, Darmstadt: Wissenschaftliche Buchgesellschaft, 1984.

Franz von Baader, Über den Blitz als Vater des Lichtes, in: Sämmtliche Werke, Bd. 2, Leipzig: Bethmann, 1851, S. 27–46.
— Sätze aus der Begründungslehre des Lebens, in: ebenda, S. 95–124.
— Fermenta cognitionis, in: ebenda, S. 137–364.
— Über den Inneren Sinn im Gegensatze zu den äußeren Sinnen, in: ebenda, Bd. 4, 1853, S. 93–106.
— Über den Begriff der Ekstasis als Metastasis, ebenda, S. 147–162.
— Alle Menschen sind im seelischen, guten oder schlimmen Sinn unter sich Antropophagen, ebenda, S. 221–242.
— Vom Segen und Fluch der Creatur, in: ebenda, Bd. 7, 1854, S. 71–154.
— Vorlesungen über eine künftige Theorie des Opfers oder des Cultus, ebenda, S. 271–416.

— Vorlesungen über speculative Dogmatik, in: ebenda, Bd. 9, 1854, S. 1–152.
— Vorlesungen über Philosophie der Societal, in: ebenda, Bd. 14, 1861.
— Briefe, in: ebenda, Bd. 15, 1857.

Baal és Anat. Ugariti eposzok (übersetzt von Miklós Maróth), Budapest: Helikon, 1986.

Hans Urs von Balthasar, Mysterium Paschale, in: Mysterium salutis, Grundriß heilsgeschichtlicher Dogmatik, hrsg. von Johannes Feiner und Magnus Löhrer, Einsiedeln/Zürich/Köln: Benziger, 1969.

Georges Bataille, Le Coupable, in: Oeuvres complètes, Bd. 5, Paris: Gallimard, 1973.
— Die psychologische Struktur des Faschismus / Die Souveränität, dt. von Rita Bischof, Elisabeth Lenk und Xenia Rajewsky, hrsg. von Elisabeth Lenk, München: Matthes & Seitz, 1978.
— Die Literatur und das Böse, dt. von Cornelia Langendorf, München: Matthes & Seitz, 1987 [Neuauflage Berlin: Matthes & Seitz, 2011].
— Briefe an René Char, in: DER PFAHL. Jahrbuch aus dem Niemandsland zwischen Kunst und Wissenschaft, II, München: Matthes & Seitz, 1988.

Werner Beiwaltes, Exaiphnes oder Die Paradoxie des Augenblicks, in: Philosophisches Jahrbuch, Freiburg/München, LXXIV (1966/67), S. 271–283.

Gerd Bergfleth, Beethoven-Dionysos, in: DER PFAHL. Jahrbuch aus dem Niemandsland zwischen Kunst und Wissenschaft, I, München, 1987.
— Der Untergang der Wahrheit, in: DER PFAHL. Jahrbuch aus dem Niemandsland zwischen Kunst und Wissenschaft, II, München, 1988.

Bhagavadgita. Des Erhabenen Sang, dt. von Leopold von Schroeder, Jena: Diederichs, 1922.

William Blake, The Complete Poetry and Prose, ed. by David V. Erdman, New York: Doubleday, 1988.

Boethius, Trost der Philosophie, dt. von Eberhard Gothein, Zürich: Artemis, 1949.

Bonaventura, Commentaria in Quatour Libres Sententiarum Magistri Pétri Lombardi, II, in: S. Bonaventura, Opera Omnia, Ad Clarus Aquas (Quaracchi), 1885.

The Book of the Dead or Going Forth by Day (Das ägyptische Totenbuch), Chicago, Illin.: The Oriental Institute of the University of Chicago, 1974.

Jakob Böhme, De tribus principiis, oder Beschreibung der Drey Principien Göttliches Wesens, in: Sämtliche Schriften, Faksimile-Neudruck der Ausgabe von 1730, hrsg. von Will-Erich Peuckert, Bd. 2, Stuttgart: Frommanns, 1955.
— Mysterium magnum, ebenda, Bd. 7, 1958.

Charles de Bovelles, Le livre du néant (Texte et traduction par P. Magnard), Paris: Vrin, 1983.

Martin Brecht, Martin Luther. Sein Weg zur Reformation, 1483–1521, Stuttgart: Calwer, 1981.

Thomas Browne, Pseudodoxia Epidemica Books, in: The Works of Sir Thomas Browne, Bd. 2, London: Faber and Faber, 1964.

— Religio medici. Ein Essay über Vernunft und Glauben, 1643, Mainz: Dieterisch'sche Verlagsbuchhandlung, 1998.

Emile Cioran, Le mauvais Démiurge, Paris: Gallimard, 1969.

Damaskios, Phaedo, in: Leendert Gerrit Westerink, The Greek Commentaries on Plato's Phaedo, Bd. 2, Amsterdam/Oxford/New York: North Holland Publ. Co., 1977.

Marie Delcourte, L'Oracle de Delphes, Paris: Payot, 1955.

Hermann Diels / Walther Kranz (Hg.), Die Fragmente der Vorsokratiker, 3 Bde., Berlin: Weidmannsche Verlagsbuchhandlung, 1954.

Diogenes Laertios, Leben und Meinungen berühmter Philosophen, dt. von Otto Apelt, Hamburg: Meiner, 1967.

Meister Eckhart, Die deutschen und lateinischen Werke, hrsg. und übersetzt von Josef Quint, Stuttgart: Kohlhammer, 1958.

Mircea Eliade, Yoga. Unsterblichkeit und Freiheit, dt. von Inge Köck, Zürich / Stuttgart: Rascher, 1960.

— Le myth de l'éternel retour, Paris: Gallimard, 1969.

— Die Religionen und das Heilige, Darmstadt: Wissenschaftliche Buchgesellschaft, 1978.

Epikur, Lehrbriefe, in: Von der Überwindung der Furcht, dt. von Olof Gignon, Zürich/München: Artemis, 1983.

Johannes Scottus Eriugena, Über die Eintheilung der Natur, dt. von Ludwig Noack, Hamburg: Meiner, 1983.

Euripides, Die Mänaden, Ion (dt. von Ernst Buschor), Fragment (dt. von Gustav Adolf Seeck), in: Sämtliche Tragödien und Fragmente, griechisch-deutsch, München: Heimeran, 1977.

James Frazer, The Golden Bough, IV. Adonis, Attis, Osiris, Bd. 1, London: Macmillan, 1963.

Christian Dietrich Grabbe, Don Juan und Faust, in: Werke und Briefe. Historisch-kritische Gesamtausgabe in sechs Bänden, hrsg. von der Akademie der Wissenschaften in Göttingen, Bd. 1, Emsdetten: Lechte, 1960.

Johann Wolfgang Goethe, Aus meinem Leben. Wahrheit und Dichtung, in: Werke, Bd. 13, Berlin: Aufbau, 1967.

Philip Henry Gosse, Omphalos: An Attempt to Untie the Geological Knot, London: John van Voorst, 1857.

Lama Anangarika Govinda, Grundlagen Tibetischer Mystik, Zürich/Stuttgart: Rascher, 1957.

Jane Harrison, Prolegomena to the Study of Greek Religion, New York: Meridian Books, 1957.

— Epilegomena to the Study of Greek Religion and Themis, New York: University Books, 1962.

Győző Határ, Özön közöny, London: Aurora, 1980.

Georg Wilhelm Friedrich Hegel, Geist des Christentums, in: Hegels theologische Jugendschriften, hrsg. von Hermann Nohl, Tübingen: Mohr, 1907.

— Phänomenologie des Geistes, in: Sämtliche Werke, hrsg. von Hermann Glockner, Bd. 2, Stuttgart: Frommanns, 1951.

— System der Philosophie, Zweiter Teil: Die Naturphilosophie, in: ebenda, Bd. 9, 1958.

Martin Heidegger, Metheia (Heraklit, Fragment 16), in: Vorträge und Aufsätze, Pfullingen: Neske, 1954.

— Der Satz vom Grund, Pfullingen: Neske, 1957.

— Was ist Metaphysik? in: Wegmarken, Frankfurt am Main: Klostermann, 1978, S. 103–123.

— Platons Lehre von der Wahrheit, in: ebenda, S. 204–236.

— Vom Wesen und Begriff der Physis. Aristoteles, Physik B, 1, in: ebenda, S. 237–301.

— Nachwort zu »Was ist Metaphysik?«, in: ebenda, S. 301–311.

Herodot, Historien, dt. von August Horneffer, Stuttgart: Kröner, 1955.

Hesiod, Theogonie, in: Sämtliche Werke, dt. von Thassilo von Scheffer, Leipzig: Dietrich'sche Verlagsbuchhandlung, 1938.

Friedrich Hölderlin, Sämtliche Werke, Stuttgart: Kohlhammer, 1952.

Uvo Hölscher, Anaximander und die Anfänge der Philosophie, in: Hans-Georg Gadamer (Hg.), Um die Begriffswelt der Vorsokratiker, Darmstadt: Wissenschaftliche Buchgesellschaft, 1968, S. 95–176.

Homer, Odyssee, dt. von Anton Weiher, München: Heimeran, 1955.

— Ilias, dt. von Dietrich Ebener, Berlin: Aufbau, 1971.

Horaz, Epistularum liber, in: Sämtliche Werke, dt. von Wilhelm Schöne, München/Zürich: Artemis, 1985.

Arnold Ipolyi, Magyar mythologia (Ungarische Mythologie), Pest: Heckenast, 1854.

Alfred Jarry, Ubu Rex. Ubu Knecht. Ubu Hahnrei. Ubu Hahnrei oder Der Archaeopterix. Ubu auf dem Berg. Die Teufelsinsel. Schriften zu Ubu [= Gesammelte Werke, hrsg. von Klaus Völker; 4], Frankfurt am Main: Zweitausendeins, 1987.

Rainer Jehl, Melancholie und Acedia. Ein Beitrag zu Anthropologie und Ethik Bonaventuras, Paderborn/München/Wien/Zürich: Schöningh, 1984.

Ernst Jenni / Claus Westermann (Hg.), Theologisches Handwörterbuch zum Alten Testament, München: Kaiser / Zürich: Theologischer Verlag, 1976.

James Joyce, Ulysses, dt. von Hans Wollschläger, Frankfurt am Main: Suhrkamp, 1975.

Carl Gustav Jung, Aion. Beiträge zur Symbolik des Selbst, in: Gesammelte Werke, Bd. 9.2, Ölten / Freiburg: Walter, 1976.

Franz Kafka, Der Prozeß, Frankfurt am Main: Fischer, 1953.

Kallimachos, Hymnen, dt. von Konrad Schwenk, in: Egon Vietta, Romantische Cyrenaika, Hamburg: Broschek & Co., 1941.

Immanuel Kant, Kritik der reinen Vernunft, in: Gesammelte Schriften, I. Abt., 3. Bd., Berlin: Reimer, 1904.

— Allgemeine Naturgeschichte und Theorie des Himmels, ebenda, I. Abt., 1. Bd., 1910.

Károly Kerényi, Görög mitológia (Die Mythologie der Griechen), Budapest: Gondolat, 1977.

— Hérakleitos és a görög filozófia eredete, in: Hérakleitos múzsái vagy a természetről (Heraklit und die Ursprünge der griechischen Philosophie, in: Heraklits Musen oder Über die Natur), Budapest: Helikon, 1983.

Søren Kierkegaard, Der Begriff Angst, in: Gesammelte Werke, Düsseldorf: Diederichs, 1965.

Theodor Klauser (Hg.), Reallexikon für Antike und Christentum, Stuttgart: Hiersemann, 1981.

Heinrich von Kleist, Sämtliche Werke und Briefe, München: Hanser, 1993.

Jacques Lacan, Les quatre concepts fondamentaux de la psychoanalyse, Paris: Seuil, 1973.

Lautréamont, Die Gesänge des Maldoror, in: Das Gesamtwerk, dt. von Ré Soupault, Hamburg: Rowohlt, 1963.

Hans Leisegang, Die Gnosis, Stuttgart: Kröner, 1985.

Emmanuel Levinas, Maurice Blanchol. Der Blick des Dichters, in: Eigennamen, München: Hanser, 1988.

Henry George Liddell / Robert Scott, A Greek-English lexicon, 9. Edition, Oxford: Clarendon Press, 1992.

Carus Titus Lucretius, Von der Natur der Dinge (De rerum natura), dt. von Karl Ludwig von Knebel, Leipzig: Reclam, 1928.

Lukian, Göttergespräche, dt. von Christoph Martin Wieland, in: Werke in drei Bänden, Berlin/Weimar: Aufbau, 1974.

Manfred Lurker, Dictionary of Gods and Goddesses, Devils and Demons, London: Routledge & Kegan Paul, 1987.

Thomas Macho, Umsturz nach innen. Figuren der gnostischen Revolte, in: Weltrevolution der Seele, hrsg. von Peter Sloterdijk und Thomas Macho, Zürich: Artemis & Winkler, 1993.

Dietrich Mahnke, Unendliche Sphäre und Allmittelpunkt, Halle: Niemeyer, 1937.

Axel Matthes / Bernd Mattheus (Hg.), Ich gestatte mir die Revolte, München: Matthes & Seitz, 1986.

Marcel Mauss, Die Gabe, Frankfurt am Main: Suhrkamp, 1968.

Herman Melville, Redburn, Israel Potter und Sämtliche Erzählungen, München: Winkler, 1967.

Czesław Miłosz, Das Land Ulro, Köln: Kiepenheuer & Witsch, 1977.

Balaji Mundkur, The Cult of the Serpent. An interdisciplinary Survey of its Manifestations and Origins, Albany: State Univ. of New York Press, 1982.

The Mythology of All Races, ed. by Louis Herbert Gray, 12. Bd., New York: Cooper Square Publishers, 1964.

Erich Neumann, The Great Mother, New York: Bollington Series, 1963.

Friedrich Nietzsche, Die Geburt des tragischen Gedankens, in: Sämtliche Werke, hrsg. von Giorgio Colli und Mazzino Montinari, Bd. 1, München: Deutscher Taschenbuch Verlag/de Gruyter, 1980, S. 579–600.

— Die Philosophie im tragischen Zeitalter der Griechen, ebenda, S. 799–872.
— Die fröhliche Wissenschaft, ebenda, Bd. 3.
— Also sprach Zarathustra, ebenda, Bd. 4.
— Kommentar zur Kritischen Studienausgabe, ebenda, Bd. 14.

Martin Persson Nilsson, Geschichte der griechischen Religion, Bd. 2, München: C. H. Beck, 1961.

Eduard Norden, Agnostos theos. Untersuchungen zur Formengeschichte religiöser Reden, Leipzig/Berlin: Teubner, 1913.

Lorenz Oken, Lehrbuch des Systems der Naturphilosophie, Jena: Frommann, 1809.

Oppian, Cynegetica, Cambridge, Mass.: Harvard Univ. Press / London: Heinemann, 1948.

Rudolf Otto, Das Heilige, München: C. H. Beck, 1987.

Ovidius, Publius Naso, Fasti. Festkalender Roms, dt. von Wolfgang Gerlach, München: Heimeran, 1960.
— Metamorphosen, dt. von Erich Rösch, München: Heimeran, 1977.

Paracelsus, Magia naturalis, in: Werke, hrsg. von Will-Erich Peuckert, Bd. 5, Basel/Stuttgart: Schwabe, 1976.

Pausanias, Description of Greece, Cambridge, Mass.: Harvard Univ. Press / London: Heinemann, 1954 f.

Nigel Pennick, The Ancient Science of Geomancy, London: Thames and Hudson, 1979.

Philon von Alexandria, De migratione Abrahami, in: Les oeuvres de Philon d'Alexandrie, Bd. 14, Paris: Éd. du Cerf, 1965.
— Quis rerum divinarum hères sit, in: Die Werke in deutscher Übersetzung, Bd. V, Berlin: de Gruyter, 1962.

Philostratos, Das Leben des Apollonios von Tyana, griechisch–deutsch, dt. von Vroni Mumprecht, München/Zürich: Artemis, 1983.

Physiologus. Frühchristliche Tiersymbolik, dt. von Ursula Treu, Berlin: Union, 1981.

Pindar, Die Dichtungen und Fragmente, dt. von Ludwig Wolde, Wiesbaden: Limes, 1958.

Hermann Andreas Pistorius, Einleitungsversuch über Aberglauben, Zauberey und Abgötterey, in: Charles de Brosses, Über den Dienst der Fetischen Götter, Berlin / Stralsund: Lange, 1785.

Platon, Werke in acht Bänden, griechisch und deutsch, hrsg. von Günther Eigler, dt. von Friedrich Schleiermacher und Dietrich Kurz, Darmstadt: Wissenschaftliche Buchgesellschaft, 1977.

Plinius, Histoire naturelle, 34. livre, Paris: Les Belles Lettres, 1953.

Plotin, Schriften, dt. von Richard Harder, Bd. 1–5, Leipzig: Meiner, 1930–37.

Plutarch, Über Isis und Osiris, Über die Inschrift Ei im Tempel zu Delphi, De defectu oraculorum, in: Plutarchs moralisch-philosophische Werk, Bd. 3, dt. von Johann Friedrich Salomon Kaltwasser, Wien/Prag: Haas, 1797.
— Lebensbeschreibungen, dt. von Johann Friedrich Salomon Kaltwasser, München/Leipzig: Müller, 1913.

Julius Pokorny, Indogermanisches Etymologisches Wörterbuch, I-IL, Bern/München: Francke, 1959–69.

Porphyrios, Über Plotins Leben und über die Ordnung seiner Schriften, dt. von Richard Harder, in: Plotins Schriften, Bd. 5c, Leipzig: Meiner, 1937.

— Vie de Pythagore; Lettre à Marcella, Paris: Les Belles Lettres, 1982.

Ulrich Raulff, Nachwort zu: Aby Warburg, Schlangenritual. Ein Reisebericht, Berlin: Wagenbach, 1988.

Karl Reinhardt, Parmenides, Frankfurt am Main: Klostermann, 1977.

Joachim Ritter, Karlfried Gründer (Hg.), Historisches Wörterbuch der Philosophie, Basel/Stuttgart: Schwabe & Co., 1971, 1984.

Richard Rorty, Essays on Heidegger and Others, Cambridge, Mass.: Harvard Univ. Press, 1991.

Wilhelm Heinrich Roscher, Omphalos, in: Abhandlungen der Philologisch-historischen Klasse der Königlichen Sächsischen Gesellschaft der Wissenschaften, Bd. XXIX, Leipzig: Teubner, 1913.

— Neue Omphalosstudien, ebenda, Bd. XXXI, 1915.

Franz Rosenzweig, Der Stern der Erlösung, Frankfurt am Main: Suhrkamp, 1988.

Louis-Claude de Saint-Martin, Le Crocodile ou la guerre du bien et du mal arrivée sous le règne de Louis XV., Paris: Triades-Editions, 1979.

Friedrich Wilhelm Joseph Schelling, Philosophie der Mythologie, in: Sämmtliche Werke, 2. Abschnitt, 2. Bd., Stuttgart/Augsburg, J. G. Cotta'scher Verlag, 1857.

Friedrich Daniel Ernst Schleiermacher, Über die Religion. Reden an die Gebildeten unter ihren Verächtern, in: Kritische Gesamtausgabe, Bd. I. 2, Berlin/New York: de Gruyter, 1984.

Carl Schmidt (Hg.), Die Pistis Sophia / Die beiden Bücher des Jeû / Unbekanntes altgnostisches Werk, in: Koptisch-gnostische Schriften, Bd. 1, Leipzig: Hinrichs, 1905.

Eugen Heinrich Schmitt, Die Gnosis I-II. Grundlagen der Weltanschauung einer edleren Kultur, Leipzig: Diederichs, 1903.

Hatto H. Schmitt, Pythia, in: Paulys Realencydopädie der Classischen Altertumwissemchaft, Halbbd. 47, Stuttgart: Druckenmüller, 1963.

Gerschom Scholem, Judaica, Frankfurt am Main: Suhrkamp, 1977.

Heinz Schreckenberg, Ananke. Untersuchungen zur Geschichte des Wortbrauches, München: C. H. Beck, 1964.

Wolfgang Schultz, Dokumente der Gnosis, München: Matthes & Seitz, 1986.

William Buehler Seabrook, Geheimnisvolles Haiti, München: Matthes & Seitz, 1982.

Peter Sloterdijk, Weltfremdheit, Frankfurt am Main: Suhrkamp, 1993.

Richard Sorabji, Time, Creation and the Continuum, London: Duckworth, 1983.

Heinrich Suso, Das Büchlein der ewigen Weisheit, Leipzig: Insel, 1935.

Simplikios, Physics, in: Samuel Sambursky / Shlomo Pines (Hg.), The concept of Time in Late Neo-Platonism, Jerusalem: The Israeli Academy of Scinces and Humanities, 1971.

Sophokles, Antigone, dt. von Wilhelm Willige, in: Dramen, München/Zürich: Artemis, 1985.

Strabon, Erdbeschreibung, dt. von Albert Forbiger, Berlin: Langenscheidt'sche Verlagsbuchhandlung, 1911.

Publius Cornwelius Tacitus, Germania, dt. von Josef Lindauer, Hamburg: Rowohlt, 1967.

Johannes Tauler, Predigten, Jena: Diederichs, 1913.

— Eine deutsche Theologie, Leipzig: Insel, 1922.

Thomas von Aquin, Summa Theologica, übersetzt von Dominikanern und Benediktinern Deutschlands und Österreichs, Bd. 5, Salzburg/Leipzig: Pustet, 1934.

Miguel de Unamuno, Der Nebel, dt. von Otto Buek, Köln: Kiepenheuer & Witsch, 1965.

Hermann Usener, Götternamen, Bonn: Cohen, 1929.

László Vanyó, Az ókeresztény egyház és irodalma (Die altchristliche Kirche und ihre Literatur), Budapest: Szent István Társulat, 1980.

Vergil, Aeneis, dt. von Johannes Götte, München: Heimeran, 1971.

Walther Völker, Praxis und Theorie bei Symeon dem Neuen Theologen, Wiesbaden: Steiner, 1974.

Wilhelm Heinrich Wackenroder, Dichtung, Schriften, Briefe, Berlin: Union, 1984.

Barbara G. Walker, The Woman's Encyclopedia of Myths and Secrets, New York: Harper & Row, 1983.

Aby Warburg, Schlangenritual. Ein Reisebericht, Berlin: Wagenbach, 1988.

Erste Auflage Berlin 2013.

Copyright © 2013
MSB Matthes & Seitz Berlin Verlagsgesellschaft mbH
Göhrener Str. 7 | 10437 Berlin.
info@matthes-seitz-berlin.de

Copyright © 2010 László F. Földényi.
Alle Rechte vorbehalten.

Satz: Torsten Metelka, Berlin.
Druck und Bindung: Friedrich Pustet, Regensburg.

www.matthes-seitz-berlin.de

ISBN 978-3-88221-562-5